일본경제입문

장병익 지음

UUP

일본경제입문

2016년 8월 31일 초판 2쇄 발행
2008년 4월 17일 초판 발행

지은이 | 장병익
발행인 | 오연천
발행처 | UUP(울산대학교출판부)

출판등록 | 제 370-1996-000001호(1996.3.13)
주소 | 680-749 울산광역시 남구 대학로 93(무거동) 울산대학교 출판부
전화 | (052) 259-2488
팩스 | (052) 277-3011

값 13,500원

ISBN 978-89-7868-088-2

이 도서의 국립중앙도서관 출판시도서목록(CIP)은 e-CIP 홈페이지(http://www.nl.go.kr/ecip)에서 이용하실 수 있습니다. (CIP제어번호: CIP2008001059)

* 이 책은 2006학년도 울산대학교 저서연구비를 지원 받아 출판되었습니다.

서문

가깝고도 먼 나라 일본, 그 일본의 동향은 좋은 일이건 궂은 일이 건 간에 언제나 우리의 관심사이다. 일본에 대한 관심이 우리에게 높은 것은 오늘날 일본의 국제적 지위가 급속하게 증대되고 있기 때문이기도 하지만, 일본은 과거나 현재 그리고 미래에 있어서 우리와는 가장 밀접한 관계를 갖는 나라이기 때문에 일본에 대한 이해는 앞으로 올바른 양국관계를 정립하기 위해서도 심도 있는 연구가 필요하며, 더욱이 후진국에서 중진국으로, 중진국에서 선진국으로 발전하면서 미국에 이어 세계 제 2의 경제대국으로 성장한 일본은 우리와 같은 유교문화권에 속하면서 인적자원 이외에는 이렇다 할 자원을 갖지 못한 상태에서 전후 일본이 거둔 놀라운 경제성과와 시련의 도정은 비슷한 여건 하에 있는 우리에게 아주 귀중한 타산지석이 된다.

전후 일본경제의 성장과 시련의 양상이 우리가 겪고 있는 변천과정과 너무나 흡사한데 새삼 놀라지 않을 수 없다, 진정 일본경제가 거둔 성공은 성공대로 또 실패는 실패대로 바로 그것이 우리에게는 다시없는 교본이다.

전후 일본경제는 전후 부흥기를 거쳐서 1950년대 중반부터 고도성장기를 맞이하였다. 1960년대부터 70년대 초에 걸쳐 일본경제는 연평균 10%를 초과하는 고도성장을 달성하였다. 그 후 1970년대 두 차례에 걸친 석유위기로 큰 어려움을 겪었지만, 일본경제는 선진국들 중에서 가장 빨리 물가억제에 성공하여 안정성장으로 연착륙하였다.

그러나 1985년 플라자 합의 이후 엔고로 인한 국내 경제의 어려움, 그리고 1990년대 이후 '잃어버린 10년'이라는 말로 형용되듯이 버블 경제 하에서 일본은 경제적 정체를 지속하였다. 지가의 지속적인 하락과 은행의 부실채권 문제로 일본경제는 큰 어려움에 빠졌다. 이 상태에서 벗어나기 위해 정부는 재정정책을 발동하고, 대폭적인 금융완화조치 등 가능한 모든 조치를 발동하였다. 이러한 노력의 결과 현시점에서 일본경제는 장기불황의 터널에서 빠져 나오고 있다.

일상의 경제활동은 많은 요인에 의해 영향을 받는다. 현재 일본경제는 소자화와 인구의 고령화가 빠른 속도로 진행되고 있다. 고령화는 소비와 저축행동에 대해 큰 영향을 미친다. 또 일본은 국제사회의 일원이다. 전후 국제사회의 개방 정도가 급속도로 높아지고 있다. 일본경제에 있어서 무역의 비중이 매년 증가하고 있고, 국제간의 자금의 흐름도 매우 활발하게 이루어지고 있다. 이와 같이 일상의 경제활동은 많은 요인에 의해서 끊임없이 영향을 받고 있다.

이 책은 일본경제를 처음으로 배우고자 하는 사람들을 위해 비교적 알기 쉽게 쓰여져 있으며, 2차 대전 후 일본경제의 부흥기, 고도성장기, 석유위기, 플라자합의 후 엔고 하에서의 일본경제, 1990년대 버블기 하의 일본경제에 대해 주로 검토하였으며, 아울러 일본의 산업정책, 일본의 인구 및 산업 동향, 산업구조의 변화, 재정, 금융, 중소기업, 고용관행의 변화, 소득분배, 노사관계, 소자화·고령화, 규제정책 등에 대해서도 다루고 있다.

아무쪼록 이 책을 통해서 일본경제에 대한 독자들의 지혜가 조금이라도 넉넉해지기를 기대한다. 아직 미흡한 상황에 대해서는 여러분들의 질정을 앙망하며, 앞으로 좀 더 나은 일본경제의 길잡이가 되기를 바란다.

부족한 책을 내놓으면서 저자는 귀한 가르침을 베푸신 여러 은사님들과 연구와 교육활동으로 동고동락하는 울산대학교 사회과학부 경제학 전공 교수들, 그리고 대학 강단에서 가르침의 즐거움과 보람을 주는 학생들에게 감사드린다.

끝으로 이 책의 출판을 흔쾌히 승낙해 주신 울산대학교 출판부와 이 책의 완성에 많은 도움을 주신 여러분들에게 감사의 뜻을 표한다.

2007. 11월

저자 씀

목차

제1장 부흥기의 일본경제

1945년 8월 제 2차 세계대전의 종전을 맞아 초기적 혼란과 극심한 빈곤에서 출발한 일본경제가 우여곡절을 겪으면서 전후부흥을 이룩하였다. 전후 일본은 죽순생활 속에서 인플레이션에 시달리면서 미국의 원조에 의해 겨우 목숨만 지탱한 연명적 생존의 시기였으며, 인플레이션의 수습을 둘러싸고 일거안정론과 중간안정론 간의 논쟁이 전개되었으나, 닷지라인에 의해 일거안정으로 인플레이션은 수습되지만, 극심한 불황을 맞게 되었다.

그러나 한국전쟁 특수가 미국원조 대신 일본경제를 지탱하고 인플레이션과 디플레이션이 교차하는 가운데 수량경기가 일본경제를 윤택하게 하여 소비경기를 구가하였다. 동시에 일본경제의 자립을 이한 정책선택을 두고 무역주의와 개발주의 논쟁이 전개되기도 하였다. 마침내 전후는 끝나고 자립경제의 기반구축을 향해 근대화, 즉 기술혁신을 추진하여 고도성장으로 치닫게 된다.

Ⅰ. 혼란과 빈곤에서 출발

일본은 1945년 8월 포츠담 선언(무조건 항복)을 수락함으로써 종전을 맞이하게 되었다. 아시아 인근 여러나라에 커다란 인적·물적 손해를 준 침략전쟁에 의해 일본 자신의 손실도 매우 컸다. 제 2차 세계대전 전쟁피해자 총수는 약 300만명으로 밝혀지고 있다. 그 내역을 보면, 군인, 군속 212만명, 민간인은 일본 본토 50만명, 구 식민지 30만명이며, 그 가운데는 히로시마와 나가사키 원폭희생자 약 20만명도 포함되어 있다.

전쟁으로 인한 경제적 피해는 대략 다음과 같다. 우선 국부의 피해율[1])은 약 25% 이상에 달하며, 공업용 기계기구는 약 34% 이상, 선박피해는 약 80% 이상으로 나타났다. 광공업 생산수준도 종전 시에는 전전수준(1934-36년 평균)의 10% 정도까지 감소하였다. 그 후에

1) 국부피해액을 종전 시 잔존국부와 국부피해액의 합계(피해가 없었더라면 존재하였을 국부)로 나눈 값(%).

회복되었지만, 종전 이듬해인 1946년의 광공업생산지수는 전전 수준을 100으로 보았을 때 20-30에 불과하였다.

1947년 발표된 제1회 경제백서(정식명칭은 경제실상 보고서)에서 유명한 캐치 프레이즈는 '국가도 적자, 기업도 적자, 가계도 적자'라는 것이었다. 이 같은 비참한 상황을 경제백서는 다음과 같이 나타내고 있다. 국가재정도, 중요 기업도, 국민의 가계도 모두 적자를 계속하고 있는 것은 다음과 같은 이유 때문이다.

첫째, 자재 스톡이 점점 줄어들고 있다. 둘째, 경제를 유지하기 위해 정상적으로 행해지지 않으면 안 되는 보수, 보진이 행해지지 않고 있다. 셋째, 외채는 지속적으로 늘고 있다.[2)]

요컨대 경제활동은 거의 마비상태였다. 경제대국으로 성장한 오늘날의 모습은 물론이고, 당시 10년 이내에 닥칠 고도경제성장의 모습도 전혀 예상할 수 없는 상태로서 전망 없는 혼란과 극심한 빈곤에서 출발한 것이다. 국민생활은 악성 인프레이션[3)]에 의해 커다란 타격을 받았다. 특히 1945년은 농산물의 흉작으로 쌀 생산은 大正 년간 이래 최악의 감수로 약 100만톤의 쌀 부족현상이 발생하여 1000만명의 아사자가 발생할 것이 우려되었다.

국민 대부분이 겨우 먹고 사는 모습이었다. 마치 죽순의 껍질이 하나하나 벗겨지듯이, 재산을 점점 줄여가면서 일상의 먹거리를 손에 넣고, 최후에는 껍질 없는 죽순의 알맹이가 나오는 생활, 즉, 죽순 생활을 해야만 하였다. 도시민들은 소중한 의복을 장롱에서 꺼내어 쌀이나 고구마와 물물교환을 행하고, 한편 뜰이나 빈터에 야채를 재배하였다.

전시부터 계속된 이 같은 식량의 위기상황은 국민체위에도 결정적인 악영향을 주었다. 경제백서에 나타난 자료에 따르면, 전전의 1937년과 1946년의 초등학생의 신장, 체중의 평균치를 전후와 비교하면, 전후 1946년 초등학교 6학년 학생의 체격은 전전의 5학년 학생 수준이며, 5학년 학생은 전전의 4학년 학생 수준으로 나타나, 약 1년의 갭이 있는 것으로 나타났다.

구체적으로 1946년 6학년 남학생의 신장은 129.9cm로, 1937년의 5학년 학생의 130.5cm와 거의 같거나 약간 작은 것으로 나타났으며, 5학년 남학생의 신장은 1937년 4학년 학생의 125.5cm와 거의 같은 125.6cm에 불과하였다.

다른 학년에 있어서도 거의 같은 현상으로 1937년에 비해 1946년의 초등학교 저학년에

---

2) 通産省『復刻 經濟白書 1947- 50년』, 日本經濟評論社, 1987, p.11.

3) 통상 인플레이션이란 완전고용하에서 산출량을 상회하는 유효수요가 있을 때 발생하는 것으로 되어있다. 그러나 종전 직후 일본에 들이닥친 인플레이션은 급격히 하락한 생산력에 대해 전쟁 중의 강제저축이 금융기관으로부터 인출되거나 군인복원수당이 지급되는 등의 과잉화폐구매력에 원인이 있다. 즉, 실물과 화폐의 극단적인 언발란스에 의한 것으로 물가상승이 급격히 나타났기 때문에 '악성'이라고 한다.

서는 3-4cm, 고학년에서는 약 5cm 각각 낮게 나타나고 있다.

어떻게 하면 국민에 있어 2가지 충격, 즉, 먹거리와 취업을 제공할 수 있을까 하는 것이 정부가 해결해야 할 절대과제였다.

Ⅱ. 경제부흥

전후 일본경제는 이러한 상황에서 부흥·재건으로의 길을 걷게 되지만, 그 과정은 실로 파란만장하였다. 그러나 그 파란만장한 재건의 험로야 말로 1955년대부터 고도성장을 향한 기초적 조건을 정비하여 기초를 튼튼히 하는 과정이었다는 점에 매우 의의 있는 것이었다.

1952년의 경제백서는 전후 6년 여 경과하여 부흥이 어느 정도 진전된 당시의 경제재생의 과정을 다음과 같이 4단계로 나누어 정리하고 있다. 제 1단계: 종전부터 1946년까지의 '혼란기', 제 2단계: 1947년 초부터 1948년 말까지 '재건을 위한 발족기'(경사생산시대), 제 3단계: 1949년 초부터 1950년 중반까지 '경제안정 계획기' 즉, 소위 닷지라인(Dodge Line)의 시대, 제 4단계: 1950년 이후의 '한국전쟁 붐 및 그 조정기'로 나누고 있다.

한국전쟁 붐 및 그 조정기는 1952년 말까지 계속되었다. 여기서 말하는 조정이란 한국전쟁에 의한 물가앙등을 막았다는 의미만이 아니라 통제경제에서 자유경제로의 전환이라는 의미도 포함하고 있다. 더욱이 1953-54년은 제 5단계: 1953년 이후 금융·재정 양면의 '긴축정책기'에 해당하는 시기이다.

요컨대 1953-54년에는 외화부족을 배경으로 총수요억제에 의한 인플레이션의 진정이 꾀해지는 한편 산업의 국제경쟁력 향상과 수출강화를 목표로 하였다.4)

Ⅲ. 제 1단계 성장을 위한 기반정비

전술한 5가지 단계는 전후 경제재건과 고도성장의 기반조성의 과정이었으며, GHQ(연합국최고사령관 총사령부)의 지도하에서 강력하게 추진된 것이 경제·사회의 민주화였다. 구체적으로 살펴보면 다음의 세 가지 민주화가 대표적인 것이다.

첫째, 농촌의 민주화로 농지개혁과 농업단체의 재편(농업회의 해산과 농업협동조합의 결

4) 高橋乘宣, 『あらすじで讀む日本經濟』, PHP, 2005, pp.18-22.

성)이다. 둘째, 노동의 민주화로 노동3법(노동기준법, 노동관계조정법, 노동조합법)의 제정과 그에 기초한 노동자의 단결권, 교섭권의 확립이다. 셋째, 산업조직의 민주화로 재벌해체와 집중배제권의 제정이다.

궁핍과 혼란으로부터 경제재건을 위해 무엇보다도 강력하고 합리적인(경제원칙에 부응하고 실제자료에 근거한) 경제운영이 요구되었는데, 그러한 기대를 가지고 1946년 8월에 설립된 것이 경제안정본부(安本)였다. 이 조직은 동년 2월에 공표된 경제위기긴급대책을 통일적으로 추진하기 위한 top planning and control기구로서 GHQ의 지원으로 생겨난 것이며, 인사·조직상 다음과 같은 특징을 가지고 있다.

첫째, 총재를 내각총리대신이 겸무하는 외에 국무대신인 총무청장관(통상 안본장관은 이를 지칭함)을 둔다. 즉 2인의 대신이 있었다.

둘째, 민간의 유식자로부터 등용된 부장관이나 국장급에는 경험이 많은 관료가 국·차장 이하의 스텝으로 배속된다.

셋째, 각 省廳으로부터 최우수 인재가 파견된다.

또 GHQ 최고사령관 맥아더 원수의 강력한 요청으로 1947년 5월에는 경제안정본부의 기능과 조직의 강화·확충이 꾀해졌다(5부 300인 체제에서 10국 2000인 체제로). 이와 함께 종래 각 성청이 가지고 있던 경제관계 행정의 거의 모두가 종사하고 있던 스탭과 함께 집중이관되었다. 이리하여 '울든 아이도 그치게 하는 安本'이라고 불리어질 정도로 사상 최강의 경제관청이 탄생한 것이다.

안본의 주된 역할은 기본적으로 경제정책의 책정과 그것을 실행하기 위한 종합조정이며, 또 가격, 임금, 물류, 무역 등을 통제하는 조정본부이기도 하였다. 따라서 경제의 실정을 있는 그대로 그리고 분석적으로 국민에게 알릴 필요가 있었다.

이렇게 해서 탄생한 것이 안본에 집중된 다수의 유능한 이코노미스트의 손으로 만들어진 경제백서이다. 경제백서에 의거하여 실증적인 데이터에 근거하여 과학적이고 실태에 부응한 경제분석이 진행되고, 더욱이 백서에 의거한 경제정책이 실행되게 되었다.

전전·전시의 경제정책이 일반 국민들이 접근하기 어렵고 잘 알지 못하는 경향이 있었는데 반해 전후 경제정책은 민주적·실증적(과학적)인 방향으로 대전환을 통해 많은 국민들이 실감할 수 있게 하였다는 점에서 의의가 크다.

경제백서는 이후에도 매년 발간되었지만, 일부분의 통계가 정비되지 않은 상황이었음에도 불구하고 분석내용이 실증적이고 또 최근의 경제이론이 일반 국민의 이해에 방해가 되지 않을 정도로 잘 이용되어 그 분석수준도 상당히 높은 것이었다.

Ⅳ. 제2단계 경제부흥

종전 직후 악성인플레이션의 가장 큰 요인은 생산의 절대적 부족에 있었다. 그리하여 이러한 기본인식을 바탕으로 일본경제재생을 방안으로 제안된 것이 '경사생산방식'이다. 이 방식을 제안한 사람은 아리자와 히로미 동경대학 교수였다. 이는 전시통제경제하에서 물자동원계획에서 보여 지던 중점주의 정책과 유사한 정책수법이기도 하며, 그 전후 판이라고도 할 수 있다. 다만 중점대상이 군수산업에서 기초적 생산부문으로 바뀐 것에 불과하다.

경사생산방식은「------ 우리들이 처리할 수 있는 유일한 기본적 소재인 석탄생산을 위해 경제정책을 집중적으로 수행하여-----」증산된 석탄을 철강생산에 투입하고, 그 철강을 석탄생산에 우선적으로 배분하며, 이리하여 석탄과 철강의 증산을 꾀하려고 하는 초중점형의 긴급대책이었다.「석탄의 증산에는 철강부족이 애로요인이고, 또 철강증산에는 석탄부족이 역으로 큰 애로요인인」점을 타개하고자 한 것이다. 양자 모두 다른 각 산업에서 공통으로 추구하는 것이며, 그 부족이 일본경제 전체의 생산에 절대적 부족을 초래했던 것이다.

이 방식의 도입은 중유수입이 GHQ에 의해서 해금되었던 것이 계기였다. 즉「수입중유의 철강에의 편중배분→철강증산→탄광에 강재의 편중배분→석탄증산→철강에의 석탄의 편중배분→철강증산」라는 흐름에 따라 석탄과 철강의 상호파급효과를 실현시켜 증산된 석탄과 철강을 순차적으로 타 부문에 공급하여 전체의 생산확대, 산업부흥을 도모한 것이다.

1946년에 도입된 경사생산방식은 다음해인 1947년에 그 효과가 나타나기 시작하여 석탄생산은 전년도 대비 28% 증가하였다. 그 성과는 기초산업(요업, 섬유, 조선, 화학 등)에 석탄공급의 증가(40-6%)로 나타났으며, 1948년도에 들에 더욱 본격화하였다. 철강, 시멘트, 화학 등의 소재계 업종에 비하여 뒤처지기 쉬웠던 기계공업의 생산도 회복되었다. 이것은 군수기술(항공기부품, 군수용광학, 통신기기 등)의 평화산업으로의 전환의 성과이기도 하며, 미싱, 카메라, 자전거, 시계, 직기 등의 증산이 이루어졌다.

한편 경사생산방식에 대한 자금지원은 부흥금융과 가격차보조금제도에 의해 이루어졌다. 부흥금융금고는 1946년 10월 정부출자 40억엔의 자본금으로 발족하여, 1949년 3월말 현재(동 년도에 활동정지) 130억엔의 융자잔고를 기록하고 있다. 융자잔고의 36%를 석탄광업이 점유하고 있었으며, 역으로 석탄광업의 채무잔고의 70%(설비자금에 한정하면 97%)가 부금융자에 의한 것이었다.

부금융자의 주된 자금원은 부금채의 발행이었으며, 일본은행이 그 절반을 구입하였다(일은 인수). 1949년 3월말 융자잔고 1,320억엔 가운데 부금채의 발행잔고는 1,091억엔(82.6%)

을 점유하여, 일본은행 보유분이 797억엔이었다. 일본은행의 보유분은 그 시점에서 통화발행잔고의 20% 이상이었다. 증가액 베이스에서 보면 보다 비중이 커진다(30% 정도).

따라서 확실히 전후 생산부흥에 크게 기여한 반면, 통화공급(일은에 의한 통화공급) 면에서 인플레이션 체질을 강화시켰다는 비판은 부정할 수 없다.

부금융자가 석탄을 중점대상으로 하였지만, 가격차보조금제도는 철강을 최대 대상으로 하였다. 1949년부터 1951년까지 국내의 보급금 지출액 합계 2,277억엔 가운데 40% 이상이 철강에 지불되었다. 보급금 지출이 본격화된 1947년부터 1950년 간만 보더라도, 이 비중은 43%에 이른다.

이 제도는 ① 기초적인 물자의 소비가격(철강 암거래 가격의 대 전전 배율 65배를 기초로 산정)을 기초로 원가계산을 행하고, ② 요구된 생산코스트에 적정이윤을 추가한 생산자가격을 산출하여, ③ 생산자가격과 소비자가격의 차액을 정부가 보전하는 것이었다.

그 후의 기초적 경제조건의 측면에서 보면, 이 두 개의 자금지원이 커다란 인플레이션 압력으로 남는 등 경사생산방식의 마이너스적인 측면도 결코 무시할 수 없는 것이었다.

Ⅴ. 제3단계 경제안정정책

경사생산방식이라고 하는 소위 초중점주의의 긴급확대형 경제정책은 전술한 바와 같이 동시에 부정적인 면도 나타나기 시작하였다. 인플레이션 압력이 한층 강화되고 또 국내 재정자금과 해외(특히 미국)로부터의 원조에 의존하는 취약한 경제체질을 들어내게 되었던 것이다.

경사생산방식이 궤도에 진입한 1947년도, 1948년도는 광공업생산도 급속히 회복되어 괴멸상태에 있던 일본경제에도 마침내 회복기운이 보이기 시작하였다. 그러나 다른 한편 경사생산방식을 금전적인 면에서 뒷받침 하였던 부금융자(부금채의 발행을 수반한)와 가격차보조금에 의해 일본경제는 인플레이션 체질을 한층 강화하는 결과를 초래하였다. 더욱이 빈약한 재정자금(국내 보조금)과 해외(특히 미국)로부터 원조에 의존하던 경제체질의 취약함이 크게 우려되는 상황이었다.

그래서 대담한 경제안정조치를 취하는 것이 긴급과제라고 생각한 미국정부는 1948년 12월 국무성과 육군성의 공동성명으로 '경제안정9원칙'을 발표하여 ① 재정의 엄격한 긴축과 종합예산의 균형, ② 收稅강화, ③ 금융기관 융자억제, ④ 임금안정의 효과적 계획 작성, ⑤ 물가통제계획의 강화, ⑥ 외국무역, 외환관리의 강화와 일본 측에 권한 위양, ⑦ 할당 미 배

급제도의 개선 등의 방침을 표방하였다. 이들 가운데 처음 3개 항목이 특히 중시되었다.

왜냐하면 이것은 어느 것이나 자유경제사상에 바탕을 둔 디플레이션 정책에 의해 경제안정을 실현하고자 한 것이기 때문이다. 이것은 본 원칙을 정리하는 역할을 맡았던 재계출신의 육군차관 드레퍼의 사상이 근간을 이룬 것이었다. 이것은 일본의 무역과 산업의 부흥에 대한 장애를 제거하고 사기업활동을 육성하는 것을 축으로 하여 생산의 증대와 재정의 긴축에 의해 인플레이션에 철저히 대응한다는 기본이념이다. 남은 항목은 경제 통제론자가 지배하는 GHQ의 체면을 세워주기 위해 추가된 것에 불과하였다.

즉 경제안정 9대원칙의 진정한 목적은 예산의 균형화(재정지출 긴축과 수세강화)와 신용확장의 제한을 강력히 추진하면서 단일 환율을 설정하는데 있었다고 할 수 있다. 맥아더원수는 국가자문위원회의 결정으로 GHQ에 하달된 지령에 근거하여 일본정부에 대해 효과적인 경제안정정책을 실시하도록 요구한 것이다.

이 무렵 인플레이션의 근절이야말로 생산증강에의 절대적인 전제라는 판단 하에 일거에 인플레이션을 수습해야 한다는 「일거안정론」과 일정 수준까지 생산의 회복이 있고난 후 단계적으로 인플레이션을 극복하는 정책을 써야 한다는 「중간안정론」이 있었다. 정부는 인플레이션 억제책의 강행은 자칫 잘못했다가는 도산·실업을 급증시킨다는 염려 때문에 내각도 인플레이션 수습이라는 최대 경제문제에 대해 과감한 정책을 채택하지 않았다. 그것은 정부 내의 의견분열에도 원인이 있었지만, 미군 점령 하에서 점령군의 의향을 살피지 않으면 안 되었으며, 스스로 상황을 창조하거나 과감한 정책변혁은 경우에 따라서는 자기의 정치생명을 위태롭게 할 위험성이 컸기 때문이다. 중간안정론은 미국의 대 일 원조가 당분간은 지속될 것이라는 기대 하에 구상된 것이지만, 그것은 그와 같은 원조를 하루빨리 끝내야 한다는 미국의 정책과 정면으로 배치되는 것이었다. 당시 미국이 취할 수 있는 정책은 일거안정론이었다.

미국 본국정부가 일본의 경제부흥과 안정을 중시하게 된 배경에는 당시 소련을 중심으로 한 공산권과의 대립이 선명하게 드러났기 때문이다. 특히 1946년부터 중국에서 국공내전이 시작되고, 또 필리핀, 베트남에서 공산당 운동이 강화되는 등 아시아에 공산화의 물결이 밀어 닥치는 시점에서 미국의 대일정책은 크게 변화지 않을 수 없었다. 즉 일본이 건전하여 자립적인 경제를 회복하여 아시아에서 반공의 보루로 되는 것을 미국은 기대했던 것이다. 또 하루속히 일본의 부흥과 자립을 꾀하여 미국원조를 가능한 한 축소시켜 자국민의 세부담을 경감한다는 특별한 국내적·정치적 사정도 있었다.

경제안정 9대원칙에 근거하여 일본경제부흥·안정을 위한 구체적인 정책입안을 지도한 것은 디트로이트 은행장인 조셉 닷지였다. 그는 1946년 서독의 통화개혁안 입안에도 참가하여 구서독의 인플레이션 억제와 생산증대, 무역확대에 크게 기여하였다. 그 수완과 철저한 자유경제론자라는 점이 독일 점령시대(닷지는 당시 군정부 재정부장이었음)의 동료 드레퍼의 마음을 끌게 된 것이다.

드레퍼의 뜻을 수용한 트루먼 대통령의 요청에 의해 닷지는 공사로서 1949년 2월에 일본에 부임하였다. 그는 이 원칙에 따르면서도 자기 스스로의 고전적 자유경제론의 입장에서 인플레이션 수속과 자유경제로의 이행을 중점과제로 한 경제안정계획을 추진하였다. 더욱이 그것을 구체화시키는데 있어서 다음의 세가지 점을 핵심적 정책으로 삼겠다는 점을 밝혔다.

① 국내 총수요의 억제(과잉구매력의 삭감)와 수출확대, ② 시장메커니즘의 기능 회복(단일 환율의 설정, 보조금의 금지), ③ 민간투자자금의 공급력 향상(정부저축과 대일 원조의 증강)에 의한 생산력 확대이다.

이 정책을 서두르게 된 배경에는 국내의 보조금 정책과 미국의 대일원조의 두 축에 너무 많이 의존한 일본경제의 취약·인플레이션적 체질에 대한 강한 우려가 있었다. 이것이 보조금과 대일원조를 죽마의 다리에 비유한 유명한 죽마경제론[5]이다.

닷지의 정책의 특징은 무엇보다도 초긴축예산이며, 재정정책이 최우선 과제였다. 구서독의 경제재건(인플레이션과 생산확대)이 단일 환율의 설정, 신통화발행과 구 통화예금의 가치절하라는 통화 면에서의 개혁을 중심으로 진행되었던 것과는 현저한 대비를 보이고 있다.

1949년부터 1950년 전반까지 경제안정정책의 추진과정이 곧 닷지라인으로 불리어지는 것이다. 1949년도 예산에는 닷지공사의 구상에 근거한 종합재정의 균형(『경제현황보고』)이라는 이념이 진하게 반영되어 있다. 일반회계는 물론, 정부기구로부터 지방재정을 포함한 엄격한 재정수지균형이 그 특징이다. 이와 같은 엄격한 재정개혁의 결과 일반회계, 특별회계의 총계는 1948년도의 세출초과 1,419억엔에서 1949년에는 세입초과 1,569억엔이 되어 대폭적인 적자에서 대폭적인 흑자로의 극적인 전환이 이루어졌다.

이 같은 재정의 엄격한 긴축은 정부에서 민간으로의 보조금 유출을 억제하였다. 또 부흥금융금고의 신규융자정지 등으로 금융기관으로부터 민간으로의 자금유출도 억제되었다.

닷지라인의 효과는 곧 물가하락으로 나타났다. 시장의 수급균형을 당시 잘 나타내 주고 있다고 여겨졌던 암거래물가는 생산재가 1949년 2월을 정점으로, 소비재가 동년 4월을 정

5) "竹馬의 다리(보조금과 대일원조)를 너무 높인다면 역으로 목뼈가 부러지기 쉽다"라고 생각하였던 것이다.

점으로 하락하기 시작하여 1949년도에는 각각 32%, 33%의 하락을 기록하였다. 또 이 무렵 생산되는 상품의 품질향상도 현저하였는데, 이런 점을 감안한다면 실질적인 물가안정효과는 더욱 컸다고 할 수 있다.

한편 닷지 라인로 인해 국민의 소비는 억제되었고, 또 산업계로의 자금공급도 줄어들었다. 이 같은 디플레이션 효과가 안정공황의 형태로 산업계에 적지 않은 타격을 주었다는 점도 사실이다. 특히 중소기업은 절반이 휴업 내지 폐업상태에 빠지고, 금융기관으로부터 신용공여도 원활하지 못했다.

다른 한편 대기업은 ① 인원정리, 하청·외주비의 삭감 등 코스트 삭감의 여지가 컸다는 것, ② 금융완화의 메리트를 수혜하여 자금조달이 용이했다는 것 등 두 가지 점에서 영향은 비교적 적었다. 이처럼 닷지 라인이 대기업과 중소기업에 미친 영향은 크게 달라 그 후의 일본경제에 이중구조형 체질을 온존케 한 하나의 원인으로 간주되었다.

닷지라인의 초균형재정을 뒷받침한 것이 샤우프(Shoup)권고(1949년 9월)에 근거한 세제개혁이다. 샤우프세제는 ① 소득세를 중심으로 하는 직접세 중심주의, ② 종합과세제도에 의한 케피털 게인 과세의 완전실시, ③ 지방세의 신설(지방자치의 확립지원) 등 이상적·첨단적 내용을 갖는 것으로 높이 평가되었다. 그러나 한편으로는 일반서민이나 중소기업가에게는 중세라는 느낌을 불식시킬 수 없었다. 대중과세의 강화에 의해 재정자금의 흡수시스템으로서 이 세제개혁이 작용하였다고 보는 견해가 많다.

또 종합과세방식은 그 후 실시단계에서 분리과세로 되어 자산소득에 유리한 방향으로 변질되었다. 또 최근에는 소비세를 비롯한 간접세 방식으로의 이행이 보이는 등 일본세제는 샤우프권고가 나타낸 이상적 형태에서 크게 일탈하고 있다.

한편 일본경제가 닷지라인에 의해 1달러=360엔의 단일 고정환율로 세계경제와 직접적인 연관을 맺게 된 시점에서 학계에서는 무역논쟁이 활발하게 전개되었다. 1949년 말 나카야마(中山伊知郎)교수는 "---- 국제무역이 곤란한 상태에 있다고 하여 국내자원개발에 집착하는 사고방식은 불식되어야 한다 -----영국처럼 일본도 식량뿐 아니라 모든 자원을 보다 싼 가격으로 해외로부터 수입하여 산업코스트를 인하하고 부가가치를 높여 수출하는 「무역입국」의 방향으로 산업구조를 전환해야 한다"고 주장하였다. 소위 무역주의의 제창이다.[6]

이에 대해 경사생산방식을 제창했던 아리자와(有澤廣已)교수는 "---- 자유통상·자유환율·자유무역이 세계무역을 증진시키는 것은 부인할 수 없다. 그러나 전후의 국제경제현황은 세계무역의 신장을 저해하는 세 가지 요인이 있다"고 지적하면서 다음과 같이 주장하였다.[7]

---

6) 日本評論社,『評論』, 1949年 12月號.

첫째, 세계가 동·서양체제로 분열되어 자본주의 세계의 시장이 협소해지고, 둘째, 합성공업의 발달에 따라 동아시아지역 등의 특산품 무역이 줄어드는 동시에, 후진국의 공업화에 수반하여 원료소비가 증대됨으로 원료자원의 수출은 더욱 감소한다. 셋째, 미국에의 경제력의 과도한 집중으로 다른 나라의 외화부족이 심화되어 세계무역의 순조로운 발전이 저해된다.

따라서 "외국무역의 이점은 인정하지만, 그 앞길은 '불안과 한계'가 있으므로 ----중요공업국의 생산력이 균등화되는 시기에 무역입국을 지향하도록 하되, 그러한 상태는 가까운 시일 내에는 좀처럼 오지 않을 것이니----과잉인구를 안고 최대고용을 유지하면서 생활수준을 향상시키기 위하여 성급하게 무역증대를 지향하다가는 자립 대신 예속이, 또는 일본 자본주의 자체의 파탄을 초래할 위험성을 내포하고 있으므로----사유자본에 모든 것을 위임하기보다는 국가자본형성에 의한 생산기술의 도입, 국토자원의 종합적 개발을 통해 경제의 사회화를 추진해야 한다"고 주장하였다. 소위 「개발주의」이다. 이에 대해 나카야마 교수는 다음과 같은 반론을 제기하였다.[8)]

첫째, 합성산업에 의한 기술적 의미의 특산품과 무역적·경제적 의미의 특산품을 혼동시켜서는 안 된다. 기술적으로는 생산이 가능하여도 수입하는 것이 경제적으로 유리한 것이 아직까지는 매우 많다. 금후에도 합성산업의 기술은 계속 발전하겠지만, 그것이 그대로 수입감소로 연결되지는 않을 것이다.

둘째, 「협정무역」이 큰 비중을 차지하고 있는데, 일본은 그 테두리 밖에 있으나, 자유무역의 영역은 아직 넓으며, 그 발전가능성도 크다. 또 조만간 일본도 협정무역에 참여하게 될 것이다.

셋째, IMF체제 등의 새로운 기구 아래 국내경제체제도 개선되지 않으면 안 된다. 그러한 개혁이 열매를 맺기까지에는 내핍생활이 필요하지만, 그것은 저임금에 의한 노동자의 희생을 통해서가 아니라 「노동의 옹호」를 통해 달성되어야 한다.

나카야마 교수는 국내개발의 중요성을 인정하면서도 어디까지나 무역입국이 우선되어야 한다는 입장을 견지하였다. 1940년대 인플레이션의 근절을 둘러싸고 일거안정론과 중간안정론 논쟁이 전개되었듯이 1950년대 일본의 제공업화에의 선택을 두고 무역주의와 개발주의가 논쟁을 편 것이다.

무역주의가 자유주의에 입각한데 비하여 개발주의는 계획화를 구상한 것 같은 인상을 주지만, 그 논쟁의 초점은 최적국제의존도(optimal international dependence)와 최적정부의존도

7) 상게서 1950年 2月號.
8) 상게서 1950年 3月號

(optimal government interference)를 둘러싼 견해 차이에 불과하다.

논쟁은 그 후에도 오래 지속되었으나 현실적으로 일본경제는 무역입국의 길을 걸었다. 그것은 전후에 이식된 자유민주주의가 이미 광범위하게 뿌리를 내리고 있는데다가 논쟁이 시작된 직후에 일어난 한국전쟁이 선택의 여지도 없이 일본경제를 자유사기업 경제체제로 굳혀버렸기 때문이다. 그리고 그 활력을 바탕으로 무역입국을 통해 일본의 고도성장이 달성된 것을 생각할 때 결과적으로 행운의 선택이었다고 할 수 있다.

Ⅵ. 제4단계 한국전쟁 붐과 그 조정

1950년 6월 한국전쟁이 발발하여 일본경제를 둘러싼 환경은 크게 변화하였다. 소위 한국전쟁 특수에 의해 초긴축정책 하에서 유효수요부족은 일거에 해소되고, 생산은 급격히 회복되었다. 기업합리화가 진전되고 있었기 때문에 이것은 수익의 대폭 개선과 직결하게 되었다.

초균형예산에 의한 경제안정계획- 소위 닷지 라인은 1949년에 도입되어 물가하락 등 눈부신 효과를 가져왔지만, 한편으로는 기업의 자금난, 유효수요부족, 실업의 증가, 기업도산의 속출 등 심각한 경기후퇴도 초래하였다. 닷지 라인은 1950년에도 계속되어 경제의 안정화·정상화가 진전되었지만, 다른 한편으로는 경기후퇴는 점점 심각해져 소위 안정공황의 양상을 강화시켰다.

그런 가운데 1950년 6월 한국전쟁은 이러한 경제상황을 일시에 변화시키게 된다. 당초 북한군과 한국군의 전투는 7월에는 북한군과 유엔군과의 전투로 또 11월에는 중국군과 유엔군의 전투로까지 확대·격화되었다. 그리고 1953년 휴전협정 체결까지 3년간 격심한 군사대립이 계속되었다.

군사개입한 미군은 많은 물자와 서비스를 일본으로부터 조달하였다. 이것이 소위 특수이다. 이 특수는 닷지 라인하에서 유효수요 부족으로 어려움을 겪던 일본경제에 있어 가뭄에 단비와 같은 것이었다.

特需라는 것은 본래 전시 중요물자·서비스의 구매를 의미하는 것이었으나, 종전교섭 단계에 들어, 한국부흥용의 자재·서비스, 주일 유엔군용의 자재·서비스를 포함하는 것으로 되었고, 더욱이 미국의 군사적 확장 전략과 아시아에서의 군사원조와 관련한 물자·서비스, 소위 신특수에 이르기까지 그 범위는 확대되었다. 당초에는 일과성으로 간주되고 있던 특수도 이처럼 그 의미·내용이 확대됨에 따라 예상했던 것 이상의 수요효과를 갖게 되었다.

특수계약고는 1950년, 1951년에 3억 달러 이상을 기록하였고, 1952년에는 5억 달러에 육박하여 정점을 맞았다. 그 후 감소하였지만, 1950년대 말까지 특수는 계속되었다. 외화수입(특히 무역외수취)에 차지하는 특수의 비율은 1950년대를 통하여 일관되게 높았다. 1950년 6월- 55년 6월까지의 주요 특수품목의 계약고 누계를 재화(물자)·서비스 별로 나타낸 것이 <표 1-1>이다. 이 표를 보면 물자에서는 병기와 석탄, 서비스에서는 건설, 수리관련이 대부분이다.

<표 1-1> 주요 특수물자 · 서비스 계약고(1950년 6월-55년 6월)

(단위: 천 달러)

물 자	서 비 스
1. 병기 : 148,489	1. 건물건설 : 107,641
2. 석탄 : 104,384	2. 자동차수리 : 83,036
3. 마대 : 33,700	3. 하역 · 창고 : 75,923
4. 자동차부품 : 31,105	4. 전신 · 전화 : 71,210
5. 면포 : 29,567	5. 기계수리 : 48,217

자료: 三輪良一『槪說日本經濟史-近代史』, 東京大學出版會, 1993.

1950년대는 특수의 경제파급에 의해 일본경제가 고무된 시기였다고 할 수 있다. 한국전쟁이라고 하는 전혀 의도되지 못했던 환경변화에 의해 일본경제는 크게 변모를 겪었다. 닷지 라인이 갖는 디플레이션 효과가 일본경제를 위기상황에 직면케 하려던 그 순간에 한국전쟁이 발발하여 그 경제적 효과는 매우 크게 느껴졌다.

한국전쟁에 의한 특수가 일반적으로 긍정적으로 평가된다고 하지만 반드시 그런 것만은 아니었다. 1951년도 경제백서는 한국전쟁의 발생을 계기로 한 각국의 군사적 확장 계획의 진행은 경제의 정상화를 짓밟을 수 있다고 그 영향을 오히려 부정적으로 평가하고 있다.

그러나 결과적으로 볼 때 한국전쟁의 발발→특수의 발생이라는 환경변화가 일본경제의 부흥을 강력히 촉진한 것은 부정할 수 없다. 특수의 발생은 세계의 군비확장 무드에 의한 구매경쟁을 수반하여 수출수요를 급증시켰다. 그 결과 누적되었던 체화는 일소되고 외화보유고도 1949년 말의 불과 2억 달러에서 1951년 말에는 9억4,000만 달러로 급증하였다.

한국전쟁 붐이 가져다 준 경제적 효과 즉, 특수경기는 괄목할만한 것이었다. 생산이 급증하여 1949년을 100으로 보았을 때 광공업생산지수는 1950년에는 123으로 상승하였고, 그 후에도 급증하여 1950년대 중반에는 2.4배에 달하였다. 전전(1934-36년)과 비교해도 1950년에는 거의 그 수준에 접근하였고, 1951년에는 전전 수준의 31%나 상회하였다. 수입도 증가하였는데, 이는 수출증대 → 외화축적 → 수입원재료 구입 → 생산확대 → 수출증대라는 확대재생산의 환경이 성립한 결과이다.

기업수입의 향상도 현저하였다. 사용총자본이익률(제조업)은 1950년 상반기의 2.5%에서 5.1%로 향상되었고, 1951년에는 더욱 높아졌다. 특수의 혜택을 보다 많이 받은 섬유(면방, 화섬 등)기업, 금속(철강, 금속 등)기업의 업적향상은 매우 현저하였다. 섬유기업인 화섬의 1951년도 상반기의 총자본이익률은 35.9%, 면방의 20.3%는 경이적인 고수익이며, 같은 시기의 법인소득 베스트 10은 동양방적을 필두로 섬유업계가 독점하였다.

한편 수출품목의 가격이 급등함에 따라 내수품 가격도 급등하여 인플레이션이 재현되었다. 그 때문에 국민의 실질소득수준도 일시적으로 저하하였다. 이 외에도 한국전쟁이 일본의 실질적인 군대로서 재출발한 경찰예비대를 탄생시켜 샌프란시스코 강화조약 후의 1952년에는 그것이 보안대로 개조되었고, 더욱이 1954년에는 자위대가 성립되었다. 경제 이외의 상황변화에도 유의할 필요가 있다. 한국전쟁 붐은 산업경기·기업경영에 즉각적인 효과를 가져다 주었으나, 국민생활의 즉각적인 효과는 가져다주지 못하였다.

한국전쟁 붐은 1951년에 조정과정에 들어갔다. 우선 4월부터 7월 말까지 해외수요의 후퇴, 이어 8월부터 10월 중순까지 투자활동 정체가 발생하였고, 1952년 초부터는 본격적인 조정단계에 들어갔다.

Ⅶ. 제5단계 고도성장의 기초정립

1953년도의 경제백서는 '일본경제가 정상적인 무역이 허용하는 실력 이상으로 경제수준을 가지고 있다' 는 인식에서 '부자는 더 이상 사치를, 기업가는 생산성 향상 이상의 임금인상을 자제하는 태도가 필요하다'라고 호소하고 있다. 그럼에도 불구하고 1950- 1953년에 걸쳐 임금 8할, 쌀값 7할의 상승이 행해진 것을 배경으로 소비확대는 한층 진전되었다. 또 설비투자도 28% 증가(1953년도/1952년도)하였다.

이와 같이 팽창한 국내 구매력에 의해 달성된 경제수준은 실제로 그 정상무역이 허용하는 실력 이상이었다. 수입의 급증과 국제수지의 악화, 외화부족을 가져온 것은 당연한 일이었다. 국제수지 악화는 주로 수입증대에 기인하며, 그것은 국내 구매력의 팽창에 의해 발생하였다. 1953년도 경제백서가 우려하고, 경고한 것과 같은 상황이 발생한 것이다.

1953년의 경제수준은 대략 전전을 상회하는 수준에 달하였다. 우선 소비, 실질임금, 생산성(광공업 생산 등과 비교하면) 등 회복이 지연되었던 경제지표가 1953년에는 대폭 전전수준을 상회하였다.

소비수준의 급상승 요인으로는 ① 농지개혁과 노동민주화가 소득분배의 평준화 경향을 조장하였다는 점, ② 한국전쟁 붐에 의한 수출과 산업투자의 확대에 의한 파급효과가 실질소득의 향상을 초래하였다는 점, ③ 기아수출의 경향이 강했던 상황 하(1950- 51년)에서 억제되었던 국내 소비가 폭발적으로 확대한 점, ④ 전기제품, 자동차 등 내구소비재 신제품이 시장에 빈번하게 출시되어 소비자의 구매의욕을 자극하였던 점 등을 들 수 있다.

특히 상기 네 번째 요인에 대해 경제백서는 '이웃집에서 전기세탁기를 사면 이는 다시 이웃의 구매욕구를 자극하는 소위 전시효과가 나타났다'라고 지적하고 있다.

이 때문에 1954년에는 1조엔 예산이라고 이름 붙여진 긴축형 재정이 스타트하게 된다. 전전의 10월부터 실시되었던 긴축금융정책과 함께 이 긴축재정정책은 팽창하는 경제를 방지하는 효과가 있었다. 긴축정책의 효과는 우선 도매물가의 하락 → 국제가격에의 접근, 즉 수출품의 가격저하 → 수출확대 → 국제수지 개선으로 나타났다. 1954년도의 국제수지는 전년도의 3억 8,000만 달러 적자에서 일전하여 200만 달러 흑자로 나타나, 4억 달러 정도 개선되었다.

도매물가는 1954년 6%로 저하하였고, 여전히 높은 수준이지만 국제가격 수준에 상당히 접근하였다. 요컨대 가격경쟁력 강화에 의한 수출확대의 목적은 어느 정도 달성된 것이다.

한편 긴축정책이 갖는 부정적 효과도 무시할 수 없다. 설비투자는 전년도에 비해 자금공급실적 기준으로 15%, 기계수주 기준으로 16% 감소하고 있다. 또 개인소비도 거의 늘어나지 않고 있고, 완전실업자도 25만명 증가하여 84만명이 되었다. 그러나 실질국민총생산은 약간 플러스를 유지하였다. 1950년 후반부터 시작되는 고도성장기에 대비한 기반정비로서는 균형있는 경제운영이었다고 평가할 수 있다.

마지막으로 신기술·신산업의 발생하였다는 점이 주목된다. 실제로 신상품, 신시장이 지속적으로 형성되었으며, 현대적 의미로 고도성장기의 서막으로서 신 창업시대였다고 할 수 있다. 일본의 1인당 국내총생산은 1950년에는 미국의 약 1/14에 불과하였다. 지금까지 개략적으로 살펴본 바와 같이 1940-50년대의 경제수준은 상당히 회복·향상되었지만 아직 최선진국 미국과의 거리는 컸던 것이다.[9)]

9) 高橋乘宣, 전게서, pp.18-38.

제2장 경제의 고도성장

전후 일본경제는 고도성장하였다. 고도성장기(1955- 70년) 일본의 실질국민 총생산은 연평균 10.2% 증가하였다. 이 같은 발전 속도는 다른 자본주의 선진국보다 훨씬 빠른 것이었다. 전후 일본의 고도성장 요인에 대해서 일본을 비롯한 각국의 경제학자들이 지적하고 있는 내용을 정리하면 대체로 다음과 같다.

<표 2-1> GNP의 연평균 실질성장률

(단위: %)

국명	1950-60년	1960-70년
일 본	9.1	11.3
서 독	7.9	4.7
프랑스	4.5	5.6
영 국	2.8	2.7
이탈리아	5.6	5.7
미 국	3.2	4.2

자료: 米國商務省, 『日本 · 株式會社』, 1975.

먼저 국내요인으로서 민주개혁, 자본축적, 기술혁신, 설비투자, 노사관계, 중화학공업화, 기업경영관리, 정부의 경제계획과 정책, 군사비 절약, 정부의 공공사업투자, 정부와 민간기업간 협력, 정치안정, 일본의 국민성, 교육수준 등을 들고 있다. 두 번째 국외요인으로서 한국전쟁과 베트남 전쟁의 특수, 과학기술의 진보, 자원 및 에너지의 충분한 공급, 해외시장의 확대, 안정된 환율, 비교적 안정된 국제정세 등이 있다. 이들 요인들이 전후 일본경제 발전에 있어 나름대로의 역할을 해왔다고 할 수 있다.

I. 전후 일본의 특수한 역사적 조건

일본경제의 고도성장은 특수한 역사적 조건 하에서 실현되었다. 전후 자본주의 세계 전체의 경제발전은 비교적 빨랐다고 할 수 있다. 일본경제는 그보다도 더 빠른 속도로 성장하였다. 이는 전후 특수한 역사적 조건 외에도 일본의 고유한·유리한 역사적 조건이 갖추어져 있었기 때문이다. 그 특수한 역사적 조건은 다음과 같다.

1. 전전·전후의 경제적 기초

전후 일본경제는 전전·전시하의 일본의 기초 위에서 성장하였다. 전전과 전시에 일본의 생산능력은 일정 수준에 달해 있었다. 전시의 파괴는 있었지만 상당한 생산능력은 보존되었다(<표 2-2>참조). 또 이 시기에 다수의 기술자와 숙련노동자가 양성되었고, 일련의 경제관리제도가 형성되었다. 전후 이러한 것들이 일본경제의 건설에 충분한 역할을 하였다. 만약 이 같은 기초가 없었다면 전후 일본경제의 고성장은 어려웠거나 불가능하였을 것이다.

<표 2-2> 중요 물자생산 설비능력

생산설비	단위	1937년도 생산능력	전시중 최고생산능력		종전시 생산설비능력
			연도	생산설비능력	
선철	천톤	3,000	1944	6,600	5,600
압연강재	천톤	6,500	1944	8,700	7,700
동	톤	120,000	1943	144,000	105,000
알루미늄	톤	17,000	1944	127,000	129,000
공작기계	대	22,000	1940	60,134	54,000
유산	천톤	4,373	1941	6,281	5,586
유안	천톤	1,460	1941	1,979	1,243
시멘트	천톤	12,894	1941	9,621	6,109
스프	천파운드	451,000	1941	813,000	184,000
제지 펄프	천파운드	-	1940	1,329	705

자료: 稻葉秀三, 『日本經濟現實』, 太平書房, 1947.

2. 비군사화

패전 후 미국은 일본을 점령하고 비군사화 정책을 실시하였다. 미국의 전후 초기 일본에 대한 정치면에서의 비군사화 조치는 ① 육해공 등 모든 군대의 해체와 무장해제, ② 군 간부, 군국주의적 단체의 지도자, 기타 군국주의와 침략적 행동의 주요 추진자의 구류, 또 군국주의자와 호전적 인물의 공직, 민간의 주요 지위로부터 추방, ③ 교육 제도에서 군국주의 제거, 등이 있다.

경제면의 비군사적 조치는 ① 군용물자의 생산 금지, ② 은폐된 軍備를 방지하기 위한 일본경제의 특정 부문에 대한 감시와 관리, ③ 주로 전쟁능력에 관계되는 특정산업 또는 생산부문의 제거, ④ 전쟁능력을 발전시키는 전문적 조사나 교육의 금지, ⑤ 중화학공업의 규모 및 성격을 장래의 평화적 범위에 제한하는 것 등이다.

그 후 국제정세의 발전에 따라 이들 방침의 약간의 변화가 있었지만, 일본의 비군사화는 별로 변화가 없었다. 이와 같이 전후 일본은 비군사화의 길을 내딛게 되었다. 일본은 비군사화를 실행하기 위해서 국방비를 경감하고 정부투자의 증가를 가능케 하였다. 또 한때 군사부분에서 일하고 있던 노동자와 기술자가 민간기업에 입사하여 민간생산에 충실할 수 있었다. 그리고 비군사화의 결과 중요 인력·물력·재력과 선진적 기술이 민간생산에 투입되어 일본경제의 발전을 촉진시켰다.

3. 민주개혁

전후 초기 미국점령 하에서 일본은 농지개혁, 재벌해체, 노동개혁 등 일련의 민주개혁을 행하고, 경제민주화를 실현하였다. 이는 일본경제의 고도성장의 양호한 기초가 되었다.

(1) 농지개혁

정부는 재촌지주의 보유토지 1정보(홋카이도는 4정보)를 제외한 지주의 모든 토지를 매수하여 그것을 농민에게 매도하였다. 1947년 3월부터 1952년 7월까지 23회에 걸쳐 매수가 행해졌다. 기본적으로 1949년도까지 농지개혁이 완수되었다. 1950년 8월 1일 현재 정부는 174만 정보를 매수하였고, 또 지주가 재산세 物納한 농지의 소관변경 등 19만 정보가 추가되어 합계 193만 정보의 농지가 해방되었다. 이리하여 일본의 봉건적 농지소유제는 기본적으로 붕괴되었다. 농지개혁은 농업생산력을 해방하여 농민의 생산에 대한 적극성을 제고시킴으로써 농지개혁은 농업기술혁신을 가져와 농업생산성을 높여 농업경제를 발전시키는 기초가 되었다. 농업경제의 발전은 일본의 경제성장에 필요한 식량과 노동력, 자금, 시장 등의 조건을 제공하였다.

미국은 일본군국주의 세력의 경제기초를 붕괴시키고 대재벌의 지배력을 약화시켰으며, 반봉건적 노사관계를 제거하여 국내시장을 확대하기 위한 재벌해체정책을 실시하였다. 재벌 본사(특수회사)를 해체하고, 그들의 소유주식을 공개하였다. 1951년까지 1억 6,700만주와 75억 7,000만엔이 처분되었다. 또 재벌의 경영자(재벌의 가족 포함)를 추방하고, 그들의 재계활동을 금지하였다.

이어서 산업조직에 대해서도 민주화정책을 실시하였다. 1947년 4월에 독점금지법을 공표하고, 1947년 12월에는 과도경제력집중배제법을 공표하여 18개사를 분할하였다. 요컨대 일본제철이 八幡제철과 富士제철로, 三井광산이 三井석탄광산과 三井금속광산으로 분할되었다. 그 결과 기업간 경쟁이 격화되어 기술혁신과 설비투자가 강화되어 일본의 경제발전이 촉진되었다.

⑵ 노동개혁

미국 점령군 총사령부의 지령에 의해 노동조합법(1945년 12월), 노동관계조정법(1946년 9월), 노동기준법(1947년 4월)이 제정되었다. 이에 따라 노동운동이 합법화되어 노동조합의 결성이 급속히 이루어진다. 1945년 12월에는 509개 조합, 38만명의 노조원이었지만, 1946년 6월에는 12,000개 조합에 노조원수는 368만명에 달하여, 노동조합 조직률은 1948- 49년에 60%에 근접하였다.

이는 다른 자본주의 선진국의 30% 정도에 비하면 매우 높은 것이다. 다만, 1947년 2.1 총파업 이후 미국 점령군은 노조의 스트라이크를 탄압하였다. 노동조합은 해고와 합리화에 반대하는 투쟁을 통해 일정한 민주적 권리를 쟁취하였다. 1956년부터 시작된 「春闘」는 임금인상과 노동조건의 개선에서 어느 정도의 승리를 획득하였다. 이와 같은 투쟁을 통해 노동조합은 발전을 지속하였으며, 노동조합원수는 1950년 577만명에서 1970년 1,161만명으로 증가하였다. 노동생산성의 제고, 국내시장수요의 확대 면에서 큰 역할을 하였다.

4. 후진성

일본은 후발 자본주의 국가로서 전전에는 영국, 미국 등의 선진국보다 발전이 지체되어 있었다. 그리고 일본은 제2차 세계대전 중 막대한 손해를 입었다. 國富의 피해율은 국부총액 25%, 건축물 25%, 공업용기계기구 24%, 선박 82%, 생산품 24%였다. 이와 같은 상황하에서 일본경제는 회복으로 전환하였지만, 그 발전 정도는 아직 저조하였다. 예를 들면,

일본경제가 기본적으로 회복되었다고 생각되는 1953년도 주요 물자생산량을 다른 나라와 비교해 보면, 粗鋼은 미국의 7.6%, 영국의 42.8%, 시멘트는 각각 19.5%와 76.9%, 선박은 영국의 42.3%, 상업차는 미국의 11.4%, 전력은 미국의 10.8%에 불과하였다(<표 2-3>참조).

<표 2-3> 1953년 주요 물자생산량

	미국	영국	일본
석탄(천톤)	440,337	227,805	46,531
조강(천톤)	101,250	17,891	7,662
합성섬유(천톤)	112	9	6
시멘트(천톤)	45,001	11,398	8,768
선박(천억 등록톤)	528	1,317	557
상업차(천대)	1,206	240	138
라디오(천대)	13,261	1,183	1,407
TV(천대)	6,779	1,147	14
전력(10억KWH)	514.17	79.11	55.70

자료: 日本銀行統計局『日本經濟を中心とする國際比較統計』, 1965.

이러한 후진성은 일본경제가 선진제국을 따라잡을 수 있는 유리한 조건이다. 왜냐하면, 일본은 후발국이므로 치열한 자본주의 경쟁 속에서 자신을 유지·발전해 나가기 위해서는 자신의 경제실력과 국제경쟁력을 증강시켜가지 않으면 안 되기 때문이다. 동시에 후발국 일본은 선진제국의 뛰어난 기술을 도입하여 기술혁신을 행하고 선진제국을 기다리고 있다가 대항할 수 있는 가능성도 있었다.

5. 한국전쟁과 월남전쟁

한국전쟁과 월남전쟁은 전후 일본경제의 회복과 발전에 큰 역할을 하였다. 그 중에서도 한국전쟁의 기여가 매우 컸다. 미국은 이 두 차례의 전쟁 중에 일본의 경제력을 충분히 이용하여 대량의 군수물자를 충당하였다.

한국전쟁의 特需총액은 1950년의 1억 4,889만 달러에서 1953년 8억 948만 달러로 늘어나 3년간에 5.4배 증가하였다. 정전 후 1960년까지 매년 5억 달러 정도의 특수가 지속되었다. 이 특수는 일본경제의 발전에 매우 큰 역할을 하였다. 첫째, 수출의 확대이다. 1950-60년간 일본의 수출은 4.9배 증가하였다. 그 중에서도 특수가 매년 수출에 점유하는 비율은 최고 64.7%에서 최저 13.4%였다. 둘째, 외화수입의 증가이다. 외환수취총액에 대한 특수에 의한 외화수입의 비율은 최고 38.2%에서 최저 11.6%이다(<표 2-4>참조). 셋째, 일본경제의 발전을 촉진하였다. 특수에 의해 일본경제는 1949년부터 시작된 경제위기로부터 벗어나 곧 호황단계에 진입하였다. 수출의 증가는 국내생산의 발전을 자극하였다. 획득한 외화로 기술과 플랜트를 도입하여 중화학공업의 발전을 촉진하였다. 이리하여 한국전쟁은 일본경제의 회복에 유리한 조건을 가져다주었을 뿐만 아니라 일본경제의 고도성장에도 양호한 기초를 구축하였다.

이와 함께 1965년 2월 월남전이 발발한 이래 미국의 특수는 1965년 3억 2,328만 달러에서 1969년 6억 3,805만 달러로 4년만에 약 2배로 증가하였다. 이는 일본경제가 1965년의 경제위기로부터 벗어나 호황단계에 진입하는 데 큰 역할을 하였다.

<표 2-4> 특수에 의한 수출의 증가와 외화수입

(단위: 천 달러, %)

연도	수출(A)	특수(B)	B/A	특수외화수입/외화수취총액
1950	827,836	148,889	18.0	14.8
1951	1,357,714	591,677	43.6	36.4
1952	1,272,897	824,168	64.7	36.8
1953	1,274,843	809,479	63.5	38.2
1954	1,619,236	596,164	36.8	25.8
1955	2,010,600	556,605	27.7	20.9
1956	2,500,636	595,362	23.8	18.5
1957	2,858,018	549,269	19.2	15.1
1958	2,876,560	481,562	16.7	13.7
1959	3,456,492	470,823	13.6	11.6
1960	4,054,537	542,128	13.4	18.2

자료: 經濟企劃廳調査局, 『經濟要覽』, 1955, 1962.

6. 새로운 과학기술의 성과

전전·전시에 세계의 과학기술은 매우 발전하였다. 예를 들면, 전기·전자기술, 내연기관이나 터빈 등의 열역학 응용기술, 합성화학기술 및 승용차, TV 등 내구소비재산업의 형성 등이 있다. 이에 더하여 전후에는 특히 신기술발전이 이루어졌다. 예를 들면, 컴퓨터, 오토메이션, 제트 엔진, 합성고분자재료 등의 공업화이다.

전후 일본은 이들 선진기술을 도입하여 또 기술혁신을 이루어 이들 기술을 충분히 이용하여 산업을 발전시켰다. 예를 들면, 전후의 경제성장에서 큰 역할을 한 가정용전기, 자동차, 석유화학, 철강의 압연, 대형탱커 등 공업생산의 발전은 모두 세계과학기술의 성과를 이용한 결과이다. 만약 이러한 과학기술발전의 성과가 없었다면 일본산업의 현대화는 불가능하였을 것이다. 세계과학기술의 성과의 존재 및 충분한 이용은 일본경제의 고도성장을 위한 유리한 기술조건을 제공한 것이다.

7. 풍부하고 저렴한 세계의 자원·에너지

전후 발전도상국은 적극적으로 자국의 자원·에너지개발에 나서 새로운 지하자원을 발견하여 대량으로 채굴하였다. 특히 중동 및 아프리카에서 새로운 유전의 발견과 채굴은 세계의 석유생산량을 급증시켰다. 세계 석유생산량은 1950년 38억 B, 1970년에는 약 167억B에 달하여 10년마다 2배 정도 급증하였다. 그동안 석유가격은 매우 저렴하여 쿠웨이트油의 1B당 공시가격은 1948년 2.15 달러에서 1960년 1.59 달러로 낮아졌고, 이러한 현상이 1970년 9월까지 계속되었다. 그 외에 저렴한 철강석이나 석탄 등의 자원이 대량으로 존재하였다.

이처럼 풍부하고 저렴한 자원·에너지는 자원빈국으로 이러한 자원을 주로 수입에 의존하고 있는 일본에게 매우 유리한 물자조건을 제공하였다. 이로 인해 일본은 저렴한 자원·에너지를 대량으로 수입하여 일본경제를 빠르게 발전시켰던 것이다.

8. 세계경제의 번영기

전후 자본주의와 사회주의 두 개의 체제가 대립하고 있는 가운데, 자본주의 세계는 미국을 중심으로 한 새로운 경제질서를 구축하였다. 이는 IMF와 세계은행을 중심으로 하는 IMF체제와 GATT에 의해 구축되었다. 이 질서 하에서 자본주의 세계의 환율은 비교적 안정되었고 관세장벽은 기본적으로 제거되었다. 일본은 이들 기구에 가입하여 이를 충분히 이용하였다. 동시에 국지적인 전쟁은 있었지만, 세계정치정세는 비교적 안정을 유지하고 있었다.

이러한 조건 하에서 전후 자본주의 세계는 경제회복과 발전을 하는 가운데 비교적 장기간에 걸친 경제적 번영기가 출현되었다. 예를 들면, 미·영·불·독(전후 서독) 4개국의 실질 국민총생산의 연평균 증가율은 1913-38년에는 1-2%였지만, 1953-73년에는 3-5.9%였다(<표 2-5>참조).

특히 미국의 일본에 대한 정치·군사·경제·기술 각 부문에 대한 扶植은 전후 일본경제의 회복 및 발전에 큰 역할을 하였다. 이와 같은 자본주의 세계정세는 일본경제의 고도성장에 유리한 정치·경제조건을 제공하였다.

<표 2-5> 전전 · 전후 실질국민총생산의 연평균성장률

(단위 : %)

국 명	제2차대전 전 (1913-38)	제2차대전 후 (1963-73)
미 국	2.0	3.5
영 국	1.0	3.0
프랑스	1.1	5.2
독 일	1.3	5.9
일 본	4.5	9.8

주: 전후 독일은 서독임.
자료: 正村公宏, 『日本經濟論』, 日本經濟新聞社, 1979.

요컨대 전후 일본경제의 고도성장은 전술한 바와 같이 특수한 역사적 조건하에서 실현되었다. 이 역사적 조건은 일본경제 고도성장의 객관적 가능성을 제공하였다. 만약 이 같은 조건이 없었다면, 일본경제의 고도성장은 불가능하였을 것이다. 이러한 의미에서 전술한 특수한 역사적 조건은 전후 일본경제의 고도성장의 전제라고 볼 수 있다.

II. 치열한 기업경쟁

자본주의의 생산의 목적은 이윤획득이다. 자본주의 기업은 보다 많은 이윤을 추구하기 위해 상호 경쟁한다. 이 경쟁은 자본주의 경제발전의 추진력이다. 전후 일본이 처해 있던 역사적 조건은 기업경쟁에 유리한 조건을 제공하였기 때문에 기업간 경쟁은 격화되었고, 따라서 일본경제의 발전을 이룩하였다.

1. 기업간 경쟁격화의 원인

전후 일본기업의 경쟁은 매우 치열하였다. 그 원인은 다음과 같다.

① 재벌해체, 독점금지법, 집중배제법 및 공정거래위원회의 감독 실시는 독점지배를 약화시켜 자본이동을 비교적 용이하게 하여 기업경쟁을 심화시키는 조건을 조성하였다.

② 기업자본은 주로 차입자금에 의존하고 있기 때문에 기업이 새로운 경제부문에 진출할 때는 자기자본에 규제를 받지 않고 타인자본을 조달할 수 있었다. 이 때문에 하나의 경제부문에 다수의 기업이 상호경쟁하는 국면이 형성되었다.

③ 선진기술은 주로 해외로부터 도입되었기 때문에 기업이 특허료와 노하우만 지불한다면, 선진기술을 채용할 수 있었다. 이 때문에 기업은 생산기술을 독점할 가능성이 적어졌다.

④ 전술한 조건 하에서 각 기업집단은 각종의 경제부문에 진출하여 경영다각화를 이루고 다수의 기업이 같은 종류의 제품을 생산 또는 판매하는 국면이 형성되었기 때문에 기업집단간·기업간·기업집단 내부에서의 경쟁이 격화하게 되었다.

2. 급속한 자본축적 강요

자본주의 경쟁에서는 기업자본이 풍부할수록 보다 유리한 지위에 놓이게 된다. 그것은 자본이 풍부하면, 경영관리를 강화하여 기술혁신을 잘 실행하여, 새로운 품종을 증가시켜 생산성을 높이고 코스트를 낮추는 것이 가능하기 때문이다. 그리고 기업이 새로운 경제부문에 진출하여 경쟁력이 강한 기업을 설립하고자 한다면, 상당한 자본이 소요된다. 예를 들면, 君津제철소와 같은 기업을 건설하는 데는 4,000억엔의 자본이 필요하다.[1] 만약 기업의 자본이 부족하여 경영규모가 작다면, 경쟁에서 불리한 지위에 놓이게 되고 도산할 위험성도 있다. 이 때문에 전후 일본의 기업은 극심한 경쟁 속에서 자기자본을 유지·발전시키기 위해 끝임 없이 자본을 확대하였다. 기업이 자본을 확대하는 데는 보다 많은 이윤을 획득한 다음 에 자본축적을 가속화시켜 나가야 한다.

---

1) 熊谷尙夫,『日本産業組織(Ⅱ)』, 東洋經濟新報社, 1978, p.9.

3. 부단한 기술혁신

국내외적으로 격심한 경쟁이 전개되는 가운데 경쟁상대에 승리하여 보다 많은 이윤을 얻으려고 한다면, 끊임없는 기술혁신을 해 나가야 한다. 그것은 기업이 자신을 유지하고 승리를 할 수 있는 관건이다. 이 때문에 전후 일본 기업은 기술을 도입한 후에 부단한 기술혁신을 실행하였다.

전후 자본주의 제국간 기술개발면에서 경쟁은 매우 치열하다. 신기술이 개발된지 얼마 지나지 않으면 외부로부터 추격당하게 되고 급기야는 추월당하게 되고, 또 새로운 기술이 개발되면 오래된 기술은 진부화되어 버린다. 새로운 기술을 개발한 기업은 그 진부화를 방지하고, 개발비용을 조기에 회수하기 위해 기술을 가능한 한 빨리 상품화한다. 단, 그들은 국내경쟁을 피하기 위해 통상 신기술을 국내기업에는 판매하지 않고 수출한다.

전후 일본은 이와 같은 기술경쟁에 유리한 조건을 이용하여 대량의 우수한 기술을 도입하였다. 그와 동시에 국내 기업간 격심한 경쟁 때문에 각 기업은 앞 다투어 기술을 도입하게 되어 이로 인해 많은 중복도입이 나타났다. 예를 들면 1957년 도레이(東レイ)와 帝人(테이진)은 모두 영국 ICI로부터 폴리에스테르 기술을 도입하였다.

4. 신제품의 개발

각 기업은 기술혁신의 성과에 기초하여 지속적으로 신제품을 개발하여 기업 자신의 이미지를 수립하였고 소비자의 새로운 수요를 창출하여 판로를 확대하고 보다 높은 이윤을 획득하였다. 하나의 기업이 새로운 제품을 개발하여도 다른 기업이 곧 뒤를 이어 같은 제품을 생산하기 때문에 독점적 지위는 곧 무너지게 된다. 계속해서 다른 기업이 신제품을 개발하고, 또 다른 기업이 이를 추월한다.

이와 같이 치열한 경쟁의 결과 신제품이 지속적으로 개발되었다. 예를 들면, 1966-68년 사이에 일본의 가정용 전기 각 메이커가 발표한 TV의 신제품은 松下(마쓰시타)가 34종, 東芝(도시바)가 22종, 日立(히타치)가 15종이다. 이처럼 기업이 치열한 경쟁에 의해 대량의 신제품이 지속적으로 개발되었다.[2)]

---

2) 상게서, p.32.

5. 생산규모의 확대

일반적으로 생산규모가 어느 정도까지 확대됨에 따라 규모의 경제가 나타난다. 전후 일본시장이 지속적으로 확대되는 조건 하에서 기업경쟁은 생산규모를 확대하는 방법을 선택하였다. 그 때문에 규모의 경제를 추구하는 격심한 기업경쟁은 생산규모를 확대하게 하였다. 철강업계에서는 住友(스미토모)금속이 세계 최대의 일관공장을 만들기 위해 1958년부터 두 차례에 걸쳐서 세계은행 차관으로 1961년에는 和歌山(와카야마)제철소 1호기를 완성하고, 계속해서 또 보다 큰 고로를 만들었으며, 1967년까지 4기의 고로를 건설하였다. 그 4호 爐의 용적은 2,500m³에 달하여 제 1호 爐의 2배가 되었다. 住友금속의 빠른 발전에 의해 八幡(야하타)제철의 지위가 위협을 받게 되어 15년간에 판매 비중이 약 8% 감소하였다. 판매비중이 낮아진 八幡제철은 1967년 9월부터 千葉(치바)君津 제철소의 건설을 시작하여 1969년까지 高爐 2기를 건설하였다. 그 가운데 2호 爐의 용적은 2,884m³에 달하였다.

기타 철강 각사도 대형 고로건설에 착수하여 川崎(가와사키)제철은 水島(미즈시마)공장 2호 爐(1969년 3,016m³)를 건설하였다. 이에 대해 住友금속은 카지마 1호 爐(1971년 3,159m³), 신일본제철(八幡과 富士 합병)은 君津 3호 爐(1971년 4,063m³) 등 보다 큰 高爐를 건설하였다. 이와 같이 격심한 기업경쟁은 일본의 생산규모를 계속해서 확대시켰다.[3)]

6. 상품유통의 가속

각 메이커는 상품판매시장을 확대하기 위해 자사의 상품판매망을 설립하여 상품판매를 계열화하고 또 많은 경비를 들여 상품광고를 행하였고, 애프터 서비스를 행하는 등 여러 가지 방법으로 상품유통을 가속화시켰다. 예를 들면 가정용 전기메이커는 자사에서 지구 도매상을 경유하여 계열 대형점에 이르는 유통경로를 구축하였다. 1965년 이래 가정용 전기 소매점은 전국에 약 5만개의 점포가 있었지만, 계열 점포의 취급물량은 전체 가전판매의 약 50%를 점유하고 있었다.

도시바를 예로 들면, 그 계열은 도시바 스토아, 도시바 스토아 후보점, 도시바 회원점, 기타 일반점포의 4 단계로 되어 있다. 그 가운데 전매율 80% 이상의 도시바 스토아는 4,000-5,000 점포, 회원점포는 1만 점에 달하고 있다. 마쓰시타는 전매율 80% 이상의 나쇼

3) 상게서, pp.166-167.

나르 쇼프(National Shop)가 약 7,000 점포와 전매율 50% 전후 이상의 회원점이 2만 점포에 달하고 있다.[4)]

7. 상품가격의 저하

각 기업은 자기제품의 비중을 확대하기 위해 치열한 가격경쟁을 전개하였다. 자동차업계에서는 日産이 제품을 갱신하여 1963년 9월 18일 블루버드의 가격을 1.2-1.9만엔 인하하였다. 뒤어 도요타도 日産에 대항하기 위해, 동년 9월 20일 크라운의 가격을 4-5만엔, 코로나를 5-6.5만엔 낮추었다. 이어 日産은 세드릭의 가격을 3-5만엔 인하였다. 이와 같은 가격경쟁은 기업의 기술혁신, 설비의 대형화, 상품유통, 생산성 향상을 한층 더 촉진시키는 역할을 하였다.

또 이는 제품가격의 인하를 가능하게 하는 요인이 되었다. 예를 들면, 조선업계의 경쟁은 선가를 지속적으로 인하시켜 1958년 대형 유조선의 중량 톤 당 가격을 100으로 하면, 1960년에는 83, 1965년에는 63, 1970년에는 53으로 낮아졌다. 동시에 유조선의 대형화에 의해 그 단가가 크게 낮아졌다. 1963년 10-11월 기간 중 선박의 중량 톤 당 가격은 2만 톤 대 186 달러, 4만톤 대 119 달러, 7만톤 대 89 달러, 12만톤 대 80 달러였으며, 1967년에는 20만톤 대 70 달러까지 낮아졌다.[5)]

8. 경제발전의 추진

기업경쟁의 경제발전에 대한 역할은 또 산업집중도의 변동과 경제성장과의 관계로 나타낼 수 있다. 전후 일본경제의 발전과정을 보면, 산업집중도가 낮으면, 경제성장률이 높고, 산업집중도가 높은 곳에는 경제성장률이 낮다.[6)] 이는 산업집중도가 낮을수록 기업간 경쟁이 치열하기 때문이다.

전후 일본의 산업집중도는 전전에 비해 낮을 뿐만 아니라 다른 자본주의 선진국보다 낮다. 그 때문에 기업간 경쟁은 더욱 치열하였으며, 그것이 일본의 고도경제성장의 추진력이 되었다.

---

4) 상게서, pp.57-58.
5) 상게서, p.141, pp.220-221.
6) 公正取引委員會 事務局,『公正取引30年史』, 1980.

Ⅲ. 고속도의 자본축적

전술한 역사적 조건과 기업간 치열한 경쟁 하에서 일본의 기업, 특히 법인기업은 종업원의 적극성을 발휘하게 하여 이윤을 급속히 증가하게 함으로써 고속도의 자본축적을 하게 되었다. 동시에 일본은 또 사회유휴자금을 충분히 이용하여, 그와 동시에 외국자본을 규제하면서도 이용하기도 하여 자본형성을 촉진하였다. 이 고속도의 자본형성은 전후 일본의 고도성장의 원천이다.

1. 총자본 형성

전후 일본경제의 고도성장은 고속도의 총자본형성에 의한 것이다. 일본의 총자본형성액은 1955년 2조 2,062억엔에서 1970년 28조 5,204억엔으로 12.9배 증가하였다. 이 기간 중 국민총생산은 8.2배 증가하였기 때문에 자본증가율은 경제성장률을 훨씬 상회하고 있다. 총자본형성은 자기자본과 타인자본으로 이루어졌다.

2. 자본축적

기업의 자기자본의 증가는 자본축적에 의한 것이다. 자본축적의 원천은 이윤이다. 전후 일본의 기업이윤의 급속한 증가는 빠른 속도의 자본축적을 가능하게 하였다. 일본의 국민소득은 1955년 7조 1,126억엔에서 1970년 57조 1,389억엔으로 8배 증가하였다. 법인기업소득은 1955년에 5,608억엔이었지만, 1970년에는 8조 8,436억엔으로 15.8배 증가하였다.

법인소득의 국민소득에 대한 구성비는 7.9%에서 15.5%까지 높아졌다. 그 결과 법인기업의 자본축적액은 1955년 2,219억엔에서 1970년 4조 7,142억엔으로 21.2배 증가하였다. 법인유보의 국민소득에 점하는 구성비는 3.1%에서 8.3%로 높아졌다. 일본기업의 자본축적률은 자본주의 선진제국 가운데서도 가장 높았다(<표 2-6>참조). 전후 일본의 자본축적의 속도는 매우 빨랐고, 또 국민소득에 점유하는 구성비도 상당히 높았다.

<표 2-6> 법인기업의 자본축적률의 국제비교

(단위:%)

연도	일본	미국	영국	서독	프랑스	이탈리아
1955	3.1	5.0	7.0	2.8	3.0	-
1960	7.5	3.2	8.3	3.5	4.8	-
1965	3.7	4.7	6.5	2.1	3.9	2.0
1970	8.3	2.0	2.3	2.1	6.0	1.8

주: 법인기업 자본축적률은 국민소득에 대한 법인기업 자본축적의 비율임.
자료: 日本銀行統計局, 『日本經濟を中心とする國際比較統計』, 1972.

3. 낮은 노동분배율

기업이윤과 자본축적이 급속히 증가한 것은 국민소득이 계속해서 증가하는 한편, 근로자소득의 증가가 비교적 작았기 때문이다. 일본의 고용자소득은 1955년 3조 5,265억엔에서 1970년 31조 121억엔으로 8.8배 증가하였지만, 그 기간 동안 비농림업 취업자가 2,614만명에서 4,251만명으로 1.6배 증가하였다. 이는 법인기업소득의 증가율의 약 절반에 불과하다. 이 때문에 노동분배율이 낮다. 노동분배율은 1955년의 49.6%, 1960년에 50.2%, 1965년에는 56.0%, 1970년에는 54.3%였다. 이는 자본주의 선진제국에 비해 매우 낮은 수준이다(<표 2-7>참조).

<표 2-7> 국민소득에 대한 고용자소득의 비율

(단위: %)

연도	일본	미국	영국	서독	프랑스	이탈리아
1955	49.6	67.8	72.5	58.7	58.2	49.3
1960	50.2	71.0	72.6	60.6	58.2	51.8
1965	56.0	69.8	74.1	64.7	62.2	57.1
1970	54.3	75.6	77.5	67.1	61.7	59.1

자료: 日本銀行統計局, 『日本經濟を中心とする國際比較統計』, 1972.

전후 장기간 일본의 임금수준은 매우 낮았다. 예를 들면, 제조업의 시간 당 임금을 국제비교하면, 1960년 일본의 임금은 미국의 13.3%, 영국의 33.3%, 서독의 47.6%, 프랑스의 69.8%, 이탈리아의 81.0%에 불과하였다. 1970년에는 미국의 31.5%, 영국의 68.4%, 서독의

65.0%, 프랑스의 126.2%, 이탈리아의 109.2%로 되었다. 이와 같은 저임금·저노동분배율은 노동생산성이 급속히 높아져 가는 가운데 기업이윤을 급속도로 증가시켜, 고속적인 자본축적에 결정적 역할을 하였다.

4. 종신고용제와 연공서열임금제

국민소득과 기업이윤이 급속히 증가한 것은 종업원이 열심히 일하였기 때문이다. 전후 일본기업(특히 대기업)의 종업원이 열심히 일한 주된 이유는 종신고용제와 연공서열제에 의한 것이다. 이 두 가지 제도는 밀접한 관계가 있다. 이 제도의 역할은 다음과 같은 특징을 가지고 있다.

첫째, 기업은 종업원을 양성하여 그 능력을 제고시킨 점이다. 그들은 일반적으로 하나의 기업에서 정년퇴직 시까지 일할 수 있기 때문에 기업은 종업원에 대해 직업훈련을 행하고 여러 가지 조건을 부여하여 양성하고, 그 가운데서 관리자와 기술자를 선발·발탁한다. 이는 기업관리를 개선하고 노동생산성을 높여 작업의 능률을 향상시키는 점에서 매우 효과적이다.

둘째, 종업원과 기업의 관계가 긴밀하게 유지된다는 점이다. 기업은 종업원에 있어서는 일생동안의 작업장이며, 임금은 근속연수에 따라 상승하므로 종업원의 노동·경제적 대우는 기업의 존속·발전과 결부되는 것이다. 종업원들은 기업을 위해 열심히 일하고, 기업의 발전에 관심을 갖는다. 이는 종업원의 노동의욕을 높이는데 유리하다. 그 외에 노사관계가 비교적 안정되어 있다는 점을 들 수 있다.

이상과 같은 조건 하에서 자본가 및 관리자는 기업을 보다 효율적으로 운영하기 위해 여러 가지 방법으로 종업원의 적극성을 발휘하게 하며, 다른 한편으로 종업원은 기업과의 관계를 가능한 한 원만하게 유지하려 한다. 이에 더하여 일본의 노동조합은 기본적으로 기업별로 조직되어 있기 때문에 노조와 자본가 사이에는 협의에 의해 문제를 해결할 가능성이 보다 많이 남아 있으며, 동시에 쌍방 모두가 타협해야 할 필요성이 크다. 이는 기업의 노무관리에 매우 유리하다.

5. 일본경제의 이중구조

일본에는 근대화된 대기업과 함께 다수의 중소기업이 존재하여 소위 일본경제의 이중구조를 창출하였다. 이러한 이중구조의 일본경제의 고도성장에 대한 역할은 다음과 같다.

첫째, 대량의 노동력을 흡수하여 그 역할을 충분히 발휘하였다. 비농림수산업에서의 중소기업(종업원 499인 이하)의 종업원은 1957년 1,733만명(88.5%), 1969년에는 3,078만명(87.9%)로 증가하였다. 비농림산업의 90%에 가까운 종업원이 중소기업에서 일을 하고 있고, 그것은 노동력의 취업문제 해결과 노동력의 역할을 발휘시키는 데 있어서 큰 역할을 하였다.

둘째, 중소기업의 임금수준이 비교적 낮았던 것은 기업(특히 대기업)의 자본축적에 유리한 조건을 제공하였다. 종업원 500명 이상 대기업의 임금을 100으로 하였을 때, 중소기업의 임금수준은 1958년 100-499인 기업의 월평균임금은 69.7, 30-99인 기업은 54.7, 5-29인 기업은 43.6이었다. 1965년에는 각각 80.9, 71.0, 63.2로 되었다. 이러한 저임금은 중소기업의 존재와 발전에 유리한 조건이 되었다. 다른 하나는 중소기업과 청부관계에 있는 대기업에 유리하였다.

셋째, 중소기업은 그 기동적 특징에 의해서 각종의 경제활동을 행하고 사회의 다종다양한 수요를 만족시키고 있다. 많은 중소기업은 다각경영을 행하고, 또 사회수요의 변화에 따라 轉業한다. 중소기업은 지역의 특성에 따라 생산하고, 서비스를 행하고, 대량의 상품을 소비자에게 가까운 곳에서 판매한다. 또한 전통적인 특수상품을 취급하기도 한다. 중소기업은 이와 같은 경영을 통하여 대기업에 대량의 상품을 판매하고 또 사회수요를 만족시키는 등 국내시장을 확대하여 왔다.

넷째, 중소기업은 대량의 수출상품을 생산하고 수출을 확대하여 왔다. 많은 중소기업은 부단하게 기술혁신을 행하고, 저렴한 노동력을 활용하여 양질의 저렴한 상품이나 부품을 생산함으로써 직접 혹은 간접으로 강한 국제경쟁력을 갖는 수출제품을 제공하였다. 따라서 보다 많은 자원·에너지를 수입하기 위한 유리한 조건을 창출하였다. 특히 그 역할은 일본경제의 고도성장의 전반기에 현저하였다.

그 외에 대량의 임시노동자나 日雇노동자 및 가정 內職 등이 존재하였다. 예를 들면, 1950년대에 제조업에는 7% 정도의 임시 日雇노동자가 있었지만, 그 임금수준은 상용노동자의 50% 전후에 불과하였다. 더욱이 가정 內職의 수입은 보다 낮았다. 이들의 존재는 일본경제의 발전에 유리한 조건이 되었다. 실제 낮은 임금수준은 기업(특히 대기업)의 이윤률을 높여 자본축적을 촉진시켰다. 또 임시노동력의 존재는 경기변동에 의한 고용조절을 기업에 가능하게 하였다. 요컨대 전후 일본경제는 이와 같은 이중구조를 기초로 하여 발전하였다고 할 수 있다.

6. 낮은 자기자본비율

전후 일본기업의 발전은 전술한 자본축적 뿐만 아니라 타인자본을 대량으로 차용하여 경제규모를 확대시켰던 것이다. 그 결과 기업의 자기자본 비율은 낮아졌다. 전산업의 법인기업의 자기자본 비율을 보면, 1955년에는 29.0%, 1960년에는 22.6%, 1965년에는 19.0%, 1970년에는 16.1%까지 낮아졌다. 일본기업의 자기자본비율은 자본주의 선진제국 가운데 가장 낮다(<표 2-8>참조).

이는 기업의 경제규모 확대가 자신의 자본축적에 한정되지 않고, 주로 차입금에 의해 이루어졌다는 것이며, 또 저금리정책 하에서 기업이 지불하는 금리는 이윤률보다 낮았기 때문이다. 낮은 자기자본비율은 기업의 이윤률을 높여 자본축적을 가속화시키는데 유리한 조건이 되었다.

<표 2-8> 제조업의 자기자본비율의 국제비교

(단위: %)

연도	일본	미국	서독
1955	40.0	66.7	43.3
1960	31.6	65.5	43.1
1965	26.5	60.8	41.3
1970	21.5	53.8	33.1

자료: 日本銀行統計局,『日本經濟を中心とする國際比較統計』, 1973.

7. 높은 개인저축률

기업이 이용하고 있는 타인자본의 대부분은 은행으로부터의 차입에 의한 것이며, 은행대출의 중요한 출소는 개인저축이다. 전후 일본의 개인저축 증가는 매우 빨랐고, 1955년 8,525억엔이었으나, 1970년에는 9조 3,195억엔으로 10.9배 증가하였다. 또 개인저축률은 13.4%에서 20.4%로 증가하였다. 일본의 개인저축률은 자본주의 선진제국 가운데 가장 높다(<표 2-9>참조). 전후 일본의 저축률이 높았던 것은 개인소득의 증가, 일본인의 근검절약, 사회보장의 지연, 년 2회의 상여금 등이 있었기 때문이다. 이와 같이 급속히 증가한 개인저축은 자본형성에 큰 역할을 하여 일본경제의 발전을 촉진하였다.

<표 2-9> 개인저축률의 국제비교

(단위: %)

연도	일본	미국	영국	서독	프랑스	이탈리아
1955	13.4	5.8	3.5	13.0	7.2	-
1960	17.4	5.0	6.7	14.9	9.7	-
1965	17.4	6.2	7.9	15.9	11.1	16.7
1970	20.4	8.1	8.2	15.5	12.7	16.8

주: 개인저축률은 개인저축이 개인가처분소득에 점유하는 비율.
자료: 日本銀行統計局, 『日本經濟を中心とする國際比較統計』, 1972.

8. 외자이용과 그 규제

전후 일본의 자본형성은 전술한 경로 외에도 외자도입을 통해 이루어졌다. 일본은 1950년 외자법 실시이래, 일본경제의 독립·자주적 발전에 유리한 외국자본에 대해서는 정부의 허가를 거쳐 도입하였다. 일본은 1950- 70년에 125.8억 달러의 외자를 도입하였다. 다만 일본정부는 외국의 직접투자에 대해 엄격한 규제를 행하여 외국자본의 일본경제에 대한 지배를 방지하였다. 이처럼 외자유입을 규제하면서 이용하는 것은 일본의 자본형성, 기술도입 및 국제수지개선 등의 면에서 양호한 역할을 하였다.

다른 한편 일본의 고도성장기의 대외투자는 매우 적었다. 일본의 대외투자는 1951-70년에 거의 36억 달러밖에 안되었고, 주로 수입자원개발 부문에 투자되었다. 이것은 전후 일본이 형성한 자본을 주로 국내경제에 투입한 것을 나타낸다.

Ⅳ. 기술혁신과 설비투자

전후 일본기업은 고속으로 축적된 자본을 주로 기술도입, 기술혁신, 설비투자를 투입하여 국민경제의 기술개조를 실현하였고, 근대화된 자본주의 산업체제를 내세워 일본경제를 급속히 발전시켰다. 전후 일본의 기술혁신은 과학기술자와 숙련노동자를 적극적으로 양성하였고, 외국선진기술을 대량 도입함으로써 실현하였다. 또 일본기업은 꾸준한 기술혁신 하에서 대규모 설비투자를 행하여 전후 일본경제의 고도성장의 물질적·기술적 기초를 구축하였다.

1. 높은 교육수준

인간은 생산력 가운데 결정적인 요소이다. 인간의 지능은 과학기술발전에 대해 결정적인 역할을 하였다. 그리고 교육은 또 노동력의 지식과 기술수준을 높이는 키포인트이다. 일본은 明治(메이지)유신이래 일관되게 교육사업에 큰 관심을 가지고 대량의 과학기술인재를 양성하였다. 전후에도 교육사업을 발전시켜 보다 많은 과학기술자와 숙련노동자를 양성하여 기술혁신을 위한 인간적 조건을 구축하였다.

1955-70년 사이에 고등학교 졸업자는 71.6만명에서 140.3만명으로 약 2배 증가하였고, 단대(전문대학)졸업자는 2.8만명에서 11.5만명으로 4.1배 증가하였으며, 대학 졸업자는 9.5만명에서 24.1만명으로 2.5배 증가하였다. 일본의 교육수준은 자본주의 선진제국에서는 미국에 이어 2위를 점하고 있다(<표 2- 10>참조).

<표 2-10> 대학 · 고등전문학교 등 재학자의 인구에 대한 비율

(단위: %)

연도	일본	미국	영국	서독	프랑스	이탈리아
1960	0.7	1.8	0.5	0.5	0.6	0.4
1965	1.1	2.8	0.4	0.7	1.0	0.6
1970	1.6	4.1	1.0	0.8	1.2*	1.3

주: * 프랑스는 1969년 수치임.
자료: 日本銀行統計局, 『日本經濟を中心とする國際比較統計』, 1972.

일본은 학교교육과 계속·보완교육의 이중교육제도로 인재를 육성하고 있다. 특히 기업내 교육은 종업원의 생산기술과 관리수준을 높이는 데 큰 역할을 하고 있다. 일본의 대기업과 중견기업에서는 종업원에 대해 직업교육을 행하고, 그들은 당해 기업의 생산기술을 파악하여, 그 기술시스템 속에서 숙련노동이 가능하도록 하고 있다. 또 기업에서는 노동자에게 2-5종의 노동을 부과하여, 다방면의 작업이 가능하도록 하여 생산전환의 수요에 적응하도록 하고 있다.

그리고 기업이 관리자를 양성함에 있어서 우선 일반적으로 종업원 가운데서 선발하고 그들에게 여러 가지 작업을 시킨 후 기업간부로서 발탁하여, 계장에서부터 과장, 부장으로 단계별로 진급시키기 때문에 갑자기 출세하지는 못한다. 파격적인 발탁 케이스는 극히 적은 편이다. 그 이유는 간부 자신이 여러 가지 기본적인 지도능력을 갖추고 있어야 지도를 받는 사람들이 따르게 된다. 이로써 관리자와 노동자의 노동의욕을 고취시킬 수 있기 때문이다.

2. 기술도입

明治유신 이래 일본의 공업화의 특징은 외국의 선진기술을 적극적으로 도입하여 자국의 경제를 발전시켰다는 점이다. 전후 일본은 전술한 바와 같이 유리한 역사적 조건 하에서 외국의 선진기술을 대량 도입하고, 다수의 과학기술자와 숙련노동자에 의해 이를 소화이용하여 기술혁신을 실현하였다.

일본은 1955- 70년 사이에 갑종기술 8,324건과 을종기술 6,679건, 합계 1만 5,003건을 도입하였다.[7] 전후 일본의 기슬도입의 특징은 다음과 같다. 첫째, 주로 중화학공업에 집중되어 있다는 점이다. 갑종기술 도입 중 일반기계가 2,152건(25.8%), 전기가 1,538건(18.5%), 화학제품이 1,379건(16.6%), 수송용기계가 448건(5.4%), 철강·비철금속이 411건(4.9%)이며, 이를 전부 합하면 중화학공업이 전체의 71.2%를 점하고 있다.[8] 둘째, 기술도입의 중점이 생산재에서 소비재로 이행하고 있다. 일본은 1950년대에는 주로 철강이나 화학제품 등 중간재료의 생산기술을 도입하여 기초소재산업을 발전시켰지만, 기술도입의 중점을 컬러 TV나 가정용 냉방기 등 소비재의 생산기술로 이전하였다. 셋째, 기술도입의 중복이 비교적 많았다는 점이다. 예를 들면, 갑종기술도입에서의 중복률은 1963년에는 35.6%, 1965년에는 54.6%, 1970년에는 73.6%에 달하였다.[9] 이는 기술도입에 있어서 기업의 경쟁이 점차 치열해졌기 때문이며, 기술도입에서의 낭비는 있었지만, 기업의 새로운 기술채용이 매우 빨랐음을 나타내는 것이다.

전후 일본의 기술도입의 로얄티는 1950-70년 사이에 합계 25.8억 달러였다. 이는 1970년도의 GNP의 1.3%에 불과하다. 매년 기술도입의 로얄티의 GNP에 대한 비율은 1956년도 0.12%, 1960년도 0.21%, 1965년도 0.18%, 1970년도 0.21%였다. 일본이 기술도입을 위해 지불한 대가는 매우 적었다고 할 수 있다.

그와는 대조적으로 일본이 기술도입에 의해 얻은 경제적 효과는 매우 컸다. 외국기술의 도입은 일본의 기술혁신, 설비투자, 산업근대화 등에 대해 매우 큰 역할을 하였다. 예를 들

7) 科學技術廳振興局, 『外國技術導入年次報告』, 1971, pp.20-21.
8) 상게서, 1973, pp.34-37.
9) H. Patrick, H. Rosovsky, *Asia's New Giant*, 1973, p.80.

면 기술도입의 효과가 매우 현저하였던 1955- 60년을 보면, 제조업의 기술도입에 의해 생산액은 276억엔에서 1조 5,080억엔으로 5.5배증가하였고, 그것이 전체 제조업의 생산액에 점하는 비율은 4.8%에서 10.8%로 상승하였다.10)

3. 기술혁신

전후 일본기업은 기술도입을 바탕으로 지속적으로 기술혁신을 행하여 산업근대화를 실현하였다. 전후 일본의 기술혁신은 에너지·재료·설비·생산공정·제품의 각 혁명에 의해서 실현되었다. 에너지 혁명은 주로 석탄에서 석유로의 전환이다. 저렴한 석유수입에 의해 수력과 석탄이 대체되어, 에너지 코스트가 절감되었다. 에너지의 충분한 공급이 보증된 것은 그 후의 산업혁신의 기초를 구축하였다. 이와 동시에 일본은 재료혁명을 이루었다. 이는 주로 철강이나 알루미늄 등의 금속재료와 합성고분자 화학재료의 생산과 혁신으로 기술혁신을 위한 재료조건을 제공하였다. 설비혁명의 주요 내용은 설비의 대형화와 대량생산체제의 확립으로 기업은 규모의 경제를 실현할 수 있었다.

생산공정의 혁명은 주로 생산과정의 합리화·자동화·고속화에 의해 생산의 省力化를 가능하게 하여 생산성을 크게 향상시켰다. 제품혁명은 주로 신제품을 지속적으로 만들어 내어 사회에 새로운 수요를 발생시켜 시장을 확대하였다. 이들 혁명은 시간의 차이는 있었지만, 다른 시기에 또 교착하여 실현되었다.

전후 일본의 기술혁신의 주요 특징은 다음과 같다. 첫째, 주로 기술도입에 의해 실현되었다. 이는 일본의 기술무역에 있어 단적으로 나타나고 있다. 일본의 기술수출액의 기술수입액에 대한 비율은 1955년도에 1.0%, 1960년도에 2.4%, 1965년도에 10.2%, 1970년도에 13.6%이다.11) 이는 일본의 기술개발능력이 약한 것을 나타내고 있다.

둘째, 기술과 제품의 개량에 주력하였다는 점이다. 일본의 기술혁신은 기술도입에 의해 이루어졌기 때문에, 우선 도입한 기술을 소화·흡수한 후에 그것을 개량하여 향상시키는 것이 과제였다. 예를 들면 초대형 탱커, 高速度轉子엔진, 新幹線 등 건조가 이에 해당된다. 이와 같은 개량은 주로 기존의 기술과 제품의 완비성·고성능·편리성·내구성 등을 추구하였다. 이는 제품의 품질을 높이고, 코스트를 절감시켜, 상품의 이미지를 높이고, 경쟁력을 강화함에 있어서 큰 역할을 하였다.

10) 日本プラント協會, 『回報』, 1977년 8월호, p.7.
11) 科學技術廳振興局, 전게서, 1972, p.52

셋째, 생산기술혁신에 중점을 두어 그 성과를 급속히 생산에 응용하였다는 점이다. 전후 일본의 기술혁신은 기업이 주체가 되어 행하고 기술혁신에 의해 기업의 생산문제를 해결하였으며, 설비투자를 하여 생산을 촉진시켰다. 반면 일본의 국방이나 우주개발에 사용된 연구개발비는 매우 저조하였다. 예를 들면, 1969년의 자본주의 선진제국의 정부의 연구개발비 지출을 보면, 국방이나 우주부문에 지출된 비율은 일본 3%(국립대학을 포함), 미국 73%, 영국 44%, 프랑스 38%, 서독 25%이다. 그리고 경제개발과 과학의 발전에 지출한 비율은 일본 84%, 미국 9%, 영국 39%, 프랑스 40%, 서독 41%이다.[12)]

이와 같이 전후 일본은 기존의 기술성과를 이용하여, 거기에 비교적 용이한 개량을 가하여 집중적으로 경제발전에 이용하였다. 그 때문에 기술혁신의 경제적 효과는 매우 컸다. 경제기획청의 분석에 의하면, 일본의 경제발전에 대한 기술진보의 기여율은 1955-60년도 19.5%에서 1960-65년도 24.7%, 1965-70년도 37.9%로 점차 높아지고 있다.[13)]

4. 설비투자

전후 일본기업은 전술한 기술혁신 하에서 형성된 자본을 설비투자에 집중하여 경제발전의 물질적·기술적 기초를 구축하였다. 전후 일본의 설비투자의 신장은 매우 빨랐다. 일본의 민간기업의 설비투자는 1955- 70년 사이에, 1970년도 가격으로 1조 2,365억엔에서 14조 1,954억엔으로 실질적으로 11.5배 증가하여, 실질연평균증가율은 17.7%에 달하였다. 그리고 GNP에 점유하는 비율은 7.3%에서 20.1%로 증가하였다. 전후 일본의 설비투자 증가율은 자본주의 선진제국 가운데서 가장 빠르다(<표 2-11>참조).

전후 일본의 설비투자의 특징은 다음과 같다. 첫째, 신흥산업부문의 설립과 연계되어 있다는 점이다. 전후 일본은 기술도입에 의해 가정용전기, 석유화학, 합성섬유, 전자, 자동차, 정밀기계 등 신흥산업부문을 육성하였다. 이들 부문은 새로이 설립되었기 때문에 설비투자가 비교적 컸으며, 동시에 또한 지속적으로 확대해 갔기 때문에 설비투자는 급속히 증가하였다.

12) 상게서, p.206.
13) 科學技術廳,『科學技術白書』, 1977, p.2.

<표 2-11> 자본주의 선진제국의 실질설비투자의 추이

국명	1955년 설비투자액	1970년 설비투자액	증가율 (배)	연평균 증가율(%)
일본	22,910억엔	207,658억엔	9.1	15.8
미국	690억 달러	999억 달러	1.4	2.5
영국	33.71억파운드	68.84억파운드	2.0	4.9
서독	395억마르크	1,401억마르크	3.5	8.8
프랑스	447억프랑	1,625억프랑	3.6	9.0
이탈리아	39,950억리라	89,950억리라	3.4	5.9

주: 실질수치, 일본은 1965년 가격, 미국은 1958년 가격, 영국, 프랑스, 이탈리아는 1963년 가격, 서독은 1970년이 1962년 가격, 1955년이 1954년 가격임.
자료: 日本銀行統計局, 『日本經濟を中心とする國際比較統計』, 1972.

둘째, 중화학공업부문에 집중하였다는 점이다. 통산성의 조사에 의하면, 전력·석유·가스·광업·철강·비철금속·기계·요업 등 중화학공업부문의 설비투자액이 설비투자총액에 점유하는 비율은 1956년에는 76.8%이고, 1970년에는 87.1%까지 높아졌다. 전후 일본기업의 설비투자가 주로 생산재 부문, 특히 동력·재료·기계 등의 산업부문에 집중한 것은 생산력 발전에 유리한 조건을 제공하였음을 알 수 있다.

셋째, 설비의 대형화와 연계되어 있다는 점이다. 일본기업은 설비의 대형화에 의해 단위 설비의 투자액과 단위 제품의 코스트를 낮추어 보다 높은 경제적 효율을 달성하였다. 예를 들면, 1960년대 일본의 생산설비 규모는 高爐용적이 200- 3000m³, 발전설비의 1기 출력이 30만-100만 KW, 에틸렌 설비가 10만-30만 톤, 도크가 30만-70만 톤급에 이르렀다. 설비의 대형화에 의해 생산규모가 확대되었고, 대량생산체제가 완성되어 생산성이 높았다. 예를 들면, 1955년에 도요타와 日産자동차 공장에서 연간 7,200-8,000대를 생산하였을 때, 승용차 1대 생산에 240시간이 소요되었지만, 1969년 연간 260만대 생산규모에 달했을 때는 44시간이 단축되었다.

넷째, 생산의 합리와와 자동화에 결부되어 있다는 점이다. 일본기업은 기술혁신 하에서 공정관리와 가공기술면에서 효율이 높은 새로운 기계, 예를 들면, NC공작기계와 산업용 로봇 등을 채용하고, 또 컴퓨터를 이용하여 생산과 관리의 자동화를 실현하였다. 이와 같은 합리화와 자동화의 실현은 대량의 설비가 필요하기 때문에 설비투자의 증가를 촉진시켰다. 이 같은 합리화와 자동화의 설비투자에 의해 노동생산성이 크게 제고되었다. 예를 들면, 1969년 신일본제철의 君津공장은 컴퓨터를 사용하여 생산과정과 수주에서 판매에 이르는 자동화에 의해 종업원 3000명으로 철강을 연간 500만톤 생산하였다. 그러나 八幡공장은 종업원 2만명으로 900만톤의 철강밖에 생산하지 못하였다. 따라서 君津공장의 노동생산성은 八幡공장의 3.7배나 높았다.

전후 일본기업의 대규모 설비투자는 일본경제 발전에 있어 매우 큰 역할을 하였다. 이는 한편으로는 생산설비 현대화를 가능하게 하여 사회생산력의 발전을 촉진시켰다. 사회생산력의 최종적인 표출은 노동생산성이다. 일본의 노동생산성의 향상은 자본주의 선진제국에서 가장 빠르다. 1960년을 100으로 한 제조업의 노동생산성지수는 1970년 일본은 271.0, 미국은 134.1, 영국은 135.9, 서독은 173.3, 프랑스는 184.7, 이탈리아는 187.7이다.

다른 한편으로 설비투자는 또 사회수요를 확대시켰다. 설비투자의 급속한 증가는 기계공업과 건설업의 발전을 촉진시켰고, 또 이들 부문의 발전은 철강 등 소재산업을 발전시켰을 뿐만 아니라, 또 전력 등의 에너지산업을 발전시켰으며, 나아가 기계 등 기타산업을 발전시켰다. 따라서 전 생산부문의 생산이 발전한 것이다. 동시에 생산부문의 설비투자는 소비재부문의 설비투자를 촉진시켰다. 그 결과 「투자가 투자를 부르는」것과 같이 연쇄반응을 불러 일으켜 사회수요를 지속적으로 증가시켜 일본경제는 고도성장을 달성하였다. 민간기업의 설비투자의 일본경제 성장에 대한 기여율은 1955-57년 22.1%, 1959- 61년 30.2%, 1963-64년 16.1%, 1966-70년 28.7%이다.

Ⅴ. 국내외시장의 확대

일본경제는 상품경제이기 때문에 그 발전은 시장에 의해 실현된다. 상술한 대규모 설비투자가 가져온 방대한 생산능력을 완전 가동시키기 위해서는 한편으로는 대량의 자원·에너지를 필요로 하고, 다른 한편으로는 확대되는 국내·국외시장을 필요로 한다. 전후 일본은 유리한 조건 하에서 국내·국외시장을 비교적 순조롭게 확대할 수 있었던 것은 일본경제의 고도성장의 실현조건이었다.

1. 국내시장의 확대

전후 일본의 급속히 증가한 상품은 주로 국내시장에서 실현되었다. 일본 국내시장의 확대는 개인소비지출·설비투자·정부소비지출·재고의 증가에 의해 이루어졌다. 여기서는 개인소비지출과 주택투자에 대해 언급하고자 한다.

개인소비지출의 증가는 최종수요로서 국내시장의 확대에 가장 중요한 역할을 하였다. 전후 일본의 실질개인소비지출(1965년 가격)은 1955년의 8조 413억엔에서 1970년 27조 9,423억엔으로 3.5배 증가하였다. 일본의 개인소비지출의 증가율은 자본주의 선진제국 중에서 가장 빨랐다. 1955- 70년간 실질개인소비지출의 증가율을 보면, 미국이 1.7배, 영국이 1.5배, 서독이 1.9배, 프랑스 2.1배, 이탈리아 2.3배이다.

전후 일본의 개인소비지출의 증가가 빨랐던 이유는 다음과 같다. 첫째, 개인소득의 증가가 비교적 빨랐다는 점이다. 개인가처분소득은 1955년의 6조 3,820억엔에서 1970년 45조 8,070억엔으로 7.1배 증가하였다. 둘째, 소득분배의 격차가 비교적 작았다는 점이다. 일본 전국의 소득통계에 의하면, 상위 20%와 하위 20% 계층의 평균소득을 비교하면, 1970년도 일본은 4.3: 1이지만, 미국은 7.1: 1이다. 이는 개인소비지출의 증가에 유리한 조건이 된다.

셋째, 개인소비수준의 향상이다. 개인소비지출 중 음식비의 비율이 크게 저하하였고, 주거비와 잡비의 비율이 상승하였다(<표 2-12>).

국민총지출의 절반 이상을 점하는 개인소비지출의 증가는 전후 일본경제발전에 큰 역할을 하였다. 개인소비지출의 경제발전에 대한 기여율은 1955- 57년 58.1%, 1959- 61년 43.4%, 1963- 64년 52.0%, 1966- 70년 43.1%이다.

<표 2-12> 실질가계 소비지출의 추이

(단위: 억엔, %)

	1955		1970		증가율
	금액	비율	금액	비율	
음식비	52,041	50.4	124,461	35.3	1.4
피복비	11,340	11.0	36,741	10.4	2.2
광열비	2,930	2.9	9,625	2.7	2.3
주거비	17,235	16.7	76,198	21.6	3.4
잡 비	19,647	19.0	105,683	30.0	4.3
합 계	103,192	100.0	352,709	100.0	2.4

주: 1970년 가격
자료: 經濟企劃廳, 『國民所得統計年報』, 1978.

전후 일본의 주택건설의 급속한 발전은 국내시장의 확대에 비교적 큰 역할을 하였다. 실질주택투자(민간과 정부)는 1955년 6,197억엔(1970년 가격)에서 1970년 5조 1,325억엔으로 8.3배 증가하였고, 국민총지출에 점하는 비율은 1955년의 3.6%에서 1970년 7.2%로 높아졌다. 그로 인해 주택투자의 경제발전에 대한 기여율은 1970년 9.3%에 달하였다.

2. 해외시장의 확대

일본은 자원·에너지가 매우 부족하여, 경제발전을 위해서는 대량의 자원·에너지를 수입하지 않으면 안 된다. 그 때문에 전후 수입은 급속히 증가하였다. 수입액은 1955년 24억 7,143만 달러에서 1970년 188억 8,117만 달러로 7.6배 증가하였다. 수입 가운데 증가율이 빠르고 비율이 높은 것은 석유, 철광석, 비철금속광, 목재, 석탄, 기계, 비철금속 등이다.

그 결과 일본의 국외자원에 대한 의존도는 매우 높아졌다. 1970년에는 석유가 99.7%, 원료탄 78.4%, 철광석 99.1%, 니켈 100.0%, 알루미늄 100.0%, 아연 53.2%, 鉛(납) 54.6%, 銅(구리) 75.4%, 천연가스 34.4%, 우라늄 100.0%이다.

수입자원의 가격은 저렴하고, 또 1970년대 이전에는 안정적이었다. 1955년을 100으로 한 주요자원의 수입가격지수는 1970년에는 원유가 66.7, 석탄 108.2, 철광석 79.3, 천연고무 56.1, 대두 92.9, 면화 73.1, 양모 61.9, 소맥 92.9, 비철금속 151.0이다. 예를 들면 1B의 원유의 FOB가격은 1955년에는 1.95 달러였지만, 1970년에는 1.38 달러로 하락하였다.

자원가격이 저렴하고 안정적이었는 점 외에도 수송기술 혁신의 결과 운송비가 낮아져 CIF가격이 하락하였다. 예를 들면, 1957- 1970년 사이에 1B당 원유가격은 3.40 달러에서 1.83 달러로 46.2% 하락하였고, 철광석가격은 톤당 21.56 달러에서 11.84달러로 45.3% 하락하였으며, 원료탄 가격은 톤당 28.90달러에서 20.16 달러로 30.2% 하락하였다. 이와 같이 일본의 주요 자원의 수입가격은 자본주의 선진제국 중에서 비교적 낮았다. 예를 들면, 원유 1B의 CIF가격은 일본은 1.83달러, 미국은 3.12달러, 영국 2.21달러, 프랑스 2.26달러, 서독 2.23달러, 이탈리아 2.15달러이다.

이와 같이 풍부하고 저렴한 자원·에너지의 수입은 일본경제 발전에 매우 큰 역할을 하였다. 첫째, 일본의 공업(특히 중화학공업)에 매우 유리한 원재료와 동력조건을 제공하여, 일본산업의 급속한 발전을 보증하였다. 둘째, 원재료와 동력비용의 저하에 의해 제품코스트가 낮아져 기업의 이윤이 증가하였기 때문에 기업의 빠른 자본축적의 조건을 가져다 주었다. 셋째, 제품코스트 인하에 의해 국제경쟁력이 강화되어 국외시장을 확대할 수 있었다. 일본기업은 수입한 자원·에너지를 이용하여 대량의 제품을 생산하여, 그 일부를 해외에 수출하였기 때문에 일본의 수출은 급속히 발전하였다. 일본의 상품수출액은 1955년 20억 1,060만 달러에서 1970년 193억 1,769만 달러로 9.6배 증가하였다. 그 중에서 가장 빨리 증가하였던 것은 기계류로 35.9배 증가하였고, 수출총액에 점하는 비율은 12.4%에서 46.3%로 높아졌다. 그 다음은 금속·동제품과 화학제품으로 그 증가배율은 9- 11배이며, 특히 철강의 수출이 빨랐다.

다만, 섬유·동제품의 수출은 3.2배 밖에 증가하지 않았다. 따라서 수출에 점하는 비율은 37.3%에서 12.5%로 감소하였다. 그 외에 도자기 등 비금속광물제품과 식료품의 증가는 비교적 작았고, 이들이 수출에 점하는 비중도 크게 감소하였다.

일본의 상품수출의 큰 특징은 중화학제품의 증가가 가장 빠르며, 그 비율이 가장 높다는 점이다. 기계·금속 및 금속제품·화학제품의 수출액은 1955- 70년의 15년간 18.9배 증가하여, 수출총액에 점하는 비율이 36.7%에서 72.4%로 높아졌다. 이는 일본이 저렴한 중화학공업자원을 대량 수입하여 국내의 비교적 저렴한 노동력으로 가공하여 외국에 많이 수출하였음을 나타내는 것이다. 일본의 수출의 증가배율(9.6배)은 수입(7.6배)보다 빨랐다.

이와 같은 수출의 급속한 증가는 일본경제 발전에 큰 역할을 하였다. 첫째, 수출보다 일부의 상품가치가 급속히 실현되어 확대재생산과정이 가속되었다. 둘째, 중화학제품 수출의 급속한 증가는 이 부문의 생산을 촉진하였으며, 따라서 사회생산력을 발전시켰다. 셋째, 수출은 보다 많은 자원·에너지를 수입하는 외화를 제공하여 자본축적에 유리한 조건을 가져다 주었다. 넷째, 수출의 증가는 자본축적과 설비투자를 촉진하여 대량생산체제를 실현시켰다. 그 결과 노동생산성이 향상되고, 제품의 국제경쟁력이 강화되었으며, 더욱이 수출을 확대하는 유리한 조건이 발생하였다.

전후 일본의 무역발전의 속도는 자본주의 선진제국 가운데 가장 빨랐다. 그 요인은 첫째, 공업생산의 발전이 빨랐기 때문에 대량의 자원·에너지를 수입하여, 많은 제품을 수출할 수 있었다. 둘째, 기술혁신과 인건비의 저하는 제품의 국제경쟁력을 강화시켰다. 셋째, 발전도상국이 자국의 자원을 개발하여 수출하고, 또 공업제품을 수입하는 것이 일본의 무역발전에 유리한 조건이 되었다. 넷째, 무역면에서 일본에 대한 미국의 扶植과 特需가 있었다. 다섯째, 전후 자본주의 세계의 경제발전의 속도가 비교적 빨랐다. 여섯째, 일본의 종합상사의 경제활동이 무역촉진에 큰 역할을 하였다. 일곱째, 일본정부의 무역정책이 무역의 순조로운 발전을 보장하였다는 것 등이다.

Ⅵ. 경제에 대한 국가의 관여

경제에 대한 국가의 관여는 자본주의국가의 일반적인 역할의 하나이다. 그러나 전후 일본의 그 역할은 다른 나라보다 컸으며, 또 특징이 있다. 전후 일본정부는 재계와 밀접한 관계를 유지하면서 재계의 이익을 대표하였고, 일연의 경제발전에 유리한 정책과 조치를 실행하여 일본경제의 급속한 발전을 지원하였다. 그 때문에 일본정부의 경제에 대한 관여는 전후 일본경제의 고도성장의 뒷받침이 되었다.

1. 경제발전에 유리한 재정지출

일본 중앙재정의 일반회계와 특별회계의 세출결산순계액은 1955년도 2조 1,689억엔에서 1970년 13조 7,270억엔으로 6.3배 증가하였다. 그러나 그것이 국민총지출에 점하는 비율은 24.5%에서 18.8%로 낮아졌다. 그 중에서 방위관계비 등 정부의 비생산적 지출은 보다 낮았으며, 공공사업관계비 등 생산적 지출은 비교적 많았다(<표 2-13> 참조).

<표 2-13> 중앙재정 세출의 추이

	1955		1970		증가율 (배)
	금액 (억엔)	국민총지출에 대한 구성비(%)	금액 (억엔)	국민총지출에 대한 구성비(%)	
일반회계와특별회계의 세출결산 순계액	21,869	24.5	137,270	18.8	6.3
방위관계비	1,328	1.5	5,904	0.8	4.4
문교관계비	1,194	1.3	9,637	1.3	8.1
사회보장관계비	1,033	1.2	11,567	1.6	11.2
공공사업관계비	1,410	1.6	13,300	1.8	9.4
재정투융자 자금	2,998	3.4	37,987	5.2	12.7

자료: 大藏省主計局調査課, 『財政統計』, 1962, 1972.

그 결과 재정의 재화 서비스 경상구입액은 1955년도 9,006억엔에서 1970년도 6조 286억엔으로 6.7배 증가하였지만, 그것이 국민총지출에 점하는 비율은 10.2%에서 8.3%로 낮아졌다. 다른 한편 정부자본형성은 6,837억엔에서 6조 1,883억엔으로 9.1배 증가하여 그 비율은 7.7%에서 8.5%로 상승하였다.

정부 재정세출의 특징은 다음과 같다. 첫째, 재정규모의 확대가 비교적 완만하였고, 또 그것이 GNP에 점하는 비율도 낮다. 상술한 15년간 GNP는 8.2배 증가하였지만, 재정세출은 6.3배 밖에 증가하지 않았다. 그리고 일본의 재정세출의 GNP에 점하는 비율은 자본주의 선진제국 가운데서 가장 낮다. 가령 1970년의 그 비율은 미국이 33%, 영국 37.7%, 서독 35.8%, 프랑스 35.8%, 이탈리아 34.1%이지만, 일본은 22.2%에 불과하였다.

둘째, 일반정부소비의 증가가 비교적 작았고, 그리고 국민총지출에 점하는 비율이 낮다. 특히 방위관계비의 비율이 낮아져 1970년도에는 0.8% 밖에 되지 않았다. 셋째, 정부투자의 증가가 빠르고 그것이 국민총지출에 점하는 비율도 높다. 일본의 정부자본지출이 재정지출에 점하는 비율은 자본주의 선진제국 가운데 가장 높다. 가령 1970년도 미국은 8.4%, 영국 13.1%, 서독 12.0%, 프랑스 9.0%, 이탈리아 7.0%이지만, 일본은 38.0%로 3- 5배 정도 높다. 요컨대, 재정규모가 상대적으로 축소해가는 가운데 정부자본지출이 지속적으로 확대된 것이다.

이와 같은 일본의 재정은 일본경제의 발전에 큰 역할을 하였다. 우선, 재정규모의 확대가 비교적 완만하였기 때문에 국민의 조세부담, 특히 기업의 조세부담이 비교적 작았고, 이것이 기업의 자본형성에 유리한 조건이 되었다. 일본의 국세는 1955년도 9,369억엔에서 1970년 7조 7,754억엔으로 8.3배 증가하였지만, 국세부담률은 12.8%에서 13.2%로 미미한 상승에 그쳤다.

전후 일본의 조세부담률은 자본주의 선진제국 가운데 가장 낮다(<표 2-14>참조). 이는 일본정부가 일련의 조세감면특별조치를 채택하였기 때문이다. 조세부담률이 낮은 것은 기업이 보다 많은 자본축적을 실행하기 위한 조건이었지만, 동시에 국민이 보다 많이 저축할 가능성을 제공하여 자본형성에 유리한 조건을 창출하였다. 정부투자의 증가가 비교적 빨랐고, 또 그것이 재정지출에 점하는 비율이 높았던 것도 일본경제의 발전에 유리한 조건이었다. 정부투자는 중점산업의 발전과 수출의 진흥을 위한 자금을 제공하였을 뿐만 아니라 치산·치수·도로·항만 등의 공공사업건설에 충당되었다. 일본의 정부투자는 주로 경제발전을 위한 유리한 조건을 제공하였던 것이다.

<표 2-14> 자본주의 선진제국의 조세부담률

(단위: %)

	일본		미국		영국		서독		프랑스		이탈리아	
	1960	1970	1960	1970	1960	1970	1960	1970	1960	1970	1960	1970
국세부담률	13.6	13.1	18.9	18.6	26.7	37.8	25.0	25.8	24.6	24.9	20.0	21.1
지방세부담률	5.6	6.3	8.9	11.5	3.7	4.7	4.1	3.5	3.8	2.7	2.7	2.4
국세 · 지방세 부담률	19.2	19.5	27.8	29.1	30.4	42.5	29.0	29.3	28.5	27.6	22.7	23.5

주: 조세부담률은 조세가 국민소득에 점하는 비율

자료: 日本銀行統計局,『日本經濟を中心とする國際比較統計』, 1973.

이와 같이 일본재정의 경제발전에 대한 역할은 비교적 컸다. 예를 들면, 정부투자의 경제발전에 대한 기여율은 경기확장국면에서 1955-57년 1.1%, 1959- 61년 7.9%, 1963-64년 8.4%, 1966-70년 7.3%이며, 경제위기 시에는 1958년 25.6%, 1962년 26.7%, 1965년 21.3%, 1971년 21.7%로 높은 비율을 나타낸다. 이는 일본정부가 재정자금으로 경제발전을 촉진하여, 특히 경제위기 시에 보다 큰 역할을 하여, 일본경제가 경제위기로부터 보다 빨리 탈피하여 상승국면에 들어가도록 하였음을 의미한다.

2. 경제발전을 촉진시킨 경제정책

전후 일본정부는 경제발전을 촉진하기 위해 일연의 경제법과 경제정책을 실행하였다. 그 중에서 몇 가지 경제정책을 예로 들어보기로 한다.

(1) 중화학공업 중점 지원정책

일본정부는 전후 초기에 경사생산방식에서 시작하여 중화학공업에 대해 융자, 보조금, 조세, 기술, 수출입 등 각 방면에 중점적으로 지원하였다. 예를 들면, 융자에 있어서 일본개발은행은 그 자금의 40%를 해운업에 충당하였고, 수출입은행은 그 융자의 절반 이상을 조선업에 충당하였다.

(2) 저금리 정책

일본정부는 1950년대부터 1960년대에 결쳐서 저금리정책을 실시하였다. 일본의 금리는 주로 금융시장에서 자금의 수급관계에 의해 결정되는 것이 아니라 정부의 금융정책에 의해 결정되었다. 일본정부는 기업에 필요한 자금문제를 해결하기 위해 기업에 대해 대량의 저금리융자를 행하였다. 전국 은행의 대출평균금리는 1955년 8.98%에서 1975년 7.66%로 인하되었고, 그 대출잔고는 3조 1.958억엔에서 39조 4,793억엔으로 12.4배 증가하였다. 중점산업에 대한 금리는 더욱 낮다. 가령 1961년 10월 말 일본개발은행의 대부기준 금리는 8.70%였지만, 전력·해운·특수기계공업에 대한 금리는 6.50%였다. 또 일본정부는 재할인금리 조작에 의해 경제조정을 행하였다. 경기가 과열되었다고 판단될 때는 재할인률을 인상시켜 긴축금융정책을 행하고, 역으로 경제위기 시에는 재할인금리를 낮추어 경제회복을 자극하였다. 1955-70년의 15년간 일본정부는 재할인금리를 18회 변동하였지만, 그 변동 폭은 8.43- 5.48%였다.

(3) 보호정책

일본정부는 자국 산업을 발전시키기 위해 외국자본이나 상품의 수입에 대해 엄격한 감독과 규제를 행하여 미숙기에 있는 국내산업을 보호하였다. 그러나 일본경제가 발전함에 따라 국제경쟁력이 강화된 경제부문이나 제품에 대해서는 필요에 따라 점차적으로 자본자유화와 무역자유화를 실시하였다. 일본은 1964년 OECD에 가입한 후 자본자유화의 의무를 실행하였는데, 이는 5회에 걸친 자유화 과정을 거쳐 1973년 5월에 이르러 자본자유화를 완성하였다. 다른 한편 일본정부는 고도성장기를 통해 보호무역정책을 실시하였다. 예를 들면, 수입이 규제된 외국상품의 종류는 1961년에는 492종이었지만, 1970년 4월에 이르러서도 아직 98종이 규제가 폐지되지 않은 채 남아 있었다.

3. 경제계획과 행정지도

전후 일본정부는 일련의 경제계획을 세웠다. 전국적인 계획으로는 경제자립 5개년계획(1956-60년), 최장기경제계획(1958-62년), 국민소득배증계획(1961-70년), 중기경제계획(1964-68년), 경제사회발전계획(1967-71년) 등이 있다.

일본경제의 상술한 경제계획은 민간기업에 대해 지령적 성격을 띤 것은 아니지만, 다음과 같은 역할을 하였다. 첫째, 계획을 수립하는 과정에서 조사 연구하여 발표된 경제자료가 도움이 된다. 둘째, 지적된 경제발전의 방향은 기업발전을 유도한다. 셋째, 정부는 보다 많은 자금을 조달하여 직간접적으로 민간기업을 원조한다. 넷째, 정부경제부문에 대해서는 계획에 의해 경제활동을 행하는 등이다. 그 때문에 일본경제는 계속해서 경제계획을 수립한 것이다.

동시에 일본정부는 또한 행정지도를 행하였다. 이를 위해 정부의 각 省廳에는 방대한 조사연구기구가 설치되어, 국내외의 경제·정치·기술·문화·군사 등 각 방면에 걸친 정보와 자료가 수집되었다. 또 정부는 민간연구기관에 자금을 제공하여 위탁연구를 행하고, 유익한 정보·자료·견해를 얻었다. 게다가 정부는 여러 가지 정책이나 조치를 만들어 융자·보조금·감면세·기부금·정부계약·허가의 수속 등의 방법을 통해 민간기업을 설득 또는 권고하여, 정부의 방향에 따라 행동하도록 유도하였다. 그 외에도 정부는 특별위원회를 설치하기도 하고, 또 관료와 업계지도자의 개별접촉을 통해 행정지도를 행하였다.

일본정부의 행정지도가 보다 큰 역할을 한 원인은 ① 일본정부의 기업에 대한 지도능력이 비교적 높다는 점, ② 일본의 기업은 정부의 행정지도를 수용할 필요가 있었다는 점, ③

게다가 정부관료와 업계지도자는 밀접하게 결부되어 서로 지지하면서 협력했다는 점 등을 들 수 있다. 이러한 상황 하에서 경제에 대한 국가의 관여의 역할은 비교적 충분히 발휘되어 일본경제의 고도성장을 지원하였다.

제3장 산업정책

일본의 경제부흥을 설명하기 위해 많은 토론이 전개되었다. 메이지 시대이전 봉건시대부터 발달된 수공업이나 장인정신을 말하는 사람도 있고, 일본 전통의 주종관계를 경제성장의 원동력으로 말하는 등 사적·문화적으로 이해하는 사람도 있다. 일본의 경제 운영 스타일을 주식회사 형으로 다소 비아냥거리는 해석도 없지 않다.

그러나 분명한 것은 관료집단과 기업인, 일반 소비자가 일체가 되어 한 산업을 키우고 나아가 전체 경제를 운영해 왔다는 점이다. 말하자면 일정한 목적의식을 가지고 의도적으로 경제를 조정해 왔다는 것이다. 이것은 고전학파가 주장하는 것처럼 자연스럽게, 손을 대지 않고 가만두는 경제가 아닌 다분히 중상주의적 입장을 취해 왔다고 볼 수 있다. 전후 일본의 산업정책의 목표와 내용을 알기 위해서는 다음과 같은 시대적 구분이 필요하다.

- 전후 경제개혁기(1945-1948): 경쟁적 시장구조의 구축
- 경제부흥기(1948-1960): 경제합리화에서 경제자립으로
- 고도성장기(1960-1973): 산업정책의 전성기
- 산업정책의 전환기(1973-1985): 직접개입에서 유도형 정책으로
- 경제의 국제화기(1985-): 산업정책의 글로벌화

<표 3-1> 일본의 시대별 경제성장

(단위: %)

년도	명목 성장률	실질 성장률	GNP 디플레이터
1955-70	15.7	10.0	5.2
1970-75	16.2	4.5	8.4
1975-80	9.9	4.7	4.4
1980-85	5.7	3.7	1.6
1985-90	5.7	4.8	0.8

자료: 經濟企劃廳, 『國民經濟計算年報』, 1991.

Ⅰ. 전후 경제개혁(1945- 1948)

일본을 점령한 미군은 일본의 군국주의 청산과 근대적 민주주의 제도를 도입하는 것이 급선무였다. 이에 따라 맥아더 최고사령부(GHQ)는 日王의 신격화 및 국정참여를 폐지하고 근대적 의회주의를 내용으로 하는 신헌법을 발효시켰다. 정치적 민주주의를 실현하기 위해 잔존하고 있던 구시대의 모든 봉건적 잔재를 일소하기 위한 신제도(형법, 민법 등)를 실시하였다.

이와 병행하여 경제적 민주주의를 실현하기 위하여 4가지 중요한 조치를 취하였다.

첫째, 시장질서의 구축이다. 전쟁기간 중 일본은 전시 경제체제를 유지하고 있었는데 모든 주요 산업의 공급 및 수요를 정부가 통제하는 시스템이다. 따라서 자유로운 시장형성이란 불가능하였으며, 전후에도 사정은 마찬가지였다. 따라서 극심한 생필품의 공급부족과 매점매석이 다반사이고 주민의 생활은 매우 어려웠다. 미군정은 시장을 활성화함으로써 공급 애로를 타개하는 것이 중요하다고 생각하여 민간의 시장참여를 허용하는 조치를 취했으며, 기업 간에 활발한 경쟁을 불러일으키기 위해서 「독점금지법」(1947)으로 대표되는 시장조직 정책을 채택하였다.

둘째, 재벌의 해체이다. 일본의 재벌은 군부와 함께 침략주의 전쟁을 유인한 주체로 인식되었다. 따라서 재벌의 해체는 정치 민주화의 주요 과제이기도 하였다. 三井(미쓰이), 三菱(미쓰비시) 등 대재벌의 지주회사가 해체되고 제철, 조선 등 주요 기간산업은 분할 매각되었다. 뿐만 아니라 소유와 경영을 분리하기 위해 기업의 사적 소유한도를 제한하였다. 이러한 조치는 1948년 「과도 경제력 집중배제법」으로 입법화되었다.

미군정이 취한 경제민주화의 세 번째 조치로서 농지개혁을 들 수 있다. 토지개혁은 어느 나라나 할 것 없이 경제발전 정책의 최초의 조치로 이의 성공 여부는 향후 산업화나 민주화에 큰 영향을 주는 것이 보편적이다. 일본의 농지개혁의 가장 중요한 내용은 부재지주를 배제하고 토지소유 상한제를 도입한 것이다. 이 때문에 당시 전인구의 50%에 달하던 농민에게 토지가 골고루 분배될 수 있었다. 이와 함께 토지개량사업, 농업소득 증대사업, 국내 시장의 확대 등을 통하여 농업기반을 확충하고자 하였다. 실제로 이 때부터 일본은 농업생산성이 획기적으로 증대하는 계기가 되었다고 할 수 있다.

마지막으로 노동의 민주화이다. 일본 군국주의 치하에서 노동운동은 사회주의 운동과 함께 가장 극심한 탄압을 받았다. 미군정은 일본 제국주의를 제거하기 위해서도 노동운동을 활성화하는 조치를 취했다. 1945년 「노동조합법」, 1946년 「노동관계 조정법」, 1947년 「노동기준법」등 노동3법이 차례로 입법화되었다. 이러한 노동민주화는 근로조건의 개선이나 근대적·민주적 노사관계를 수립하는데 결정적 역할을 하였으며, 노동자의 구매력 향상은 국내시장을 확대하는 중요한 기회를 제공한 것으로 평가된다.

전후 초기의 산업정책의 특징은 傾斜生産方式이라는 특정 부문 집중지원정책이다. 폐허가 되다시피한 경제를 조속히 재건하기 위해서는 가장 중요한 부분을 타부문의 희생을 무릅쓰고 먼저 정상화하자는 것이다. 그 전략부문이 석탄과 철강산업으로 결정되었다. 석탄은 국내에서 생산되는 유일한 1차 에너지이며, 철강은 전후 복구사업에 가장 중요한 투입물이기 때문이다. 당시 동경대학 교수 아리자와 히로미(有澤廣已)가 제안한 경사생산방식은 다음과 같다. 일본 국내에서 석탄을 채굴하여 철강부문에 투입한다. 증산된 철강을 다시 석탄생산에 투입하여 석탄과 철강부문 사이에 순환적·상호보완적으로 생산을 증가시킨다. 이것이 본 궤도에 오르면 소비재 부문의 생산에 자원을 돌린다는 것이다. 이러한 경사생산을 지원하기 위해서 부흥금융금고(후에 일본개발은행이 됨)가 1947년에 설립되고, 일본의 동원가능한 자원의 대부분은 석탄·철강 부문에 투입되었다. 1948년 이후 일본경제는 스스로 확대 국면을 보이게 되었는데 이로써 전후 일본경제의 위기는 해소되었다고 볼 수 있다.

전시경제 이후 군수산업에 치중한 부작용으로 전후 절대적으로 부족한 소비재의 부족에도 불구하고 생산재 부문부터 부흥시킨다는 발상은 획기적인 것이었으며, 전후 혼란상태에서도 국민들에게 내핍을 강조하고 그것이 성공할 수 있었던 것은 일본사회의 강력한 통합성을 말하는 것이기도 하다. 장기적 관점에서 보면 경사생산은 두가지 유산을 남겼다고 볼 수 있다.

첫째, 전략적 우선분야에 집중투자라는 정책은 고도성장기 이후 일본의 산업구조 조정정책의 골격으로 정착된 것이다. 한마디로 일본의 산업정책은 시종일관 전략적 선택으로 이해할 수 있다는 것이 그것이다.

둘째로 어려운 상황에서도 소비를 자제함으로써 일본 자국시장을 지켰다는 것이다. 만약 소비재산업 우선정책으로 국민소득을 소비재부문으로 돌렸더라면 일본시장은 상당부분 해외 공급자의 수중에 들어갔을 것이다. 오늘날 거대한 일본시장의 외국 점유률이 낮은 이유를 경사생산에서 찾을 수 있다는 점이다.

Ⅱ. 경제부흥기의 산업정책(1948-1960)

경사생산방식으로 일본경제는 회복국면으로 접어들었으나 부흥금융금고의 융자가 급증하고 부흥채의 발행잔고 및 통화량이 증가함으로써 인플레이션이 만연하였다. 모처럼 생산력의 회복이 인플레이션으로 인해 잠식될 위기에 처하게 되었다. 1946-1949년 사이 일본의 물가는 13배나 올랐다는 것만 보아도 어느 정도 인플레이션이 심각했는지를 알 수 있다. 1948년 미군정은 경제안정화 정책을 실시할 것을 일본정부에 지시하였다. 이에 따라 경사생산은 폐지되고 소위 「닷지라인」(Dodge Line)[1]이 실시되었다.

닷지 라인의 최대 목적은 균형예산의 실현에 있었는데 정부예산의 절약, 석탄·철강부문의 보조금을 삭감, 부흥금융금고의 신규대출 중단, 임금과 물가의 동결 등이 포함되어 있었다. 뿐만 아니라 외환 및 대외거래 부문에서도 개혁을 시도하였는 바 복수환율제도를 폐지하고 고정환율제도(1 달러 대 360엔)를 도입하고 미군정이 독점하고 있던 대외무역도 일본정부에 이양하였다. 닷지 라인이 준 성과는 인플레이션을 진정시키고 일본경제에 시장 메커니즘을 활성화한 것으로 볼 수 있으나 부작용으로 제조업의 생산이 줄고 실업이 늘어나는 등 불황을 가져 왔다는 사실이다. 이러한 부작용도 한국전쟁의 발발로 해소되고 전쟁특수로 중화학공업에 필요한 자금을 축적하고 자국기업 위주의 경제부흥의 기틀을 다졌다고 볼 수 있다.

대표적인 사건으로는 1951년 川崎製鐵을 중심으로 일본철강업계의 일관생산체제의 구축이다. 이로써 세계 최대의 일관제철소가 일본에 탄생하고 철강대국으로의 기틀을 닦았다. 철강산업의 현대화가 달성되고 철강부문에 대한 기술혁신이 일본 산업계에 확산되어 일본의 철강산업의 경쟁력은 비약적으로 발전되었다. 1959년 경에는 미국이 오히려 철강수입국으로 전락하는 현상이 발생하게 되었다.

철강산업의 획기적 발전은 전후방으로 산업관련효과를 발생시켜 소재산업, 기계공업, 화학 등에도 투자증대, 기술혁신, 생산증가를 가져 오게 하였다. 이 시기의 중요한 기술발전의 또 하나의 사례로 섬유산업에서 1951년 도레이사가 미국의 듀퐁사로부터 나일론 기술을 도입하여 합성섬유시대를 개척한 것과 帝人(테이진)사가 영국 ICI로부터 폴리에스테르 섬유기

---

1) 1949년 GHQ의 경제고문으로 초청된 J. Dodge(당시 디트로이트 은행 총재)의 권고를 중심으로 채택된 일본의 경제정책을 말한다. 닷지 라인이라는 것은 일본을 미국의 자본에 의해 개발하고 세계경제체제로 편입시킨다는 미국의 대일 정책의 일환이었으나 한국전으로 미국자본의 유입은 좌절되고 일본의 대기업이 회생하는 결과를 낳았다. 전후 유럽의 미국 다국적 기업의 진출과는 대조적이다.

술을 도입한 것을 들 수 있다. 이 외에도 대형 발전소, 대형 高爐, 화학콤비나트 등 국가 기간시설도 이 때 추진되었다.

1950년대 전반의 일본의 산업발전은 '투자가 투자를 부르는 '형태로 급속한 투자증가와 이로 인한 기술혁신에 의해 가능했다고 볼 수 있는데 투자재원은 한국전쟁에서 벌어들인 외화자금이 주류를 이루었다는 것도 부인할 수 없다. 한국전쟁에서 일본이 벌어들인 이득으로는 킨들버거(C. H. Kindleberger)의 용어를 빌면 투입수입(input import)을 확대할 수 있는 외화자금을 확보할 수 있었다는 것과 이보다 더 중요한 사실은 미국의 대일 정책의 변화를 들 수 있다. 그 변화는 미국의 안보와 일본의 경제적 번영을 일치시킨 것으로 이로 인해 일본은 미국으로부터 중화학공업에 대한 기술을 이전받을 수 있었다는 사실이다.

1952년 「기업합리화촉진법」이 제정되어 경영합리화와 기업의 근대화를 추진하였으며, 기계수입, 수입기술에 대해 감세나 지원이 이루어졌다. 닷지 라인 이후 일본의 산업정책 기조는 경사생산방식과는 다른 방법으로 추진되었는데 요약하면 「유도형선별정책」이라고 할 수 있다. 이는 시장의 활성화를 통해 산업 내 기술적 우위에 있는 기업을 발굴하여 선별적으로 지원·육성하는 정책이라고 할 수 있다. 전략산업을 선정하는 것은 정부의 역할(주로 규모의 경제가 적용되는 장치산업)이지만, 주도적 역할을 하는 기업의 선정은 시장에 일임한다는 것이다. 선별된 기업에 대한 지원은 주로 재정적, 세제지원을 통해 이루어졌다.

시장의 정보전달기능을 보완하기 위해 1949년 「산업합리화심의회」를 설치하였는데 이는 정부, 기업, 노동조합간의 합의를 도출하는데 중요한 기여를 하였다. 뿐만 아니라 정부관료와 민간기업인 간의 의사교환의 공식기구로 활용되었다. 기업은 이를 통해 정부의 산업정책의 방향을 알게 되고(정부의 중요 전략산업에 대한 비전제시 등), 정부는 주요 산업의 설비투자계획을 조정하거나, 수요나 자금측면에서 검토하거나, 정부의 거시계획에 반하는 기업경영에 개입할 수 있는 채널이 되었다.

그러나 이 기구의 이익 유도적·권고적 성격으로 직접 통제적인 경사생산과는 달랐다. 「산업합리화심의회」는 1964년 「산업구조심의회」로 개칭되었지만, 일본의 산업정책의 결정과 집행에 중요한 역할을 담당했다. 「외국환 및 외국무역관리법」, 「외자에 관한 법률」이 이 시기에 제정되어 대외거래 부문의 자유화를 도모하였지만, 상기 심의회의 통제하에 둠으로써 무역·외환을 엄격히 통제하였다.

1951년 일본개발은행이 발족하여 중점 전략산업의 설비투자를 지원하고, 동년 일본수출입은행이 설립되어 조세감면, 정책금융 등을 통해 수출기업을 지원하였다. 이상의 두 국책금융기관은 일본 산업금융의 양대 기둥으로 일본의 산업정책을 주도하였다. 이 시기 일본의 산업구조 정책상 개입대상과 주요 수단을 보면 3가지 부류로 나눌 수 있다.

① 비용체감산업(cost- decreasing industry): 철강, 전력생산 등 기간산업이자 장치산업인 경우 규모의 경제를 최대한 이용할 수 있도록 확대·육성하는 정책을 채택하였다.

② 비용체증산업(cost- increasing industry): 석탄산업이 대표적인 것으로 일본정부는 불황카르텔 또는 합리화 카르텔을 결성하여 줌으로써 석탄산업의 구조를 유지해 나갔다. 이를 위해 1953년 「독과점금지법」을 개정하였다.

③ 유치산업(infant industry): 자동차, 전자, 중전기 등은 당시 미국 또는 유럽에 비해 유치한 수준에 있었다. 고율의 관세, 수입할당 등을 통한 국내 시장보호정책이 중요한 수단이었다.

Ⅲ. 고도성장의 절정기(1960-1973)

1. 중화학공업화: 60년대의 비전

1960-1973년 1차 오일쇼크까지 십수년간은 일본경제사상 고도성장의 절정기에 해당한다. 이 기간 동안 일본경제는 연평균 11%라는 높은 실질경제성장을 실현한 것이다. 이것이 가능할 수 있었던 것은 1960년 池田(이케다)내각이 발표한 「국민소득 배증계획」의 제시와 중화학공업화의 추진, 무역자유화에 있었다고 볼 수 있다.

일본의 중화학공업화는 1955년 이후 현저하게 진행되고 있었는데, 이미 1950년대 중반에 자동차(승용차), 석유화학, 기계, 전자기기 등 중화학공업의 육성을 위해 법적·제도적 장치를 마련해 두고 있었다. 그러나 기업의 개별적 대응만으로는 국제경쟁에 대처할 수 없다는 판단 하에 중화학공업화의 전반적인 발전을 촉진하기 위해 중화학공업화를 이론적으로 설명하고 정책의 방향을 제시하는 백서가 발표되었다. 1963년 「산업구조조사회 답신」이라 불리는 보고서가 그것으로 민간기업의 관심과 투자를 유인하는 유도정책의 핵심이다. 요컨대 산업구조에 대한 종합적 비전을 제시한 것이었다.

<표 3-2> 1960년대 일본의 주요 경제계획

계획명칭	계획기간	실질성장	계획의 목표	중점 정책과제
신장기 경제계획	1958-62	10.1%	극대성장 완전고용 생활수준 향상	산업설비 강화 중화학공업화 수출확대 저축증대
국민소득 배증계획	1961-70	11.1%	극대성장 후생증대	사회간접자본 확충 산업구조 고도화 국제경제협력 추진 인적자본 및 과학기술 사회적 안정
중기 경제계획	1964-68	11.1%	왜곡의 시정	저생산부문의 근대화 노동력의 활용 국민생활의 질적 향상

자료: 日本産業政策研究グループ, 『日本の産業政策』, 日本經濟新聞社, 1984.

답신의 내용은 각 산업마다 5년 후의 생산목표를 상세히 제시하는 한편 규모의 경제에 의한 국제경쟁력 강화가 강조되었다. 이를 실행하기 위해서 산업정책의 집행기구에 관한 일본식 체제가 강조되었다. 특히 관민협조방식이 옹호되었다. 이와 함께 산업금융(금융체제)의 역할에 대해서 논의되었으며, 산업지원을 위한 정책금융제도의 확대를 주장하였다. "바람직한 산업구조는 기본적으로는 자유로운 시장경쟁을 통해 달성된다"고 하면서도 이 결함을 보완하는 것으로서 산업정책을 제창하고 있다.

일본은 1960년대 초에 이미 완전고용이 달성되었다. 따라서 설비투자를 증대시켜 자본집약적 기술진보가 촉진되었다. 이러한 과정은 선진부문(중화학공업, 대규모 공업)과 후진부문(농업, 중소기업)간의 격차가 심화되는 부작용이 나타났는데 이에 대한 대응으로 농업근대화 및 중소기업 근대화 정책이 추진되었다.

2. 대외거래 자유화

1960년대는 일본경제의 대외개방이 완성된 시기이다. 1964년 동경올림픽을 기점으로 대대적인 무역자유화와 외환거래의 자유화 정책이 추진되었다. 1964년까지 거의 모든 공산품의 수입제한이 철폐되고 1965년 자동차, 1972년 컴퓨터 및 주변기기의 수입자유화가 이루어짐으로써 일부 농산물을 제외한 전상품의 수입자유화가 실현되었다. 또한 1964년 IMF 8

조국으로 이행하고 OECD에 가입함으로써 외환 및 자본거래의 자유화를 이룩하고 일본경제의 자유화 및 국제화를 촉진하였다.

대외거래의 자유화 조치는 산업정책의 기본방향을 부흥과 경제자립을 위한 산업진흥정책에서 국제경쟁력 강화정책으로 전환한데서 비롯된 것이다. 요컨대 1960년대에 들어오면서 일본의 산업이 전반적으로 유치산업의 수준을 벗어나 국제적 경쟁을 할 수 있을 만큼 성장하였다는 의미도 되지만, 더욱 중요한 것은 일본이 지향하는 고도대중소비사회로의 진입은 대규모생산을 통한 규모의 경제 획득과 이에 따른 국제경쟁력의 향상을 통해서만 가능하다는 인식이 확산되었기 때문이다.

민간기업의 국제성을 제고한다는 측면에서 통산산업성(MITI)의 강력한 개입수단(수입수량할당, 특허, 기술도입 허가, 행정지도 등)은 완화되고 기업의 자율성은 크게 확대되었다.

3. 기업의 대형화

고도성장기에 들어선 일본은 국내시장 개방이라는 시련을 맞게 되었다. 막대한 외국자본과 상품의 일본상륙에 대비하기 위해서 일본기업은 기업합병을 통한 대형화·합리화에 주력하였다. 과당경쟁이나 과소투자를 방지하기 위해서 산업조직에 정부가 개입하여 잠재적 규모의 경제를 실현하고자 하였다. 철강, 합성섬유, 석유화학, 종이 및 펄프 등 장치산업의 합병이 대상이 되었다. 일본정부는 이를 법적으로 뒷받침하기 위해서 1962년 「특정산업진흥임시조치법: 특진법」을 제정하고자 하였으나 의회의 반대로 무산되었지만, 행정지도를 통하여 합병을 추진해 나갔다.

중화학부문에서 石川島 (이시카와지마)중공업과 幡磨 (하리마)조선소의 합병으로 石川島幡磨重工業의 설립(1960년), 三菱 (미쓰비시)계열 3개 중공업의 합병으로 三菱重工業의 탄생(1964년), 日産(닛신)자동차와 프린스자동차 공업의 합병[2], 三井 (미쓰이)화학공업과 東洋(도요)고압공업의 합병으로 三井東壓工業의 설립(1968년), 住友 (스미토모)기계공업과 浦駕(우라가)중공업의 합병으로 住友重機械工業의 설립(1968년), 八幡 (야하타)제철과 富士 (후지)제철과의 합병으로 新日本製鐵의 탄생(1970년) 등이 대표적인 사례이다. 제조업 뿐만

2) 일본의 자동차공업의 성장은 놀라운 것으로 단기간에 유치산업에서 수출전략산업으로 변모하였다. 프린스 자동차를 병합한 日産자동차는 1968년 富士중공업과 업무를 제휴하여 기술 및 시장기반을 확충하였으며, 豊田(도요타)자동차는 1966년 日野(히노)자동차와 1967년에는 다이하쓰 자동차와 업무제휴하여 1960년대 일본의 자동차산업은 닛산, 도요타라는 2대 기업의 과점체제 하에서 성장해 온 것으로 볼 수 있다.

아니라 금융산업의 대형화도 추진되어 외국자본에 대항하고자 하였는데 第一(다이이치)은행과 日本勸業銀行(니혼간교)은행과의 합병으로 第一勸業銀行(1971년)의 탄생이 대표적인 사례이다.

이상과 같은 1960년대 일본의 산업조직정책의 내용을 정리하면 다음과 같다. 첫째, 설비투자를 조정하여 카르텔, 공동투자, 전문화, 표준화 등으로 생산규모의 최적화를 실현한다. 둘째, 합병, 상호출자, 업무제휴, 협업화, 그룹화 등으로 기업규모를 확대하거나 생산계열을 합리화한다. 셋째, 국공채의 발행, 자금공급기관의 개선, 금리인하, 기업조세의 경감조치를 통해서 산업계와 금융계의 관계를 강화하여 협력관계로 구축한다.

일본의 정책당국이 합병 및 산업재편성의 유효성을 확신하고 있었던 것은 다른 나라에서는 볼 수 없었던 것이다. 이것은 1963년 통산성 산업구조 조사회가 제시한 「신산업체제론」에서 확인될 수 있다. "일본의 기업은 생산규모나 경영규모 면에서 과소하여 가격, 제품, 설비투자 등에서 과당경쟁상태에 있다. 이를 방치한다면, 외국기업과의 경쟁에서 이길 수 없다. 기업규모를 확대시켜 규모의 이익을 향유하고 비용절감에 의해 소비자 후생의 증가와 국제경쟁력의 제고를 도모해야 할 것이다. 이를 위해 기업간 합동, 제휴, 공동행위를 의도적으로 촉진시킬 필요가 있다".[3)]

Ⅳ. 산업정책의 전환기(1973-1985)

1970년대 들어서면서 일본경제는 중대한 도전에 직면하게 되었다. 첫째, 1971년 소위 '닉슨쇼크'(Nixon Shock)에서 시작된 국제금융체제의 붕괴이다. 두 번째는 중동전쟁으로 유가가 4배로 폭등하는 등 국제원자재 및 농산물 가격이 불안했다는 것이고, 마지막으로는 일본열도에 산업공해에 대한 불안이 극도로 고조되었다는 사실이다. 이러한 국내외 환경의 변화는 일본정부로 하여금 산업정책에 대한 근본적인 수정을 요구하게 되었다. 1970년대는 전세계적으로 소위 스태그플레이션이라는 불황기로 일본경제도 연평균 4.8%라는 비교적 저성장의 시기였다(1960년대 일본경제는 연평균 11% 성장하였다). 1970년대를 지나면서 일본은 안정적 성장과 산업구조의 질적 전환을 이룩한 것으로 볼 수 있다.

1971년 5월 일본의 산업구조심의회는 이른바 「70년대의 비전」이라는 보고서를 내놓았다.

---

3) 三輪芳朗, 『日本の産業政策』, 東京大學出版會, 1984.

동보고서는 중화학공업화를 통해 고도성장이라는 목표는 달성하였으나, 반면에 과밀화, 환경 및 노동문제를 야기하였다고 지적하고 있다. 따라서 국민의 니즈(needs)의 변화에 적응하는 새로운 차원의 산업화를 위하여 종래의 중화학공업에서 '지식집약산업'으로 전환할 것을 제안하였다. 지식집약형 산업으로서 연구개발집약산업, 고도조립산업, 패션산업, 지식산업 등이 구체적으로 거론되었다.

1973년 에너지 위기 이후 산업구조심의회의 답신은 산업정책의 기본방향으로 채택되었으며, 에너지다소비형 소재산업(예를 들어 철강, 비철금속, 화학, 종이 및 펄프, 목재산업 등)에서 자동차, 기계, 전기, 전자 등으로, 그리고 重厚長大型에서 輕薄短小型 산업으로 구조조정을 시도하게 되었다. 이에 따라 공해산업, 에너지집약산업, 구조적 애로산업 등은 과감히 축소조정 또는 해외이전을 시도하게 되었다.

이 시기의 산업정책의 목표와 수단을 분석하면 다음과 같다.

① 「특정불황산업안정임시조치법(特安法)」의 제정(1978)

- 목표: 구조불황산업의 조정
- 수단: 합리화 카르텔의 형성(독점금지법의 예외인정)
  낡은 설비교체, 과잉설비 폐기, 수입제한
- 조치: 특정 불황업종 지정(한국의 합리화 업종지정과 유사)
- 대상: 과잉생산능력으로 과반수의 기업이 적자로 어려움을 겪는 산업
- 지정례: 알루미늄 제련, 합성섬유, 조선, 종이, 면방적, 화학비료

② 「특정산업구조개선임시조치법(産構法)」의 제정(1983)

- 목표: 적극적인 구조개선, 국제경쟁력 강화, 특안법의 대체
- 수단: 생산공정의 기술혁신 보조, 사업제휴촉진

<표 3-3> 산업정책 전환기의 구조조정정책

법률 정책조치		특정불황업종이직자 임시조치법	특정불황지역이직임 시조치법	특정불황산업 안정 임시조치법	특정불황지역 중소기업대책임시조 치법
유효기간		1978. 1-83.6말	1978.11-83.6말	1978.5-83.4말	1978.11-83.6말
정보제공조치		공공직업안정소에 의한 취업알선	공공직업안정소에 의한 취업알선	특정불황산업별 안정기본계획작성	없음
전환능력향상조치		취업지도 및 훈련	취업지도 및 훈련	긴급수입제한조치	중소기업에 저리(6.1-6.6%)융자
요소 부문간 이동 비용경감	노동자 직장 전환	실업자채용기업에 대한 고용개발조성금지급	특정불황지역이직자 채용기업에 대한 특정구직자 고용개발조성금지급	안정기본계획은 고용안정을 도모하기 위한 조치에도 적용되어야함	특정불황지역이직자임시조치법과 유기적으로 관련해서 실시
	기업측 조정	휴업수당, 훈련비용 및 전출자임금조성으로 고용조정조성금지급	좌동	특정불황산업의 기업이 안정기본계획에 의거 설비처리를 촉진시, 특정불황산업사용기금이 채무보증	설비자금의 대부금 반제기간연장, 신용보험상 우대, 각종 세금의 결손금의 점차적인 환부의 특례, 가속도상각 적용
지역생활 안정화		공공사업취로촉진 (흡수율 40%)	좌동	縣知事는 설비처리가 지역경제에 악영향을 미칠 경우 주무장관에게 의견 설명 가능	공장재배치 보조금으로 타지역기업을 해당지역으로 유치 촉진
소득의 일시적 보상조치		고용보험의 개별연장급부(40세 이상 90일, 40세 미만 60일)	좌동	없음	특정불황지역 이직자임시조치법과 유기적으로 관련하여 실시
기타		적용업종은 국가의 구조불황정책이 실시된 업종 중에서 지정	특정불황지역 중소기업대책 임시조치법에 의한 政令에 의해 노동장관이 적용지역 지정	특정불황업종이 지정되고, 과잉설비의 계획적 처리촉진을 위한 안정기본계획이 책정, 경우에 따라 독금법 적용 외에 공동행위 지시 가능	우선 특정불황업종이 지정되고, 다음에 시정촌 단위로 특정불황지역이 지정됨.

자료: 東京大學出版會, 『日本の産業組織政策と産業調整政策』, 1988.

③ 공동연구 촉진

· 연구개발협동조합 설립 촉진, 대형 연구개발 프로젝트 시행
· 공동연구의 성과: 반도체산업(후지쓰, 히타치, 미쓰비시 전기, 일본전기, 도시바 간의 초집적회로 공동개발로 미·일간의 기술격차 해소
· 공동연구의 문제점: 연구의 경직성, 기업간 경쟁 저해

④ 무역 및 경제마찰에 대한 정책

· 국내 경제의 규제완화: 기업의 자율성 제고
· 경제의 개방화 가속, 수입제한의 철폐
· 수출자율규제 시행, Orderly Market Agreement의 체결, 해외원조 강화

Ⅴ. 경제의 국제화(1985-)

1980년대 후반에 들어서 일본의 국제수지 흑자확대는 미국의 적자확대와 더불어 문제가 되었다. 미·일 간의 무역수지 불균형은 국제무역질서를 교란할 뿐만 아니라 미국의 저축률 하락으로 미국은 일본자산에 의존하는 현상이 발생하였다. 이러한 세계경제의 구조적 위기가 고조되면서 이를 타개하기 위한 대책으로 1985년 선진 5개국간 「플라자합의」가 나오고 달러화의 평가절하가 유도되었다. 이에 따라 일본 엔화는 1985-1988년 사이에 거의 100%나 절상되었다. 엔화의 절상은 일본으로 하여금 금융대국으로 도약, 해외투자를 가속화하였으나, 수출산업에 큰 타격을 주어 1986년에는 경제성장률이 2.5%까지 둔화되는 엔고불황에 빠지게 되었다.

일본 정책당국은 불황대책으로 경기부양책을 실시했는데 중앙은행 할인률(공정할인률)을 2.5%로 낮추는 파격적인 금융완화와 재정지출을 확대하였다. 엔화의 국제구매력 상승으로 국내물가는 상당한 안정세를 보였으며, 기업들은 이를 이용하여 과감한 기업전략을 추진하였다. 해외공장의 건설, 공장자동화(FA), 정보화, 제품개발, 연구개발의 강화, 내수개발 등이 민간기업에 의해 추진되었다. 자동화 및 정보화는 일본기업이 엔고를 극복할 수 있는 주요한 무기가 되었으며, 해외공장은 일본이 가격경쟁력을 유지할 수 있는 수단이 되었다.

특히 막강한 자금력을 이용한 해외금융시장의 지배는 국제경제의 서비스화나 소프트화를 주도하게 하는 국제적 파워를 얻게 하였다. 기업과 정부가 합심한 엔고 극복대책이 성공하

면서 일본기업은 수출주도형 성장패턴을 청산하고 설비투자와 민간소비지출의 확대에 의한 내수주도형 경제성장의 기반을 마련하고 자본 및 기술대국으로 부상하게 되었다.

1987년 4월 中曾根(나카소네) 당시 일본수상이 주도하고 있던 前川(마에카와)연구회가 소위 「新前川레포트」라고 불리는 구조조정을 위한 중장기 제안을 공표하였다. 동레포트는 경제대국으로 등장한 일본은 더 이상 개발위주의 개발도상국식 성장을 계속할 수 없으며, 구조조정 및 국제화를 추진해야 한다는 새로운 국가전략을 주장하였다. 따라서 수출지향형 산업기반 확충이라는 정부투자 주도에서 주택, 생활환경개선 등 내수위주의 경제운용과 경상수지 흑자폭을 축소할 것을 제안하였다.

이에 따라 모든 산업에서 국제경쟁력을 갖겠다는 중상주의를 청산하고 소재산업, 중저급 기술산업을 해외로 이전하고 첨단기술산업과 금융 등 서비스 분야에 총력을 기울일 것을 권고하고 있다. 新前川레포트는 21세기 일본경제를 위한 새로운 비전으로 일본의 산업정책의 신국면을 예고하는 것으로 볼 수 있다.

1980년대 일본의 산업구조의 기본비전은 '창조적 지식집약화'이다. 이 비전은 기본적으로 1970년대의 지식집약화가 1980년대에도 타당성을 가지리라는 판단에 입각하고 있다. 그러나 기술수준이 구미에 비해 낙후되고서는 장래 발전을 위한 원동력을 얻을 수 없다는 인식하에 자주적인 기술개발을 강조하였다. 따라서 장래의 일본산업은 기술집약적이고 동시에 창조적이어야 한다는 의미이다. 이것을 주도한 기술은 '다품종소량생산방식'이다. 요컨대 IE(Industrial Engineering), GT (Group Technology), MRP(Material Requirement Planning), MP(Modular Production), FP(Flexible Production), Just-In-Time Production 등 새로운 생산 개념이 도입되었다.

<표 3-4> 다품종 소량생산체제의 유형

	수법	내 용
개념주체형	Industrial Engineering (IE)	사람, 자재, 정보, 설비 및 에너지로 구성되는 종합적 생산시스템의 설계·개선을 공학적·수리적 · 사회과학적 지식에 의거해서 결정함. 「표준화」를 철저히 추구하면서 동시에 「학습효과」를 이용하여 소량생산의 능률화를 도모함.
	Group Technology (GT)	다양한 부품 · 제품을 형상 · 크기 · 가공법면의 유사성에 기초해서 그룹으로 나누고 그것을 생산단위(lot)로 간주하여 양산효과를 도모함, 그룹화에는 부품분류 시스템을 이용함.
	부품중심생산	다양한 제품에도 부품의 공통성이 많은 점에 주목하여 부품을 수요에 따라 선행적으로 생산하여 부품의 적정재고를 유지함. 수주에 따라서 부품을 조립하여 다양한 제품을 만드는 방식, 납기단축에 효과가 큼.
계획주체형	Material Requirement Planning (MRP)	다양한 제품에 관해 계획기간과 소요량을 「기준생산계획」에서 결정하고 부품전개표와 부품재고 파일을 이용하여 생산지시정보를 작성함. 다양한 종류의 부품의 공통성 · 대체성을 고려하여 소재에서 완성품까지의 물류를 시간표에 따라 관리함.
	직접생산량계획	다품종소량상품수요가 한정되었을 때, 어떤 시점의 수요를 충족하는 수량을 주기적으로 만듦. 그 경제적인 생산량과 생산주기를 최소비용기준에 따라 수학적으로 결정함.
	Modular Production	다품종제품의 혼류조립작업에서 요소작업(Modular)의 최적편성을 결정하여 라인형 공정시스템을 설정함. 적절한 작업시간을 결정하고 제품라인의 순서(순환연쇄)를 결정함.
실시주체형	Flexible Automation	원래 단일제품의 대량생산을 지향하는 자동화를 다품종소량생산에 적용, 변동하는 시장환경에 적용하는 자동화를 의미함. 그 수단에 컴퓨터지원설계(CAD), 컴퓨터지원생산(CAM), 수십대의 NC공작기계·자동수송장치 · 자동창고 · 로봇트이용생산(FMS)이 있음.
	Flexible Production	유연성있는 생산요소를 이용해서 다품종소량생산에 대처함. 범용공작기계를 주체로 기본설비와 더불어 수요에 대처하는 보조설비를 설정함. 숙련노동자를 중심으로 유연한 두뇌적 관리기술을 구사함.
통제주체형	간판생산방식	무재고방식을 지향하고, 각공정에 필요한 것을 필요할 때에 필요한 수량만큼 만들고 공급하는 「Just-In-Time」시스템임. 표준작업을 결정, 돌발사태가 발생하면 생산라인을 멈추고 원인을 밝혀 개선해 나가는 자동화를 행함. 작업지시정보와 현장관리를 간판에 시각적으로 나타냄.
	On-Line생산 관리	각 작업영역 및 판매망에 설치한 단말기에서 즉시 정확한 생산실적자료를 On-Line으로 관리센터의 컴퓨터에 보내고 장래의 생산활동에 관한 복잡한 생산정보처리를 해서 각 직장에 정확한 지시정보를 전달하고 동태적 생산을 효율적으로 관리함

이러한 다품종 소량생산 방식은 생산수량이나 납기면에서 신축성을 보장해주고, 따라서 소비자의 욕구를 충족시키는 시장적응력이 우수하기 때문에 엔고에도 불구하고 일본기업의 경쟁력은 여전히 강하게 되었다. 이러한 생산현장의 혁신은 관리부문의 합리화, 사무자동화(Office Automation)의 진전과 함께 CIM(Computer Integrated Manufacturing)에 의한 통합자동화 시스템의 구축으로 생산기술의 혁신이 이루어지고 있다.

Ⅵ. 일본 산업정책의 특징

일본의 산업정책은 경제발전단계에 따라 변화해 왔지만, 기본적인 방향은 항상 일치해 왔다고 볼 수 있다. 다음에서 지적하는 3가지가 전후 일본이 추구해온 산업정책의 일관된 기조라고 할 수 있다.

- 선별적 육성전략
- 산업정책과 무역정책의 통합적 인식
- 일본주식회사형 정책추진

1. 선별적 산업정책

이것은 종전 직후 '경사생산방식'의 채택에서부터 일본의 일관된 정책으로 부존자원이 빈약하다는 인식에서 전략적으로 가장 중요한 부문부터 집중적으로 육성한다는 것이다. 이러한 전략은 A. Hirschman의 'Linkage Approach to Development'에서 강조된 것으로 개발도상국의 공업화 전략의 이론적 기초가 되어 왔다. 일본의 경우 전략적·선별적 공업화의 대상은 초기에는 석탄, 철강에서 석유화학, 자동차로 1970년대 이후에는 전기, 전자를 중심으로 전환되었고, 1980년대 이후 정보화사회의 도래에 상응하는 정보통신산업을 전략산업으로 선정하고 있다.

2. 산업정책과 무역정책

일본의 산업정책은 수출산업 중심의 육성정책이다. 산업설립의 효과를 최대로 발휘하기 위해서는 해외수요를 최대로 이용하는 방식을 채택한 것으로 기술잠재력이나 고용효과 외에도 해외수요의 소득탄력성이 큰 산업을 선정하여 육성해 왔다. 따라서 국내 유치산업은 증가하는 해외수요에 힘입어 규모의 경제를 실현하고 수출산업으로 성장할 수 있었다. 통상산업성(MITI)이라는 정부부처가 이미 1950년대에 설치되어 산업과 무역을 동시에 지원하는 체제를 구축하여 왔다는 사실만 보아도 알 수 있다.

3. 일본주식회사

일본의 산업정책이 효율적으로 수행되어 온 것은 일본의 산업 및 경제조직에서도 찾을 수 있다. 요컨대 정부와 기업, 금융계와 산업계, 기업과 기업, 대기업과 중소하청기업 간에 협조체제를 유지하면서 정보를 공유하여 왔다. 이는 다른 나라에서는 볼 수 없는 것으로 정부의 비전으로 제시된 산업정책은 중소기업까지 깊숙이 침투되어 효율을 극대화할 수 있었고 공동기술개발, 해외시장에서의 협조 등으로 외국기업의 경쟁에 대처할 수 있는 네트워크가 형성될 수 있었다는 것이다.

<표 3-5> 일본경제의 시대구분과 산업정책

	부흥기	고도성장기	구조전환기	국제화기
실질 GNP	-	40.6조엔	184. 6조엔	292.8조엔
산업비전	중화학공업화		미세조립가공	정보화·창조화
주도산업	석탄, 철강, 섬유	철강, 석유화학 가전, 자동차	자동차, 전기 전자	정보통신 전기, 전자
기술혁신	기술도입	양산기술	에너지 및 자원절약기술	ME, 정보 소프트기술
대외정책	경제자립	국제수지균형	수출주도형	해외투자 글로벌화

제4장 인구 및 산업동향

경제활동의 지역차의 지표로서는 우선 인구분포와 그 동향에 대해서 검토하고, 둘째, 일본의 산업간 생산활동과 고용비중이 어떻게 변화해 왔는지에 대해 산업구조의 변화를 통해 살펴보며, 셋째 일본의 공업, 농업 및 상업·유통업의 동향에 대해 알아본다.

Ⅰ. 인구동향

1. 인구분포와 그 변화

(1) 인구분포

2000년도 일본 국세조사에 의하면, 도도부현별로 인구는 도쿄도의 1,206만명을 필두로, 오사카 881만명, 가나가와 849만명, 아이치 704만명, 사이타마 694만명, 치바 593만명, 홋카이도 568만명, 효고 555만명, 후쿠오카 502만명으로 9개 도도부현이 500만명을 초과하는 인구를 보유하고 있다. 이에 반해 인구가 100만명 이하의 현은 돗토리 61만명을 최저로 시마네, 후쿠이, 야마나시, 토쿠시마, 고치, 사가 등 7개 현이며, 그 차는 확대되고 있다.

일본의 평균 인구밀도 (1km^2당)는 340명이다. 이는 선진국들 가운데서 네덜란드나 벨기에에 필적할만한 수준이다. 더욱이 일본의 경우 산지가 많고 생활에 적합한 평지는 적다. 그 때문에 주거가능지역당 인구밀도는 1,500명에 달하여 네덜란드, 벨기에, 영국 등의 4-5배에 달하는 고밀도를 보이고 있는 반면, 홋카이도(72명)나 이와테(93명)와 같이 100명을 밑도는 지역도 있다. 평균인구밀도를 기준으로 평균의 2배 이상의 지역을 인구밀집지역, 평균 이상으로 2배 미만의 지역을 인구집중지역, 더욱이 평균이하의 지역을 인구희박지역이라 하면, 인구밀집지역은 도쿄 대도시지역(도쿄, 가나가와, 사이타마, 치바)과 오사카, 아이치의 3대 도시지역 및 후쿠오카의 4지역이다. 3대도시 지역 가운데서도 특히 도쿄 區部(1

만 2,830명), 오사카시(1만 1,800명)의 인구밀도가 가장 높다. 또, 도쿄, 오사카, 나고야의 각 도심에서 50km의 3대도시지역은 전국의 38%의 인구를 점유하고 있다. 인구집중지역은 3대도시지역, 혹은 주변의 이바라기, 쿄토, 효고, 나라 등, 그리고 그들의 중간 혹은 연장선상에 있는 히로시마, 카가와, 사가, 나가사키, 그리고 오키나와 등이 있다. 이와 같이 전국 인구의 60% 이상이 국토의 20% 범위에 편재해 있으며, 그 이외는 희박지역이다.

현재 일본에는 3,230개의 시정촌이 있는데, 그 중에서 시는 672개 있지만, 시 가운데도 인구 100만명 이상의 대도시(12개)에서 3만명 미만의 시(74개)까지 그 규모는 다양하고, 특히 최근 3만명 미만의 소도시의 수가 늘어나고 있다. 여기서 크고 작은 여러 도시를 합친 市部의 인구를 보면, 국토의 28% 지역에 9,990만명, 전인구의 79%가 분포하고 있으며, 그 비율은 매년 높아지고 있다.

⑵ 인구동향의 지역차[1)]

1995- 2000년 사이에 일본의 인구는 135만명(1.1%) 증가하였다. 동기간 중 인구증감을 縣별로 보면, 전국평균을 상회하는 인구증가지역은 11도현(미야기, 군마, 사이타마, 치바, 도쿄, 가나가와, 아이치, 시가, 효고, 후쿠오카, 오키나와)이다. 그 중에서도 평균의 2배 이상의 지역은 도쿄와 그 주변의 사이타마, 치바, 가나가와의 3현, 아이치현, 긴끼의 시가현 등 대도시 지역과 그 주변을 제외하면 오키나와 뿐이다.

다른 한편 동기간 중 절대감소를 나타내는 인구감소지역은 23현에 이르며, 모두 키타토호쿠, 산인, 시코쿠, 미나미규슈 등 대도시에서 원거리에 있는 지역이다. 그 이외의 부현은 전국수준에 미치지는 못하지만, 절대증을 나타내고 있다. 1960년대와 현재를 비교하면, 3대도시지역과 태평양벨트지역의 인구증가가 현저하였고, 토호쿠, 산인, 시코쿠, 규슈 등에서는 큰 폭의 인구감소가 있었다.

⑶ 인구속성의 지역차

인구동향을 살펴보기 위해 남여별, 연령별 구성, 취업자의 비율 등, 소위 인구구성에 대해

---

1) 東洋經濟新報社의 『地域經濟總覽』에 따른 지역구분은 다음과 같다. 홋카이도, 토호쿠(아오모리, 이와테, 미야기, 아키타, 야마가타, 후쿠시마), 키타관토(이바라기, 토치기, 군마), 미나미관토(사이타마, 치바, 도쿄, 가나가와), 호쿠리쿠(니가타, 토야마, 이시카와, 후쿠이), 히가시야마(야마나시, 나가노, 기후), 토카이(시즈오카, 아니치, 미에), 긴끼(시가, 쿄토, 오사카, 나라, 효고, 와카야마), 산인(돗토리, 시마네), 산요(오카야마, 히로시마, 야마구치), 시코쿠(토쿠시마, 카가와, 에히메, 고치), 키타규슈(후쿠오카, 사가, 나가사키, 쿠마모토, 오이타), 미나미규슈(미야자키, 가고시마), 오키나와로 되어 있다.

살펴보자. 2000년 인구 중 연소인구(14.5%)와 노년인구(17.3%)를 합한 종속인구는 32%에 달하고 있다. 이는 1920년에 연소인구가 36.5%, 노년인구 5.3%와 비교하면 노년인구비는 3배 이상 증가하고 있는 데 비해, 연소인구의 비율은 1/2이하 감소하고 있다. 한때 종속인구는 노년인구보다 연소인구의 비율이 훨씬 높았고, 생산인구예비군으로서의 의미가 강했다.

그러나 최근 소자화에 의해 장래 생산활동을 담당할 연소인구의 비율이 매년 감소하고 있어 커다란 사회문제로 되고 있다. 연소인구의 비율은 1980년이래 모든 부현에서 감소하고 있고, 특히 대도시 중심부에 있어서 현저하게 나타나고 있지만, 아키타, 야마가타, 야마구치 등 각 현에서 크게 저하하고 있다. 노년인구비에 있어서는, 전국평균을 밑도는 곳은 오키나와, 군마를 제외한 간토, 아이치, 그리고 시가, 나라를 포함한 오사카지역뿐이다. 장래인구구성을 나타내는 자연증가율을 보면, 오키나와가 가장 높고, 많은 현들이 플러스를 나타내고 있지만, 1% 이상인 곳은 미야기를 제외하면 도쿄, 나고야, 오사카의 3대도시지역과 그를 연결하는 지역에 한정되어 있어, 여전히 태평양벨트지역의 활력이 유지되고 있음을 알 수 있다. 또 생산연령인구를 보면, 도쿄지역, 아이치, 오사카 등은 전국평균을 상회하는 구성비를 나타내고 있어 제3차산업의 발전을 유지시키고 있다.

2. 인구동향의 지역적 관계

(1) 장기적인 向都離村

일본경제는 농업을 중심으로 한 체제에서 제2차, 더욱이 제3차산업을 중심으로 한 체제로 높은 성장률을 수반하면서 급성장을 달성하였지만, 경제가 급변하는 시기의 인구변화는 크고, 역으로 저성장기의 인구인동은 작다. 따라서 급격한 경제변동은 단기간의 인구동향으로 파악할 수 있지만, 저성장기의 동향을 명확히 파악하기는 곤란하다. 그래서 경제수준이 낮은 단계에서 선진국으로 성장한 단계까지의 장기적인 인구동향을 보면, 전체적으로 향도이촌 경향이 보인다. 즉, 고도경제성장기에 중학, 더욱이 고교 신규졸업자가 공업이 집적하는 3대 도시지역과 태평양벨트지대로 대거 이동하여 각 지역의 인구급증의 원인이 되었고, 이들 인구가 정착하여 대규모의 도시화를 가져왔다.

(2) 인구이동과 지역문제

전국적인 인구증감의 원인인 인구이동에 대해 살펴보면, 전체적으로 1975년 이후 감소경향을 나타내고 있지만, 매년 거의 300만명에 이르며, 그 중에서 현간의 인구이동이 현내의 인구이동을 크게 상회하고 있다. 현간 이동의 내역을 보면, 1970년대까지는 비대도시권에서 3대도시권으로의 이동, 대도시권내의 이동이 많았지만, 1980년대 이후에는 대도시권내 이동이 다른 유형을 크게 상회하고 있다.

3대도시권간 인구이동을 보면, 다른 두 도시권에서 도쿄권으로의 집중경향이 나타나고 있다. 3대도시권에는 최근 중심부의 인구감소와 주변부의 인구증가현상이 현저하여, 소위 도너츠화가 진행되고 있다. 최근 대도시인구의 동향을 도심으로부터의 거리로 보면, 도쿄, 오사카에서는 20- 30km권에서, 또 나고야에서는 10- 20km권에서 가장 높은 비율을 나타내고 있다. 이는 대도시권에서는 새로운 거주자가 높은 지가 때문에 도시 내부 혹은 근교에 거주할 수 없어서 점차 도심으로부터 원격지에 거주를 구할 수밖에 없다는 점과 거주조건이 악화된 대도시 내부에서 교외로의 이주가 진행된 결과이다.

다만, 최근에는 확대경향이 주춤하여 도쿄에서는 도쿄 내부의 인구증가, 특히 도심회귀의 움직임이 나타나고 있다. 그런데 인구의 교외이동의 결과 대도시 내부에서는 커뮤니티의 붕괴, 교외에서는 무질서한 주택개발이 이루어지고 있다. 대도시주변에 있어서 주택지화의 진행은 공업활동에 큰 영향을 미치고 있다. 이와 같은 상태는 단순히 3대도시권에만 국한되지 않고, 최근에는 광역중심도시, 더욱이 유력한 지방도시에도 널리 확산되고 있다.

다른 한편, 장기적으로 보면, 전국의 넓은 범위에서 인구감소가 나타나고 있지만, 그와 함께 과소 시정촌도 증가하고 있다. 현재 전국의 40% 정도의 시정촌이 과소상태에 있지만, 그 비율은 특히 인구감소지역에서 높아지고 있는데, 오이타, 가고시마, 홋카이도에서는 70%, 히로시마, 시마네, 에히메, 고치에서는 60%, 아키타, 나가사키, 쿠마모토, 미야자키에서는 절반 이상이 과소 시정촌화되었다.2)

과소화가 진전된 산간촌에서는 인구가 감소한 결과, 상업, 의료서비스업, 학교 등이 들어서지 않게 되었고, 더욱이 커뮤니티의 붕괴현상이 나타나고 있다. 이와 같은 현상은 점차 산간촌에서 평지촌으로 확대되고 있다. 최근 U턴, 혹은 J턴과 같은 형태로 도시를 벗어나 농촌으로의 이주가 화제로 되고 있으나, 농림업을 생업으로 하는 것이 아니기 때문에 양적으로도 일본의 인구지도와 그 큰 흐름을 변화시키지는 못하고 있다. 그런데 과소지역을 포함하는 농산촌지역에서 농지와 산지를 깎아서 골프장이나 제반시설을 무질서하게 개발하는 것은 주민의 생활향상과는 무관하다는 목소리가 높고, 오히려 주민의 풍요로운 생활을 잠식하는 경우가 대부분이다. 또 무질서한 개발은 환경면에서 오래 동안 보전되어 왔던 생태계에 커다란 변화를 주는 것이다. 환경공생의 세기인 만큼 행정의 협력과 함께 효과적인 대응이 요구되고 있다.

---

2) 竹內淳彦, 『日本經濟地理讀本』, 東洋經濟新報社, 2006, pp.15-23.

Ⅱ. 산업구조

1. 산업구조의 고도화

<표 4-1>은 실질국내총생산과 취업자수의 산업별 구성비를 1970년부터 5년 단위로 산출한 것이다. 일본의 고도성장의 말기인 1970년에는 취업자의 20% 정도는 농업을 비롯한 제1차산업생산에 종사하고 있었다. 이것이 2004년이 되면 제1차산업의 취업자 구성비는 5% 전후로 하락하고 있다. 한편 제3차산업의 취업자수는 확대일로에 있으며, 2000년대 이후는 총취업자의 70% 수준에 이르게 된다. 또 제2차산업의 취업자 구성비는 고도성장에서 저성장기로의 전환기로 불리어지는 1975년에는 일시적으로 35%에 달해, 한동안 정체상테를 유지하였지만, 최근에는 감소로 전환하였다. 제1차, 제2차산업의 취업자 구성비의 감소를 제3차산업이 흡수하고 있는 것을 알 수 있다. 이것을 보면, 경제발전에 따라 산업활동의 중심이 제1차산업에서 제2차산업, 그리고 제3차산업으로 이행한다는 페티-클라크의 법칙은 일본에도 대충 적용되는 것 같다.

<표 4-1> 산업구성비의 추이 (단위: %)

연도	실질GDP			취업자수		
	제1차산업	제2차산업	제3차산업	제1차산업	제2차산업	제3차산업
1970	5.6	37.3	57.1	19.6	35.3	45.1
1975	5.0	36.0	59.0	15.3	35.3	49.4
1980	3.3	36.1	60.6	12.8	35.0	52.2
1985	3.1	36.3	60.6	10.7	33.4	55.9
1990	2.5	38.1	59.4	9.1	32.8	58.1
1995	2.0	35.4	62.2	7.3	33.2	59.5
2000	1.9	31.8	66.2	5.0	29.5	65.5
2004	1.8	29.8	68.5	4.6	27.8	67.7

자료; 內閣部, 「國民經濟計算年報」 各年.

<표 4-1>에서 국내총생산으로 측정하면 2004년도의 제1차산업의 비중저하는 명백한 것이고, 부가가치 구성비는 1.8%에 불과하다. 4.6%의 노동력을 투입하여 1.8%의 부가가치 창

출에 그쳤기 때문에 제1차산업의 노동생산성은 상대적으로 낮다는 것을 알 수 있다. 다음에는 제2차산업을 보면, 1975년부터 2004년까지 제2차산업의 취업자 구성비는 낮아지는 경향이다. 1980년대 후반 부가가치 구성비는 상승하였고, 1990년에는 38%까지 회복하였다. 그러나 버블의 붕괴로 인해 平成불황이 시작되었다. 엔고에 의한 수입급증과 해외진출, 경쟁촉진을 목표로 하는 규제완화 등 경제의 구조개혁을 촉진하는 일들이 진전되었다. 이 때문에 제2차산업의 부가가치 구성비는 1995년 이후 저하하기 시작하였다. 한편 제3차산업에서는 부가가치 구성비, 취업자 구성비 모두 여전히 확대기조에 있다.

2. 제조업의 구조변화

중화학공업의 부가가치액에 대한 경공업의 부가가치액[3])을 기준으로 보기로 하자. 이 값이 1일 때 경공업과 중공업의 부가가치액은 같다. 일본의 경우 이 비율은 1975년에는 0.5를 상회하였지만, 그 후 계속 저하하여 2005년에는 0.4를 하회하게 되었다. 가령 이 비율이 1을 하회하기 시작하는 시점에서 중공업화가 본격화된다는 기준을 설정하면, 일본의 제조업 내부의 중공업화는 고도성장기에 개화하여 현재에도 진행 중이라고 할 수 있다.

제조업의 구조변화를 파악하는 다른 척도로서 호프만 비율[4])이 있다. 공업화가 진전하게 되면, 소비재산업의 투자재산업에 대한 비율은 점차 저하해간다는 것이 경제발전과 더불어 나타난다. 소비재생산은 소비를 위한 생산, 투자재생산은 생산시스템의 중층화·고도화를 시사하는 것이다.

일국의 공업발전단계는 호프만 비율이 4-6일 때 제1단계, 3.5-1.5일 때 제2단계, 1일 때 제3단계, 1미만일 때 제4단계에 달한 것으로 본다. 호프만 비율은 1975년 이래 감소하고 있으며, 2005년의 소비재생산은 투자재생산의 20%를 약간 하회하고 있어, 일본의 공업발전은 제4단계에 있다. 이와 같이 일본의 제조업은 투자재생산에 중점을 둔 고도의 구조를 가진 것으로 특징지을 수 있다.

---

3) 경공업은 식료품, 섬유, 의복, 기타 섬유제품, 목재·목제품, 가구·장비품, 펄프·종이, 출판·인쇄, 피혁, 요업·토석제품, 기타 제조업 등이며, 중공업은 화학, 석유·석탄제품, 고무제품, 철강, 비철금속, 일반기계, 전기기계, 수송용기계, 정밀기계 등이다.

4) 호프만 비율은 소비재산업 제품출하액을 투자재산업 제품 출하액으로 나눈 값을 말한다. 소비재산업은 식료품, 섬유, 의복, 섬유제품, 피혁, 목재·목제품이고, 투자재산업은 화학, 철강, 비철금속, 금속제품, 일반기계, 전기기계, 수송용기계, 정밀기계 등이다.

3. 제조업의 고부가가치화

제조업에 속하는 산업을 <표 4-2>와 같이 소재형, 가공조립형, 생활관련형의 세 산업으로 분류해보자. 표에 의하면, 경공업은 소재형산업의 일부와 생활관련형 산업으로 되어 있고, 중공업은 소재형산업의 일부와 가공조립형산업으로 되어 있다. 제조업 전체에 점유하는 각 산업의 부가가치 구성비를 보면, 1975년을 경계로 하여 생활관련형 산업의 비중이 감소하고 있다. 이와는 대조적으로 가공조립형 산업은 발전하고 있다. 고도성장기의 주종산업이었던 소재형산업에서 수위 자리를 뺏을 정도의 성장세를 보이고 있다. 국내총생산에 점유하는 비율은 현재 제조업 전체의 50%에 근접하고 있다. 고도성장기의 중공업화, 투자재생산으로의 이행을 거쳐 30년에 걸쳐 제조업이 경험한 현저한 구조변화는 가공조립형산업으로 중심이 이동된 것이라 할 수 있다.

<표 4-2> 기초소재형, 가공조립형, 생활관련형 산업

구분	산업
소재형산업	목재 · 목제품, 펄프 · 종이 · 종이가공품, 화학, 석유제품 · 석탄제품, 플라스틱 제품, 고무제품, 요업 · 토석제품, 철강, 비철금속, 금속제품
가공조립형 산업	일반기계기구, 전기기계기구, 수송용기계기구, 정밀기계기구
생활관련형 산업	식료품, 음료 · 담배 · 사료, 섬유, 의복 · 기타 섬유제품, 기구 · 장비품, 출판 · 인쇄, 가죽 · 동제품 · 모피, 기타 제조업

1970년대 들어서 일본경제는 저성장시대를 맞이하였다. 기업경영자는 성장 중시에서 수익중시로 경영방침을 전환하지 않으면 안 되었다. 저성장 하에서의 수익확보가 시대의 요구로 되어 규모의 경제를 전제로 한 대량생산형 산업 시스템은 여기서 종말을 고하게 되었다. 새로운 산업시스템은 고부가가치 추구형이고, 한정된 원재료를 투입하여 높은 가격을 설정할 수 있는 가공조립형산업이 시대의 주역이 되었다. 그렇다고 소재형산업이나 생활관련형산업도 포기한 것은 아니었다. 이들 산업 가운데도 제품의 고부가가치화가 시도된 것은 당연한 것이었다.

Ⅲ. 산업동향

1. 공업[5)]

(1) 공업생산

일본의 공업은 1960년대부터 눈부신 발전을 이룩하여 미국과 EU에 버금가는 공업국으로서의 지위를 유지해 왔지만, 최근에는 국내총생산에 점유하는 공업의 비율은 1990년 28%에서 1995년 25%, 그리고 2000년에는 23%로 그 비율이 낮아지고 있다. 공장의 해외진출 등에 의해 통계상의 지위는 낮아졌지만, 일본의 경제발전은 공업의 양적 성장과 고도화에 의한 것이며, 현재 진행 중인 경제의 소프트화도 실제로는 공업을 제외하고서는 생각할 수 없으며, 경제의 소프트화도 공업의 질적 고도화 속에서 진행되고 있는 것이다.

일본공업의 전체적 동향에 대해 살펴보면, 공장수는 58.9만개이고, 종업원수는 970만명이며, 공장의 출하액은 약 304조엔이다. 공업의 구성을 규모별로 보면, 종업원 300인 미만의 중소기업의 사업체수은 99.4%, 종업원수에서는 74%, 출하액에서는 52%를 점유하고 있다. 이는 일본공업의 대부분이 중소기업에 의해 구성되고 있음을 나타내는 것이다. 중소기업의 내부구성을 보면, 종업원 10인 미만의 공장이 전체의 73%, 20인 미만은 85%를 점유하고 있다.

다음에는 공업구성을 부문별로 보면, 공장수에서는 경공업이 60% 정도이나, 출하액에서는 중화학공업이 2/3를 점유하고 있다. 출하액 구성의 변화를 보면, 1955년 이후 두 부문의 지위가 역전하여 중화학공업 중심으로 변하였다. 그 가운데 대표적인 부문의 동향을 보면, 1970년 8%에서 2000년 2.3%를 점하고 있는 섬유공업에 비해, 기계공업은 같은 기간 32.5%에서 45.8%로 비율이 증가하였다. 중화학공업 중에서도 고도성장기 초기에는 철강·석유화학 등 임해지역의 소재형 중화학공업과 내륙지역의 저임금 노동의존의 전기공업 등이 중심이었다. 그 후 자동차, 공작기계와 로봇, 일렉트로닉스 등에 의한 지식·기술집약형 기계부품 중심으로 변화하였다.

지식의존형 공업의 발달은 연구개발부문에 대한 투자를 수반한다. 현재 일본의 GDP에 점유하는 R&D의 비율은 2.9%로 다른 선진공업국을 상회한다. 공업생산에 점하는 부문별 지위변화는 무역에 반영된다. 전전 총수출액의 60%를 점하고 있던 섬유제품은 2000년에는 2%를 하회하고 있으며, 역으로 3%에 불과하였던 기계제품이 70%(그 중 자동차가 15%)을

5) 상게서, pp.38-59.

점하게 되었다.

그런데 전후 일관되게 높은 시장을 나타내었던 일본의 공업도 1990년대 이래 경제불황이 지속되는 가운데 정체되었다. 글로벌화가 진전되는 가운데 일본공업의 해외생산비율이 높아졌다. 공장이 해외에 진출함에 따라 섬유, 잡화에서부터, 최근에는 가전제품의 대부분이 수입이 수출을 상회하게 되었고, 기계제품의 수입이 증대하여 국내 메이커에 큰 영향을 주고 있어 공업 공동화가 우려되고 있다. 그러나 지식집약형 고도가공기술 의존형 부문을 중심으로 생산이 유지되고 있고, 소재형 공업에서도 기술혁신이 진전되어 부가가치를 높이고 있다. 즉, 공업은 글로벌화가 진전되는 가운데 경제활동 전체에 점하는 지위는 낮아지고 있지만, 여전히 일본경제의 근간을 이루는 중심산업으로서 지위를 유지하고 있다.

⑵ 공업집적

1) 공업집적의 지역차

일본의 공업은 지역적으로 보면, 매우 좁은 범위에 집적되어 있다. 공업배치를 특징짓는 것은 케이힌- 도쿄, 한신-오사카, 쥬쿄-나고야의 3대 도시공업지대와 그를 포함하는 태평양벨트지대에 집적되어 있다. 즉, 공업도시의 대부분은 이 벨트지대에 모여 있다.

먼저 3대 공업지대로의 집중도를 제품출하액의 전국 비중으로 보면, 케이힌(도쿄, 가나가와, 사이타마, 치바)이 21.8%, 한신(오사카, 효고)가 10.7%(긴끼 전체로는 16.4%), 쥬쿄(아이치, 미에, 기후)가 15.8%, 합계 48.3%(긴끼 전체를 포함할 경우 54%)를 점유하고 있다. 대도시지역에 이어 케이힌의 연장선상에 있는 키타관토(이바라기, 토치기, 군마)에서 도카이(시즈오카), 세토나이(오카야마, 히로시마, 야마구치, 카가와, 에히메), 그리고 키타규슈(후쿠오카) 등의 각지에서 공업이 발달하고 있다. 키타관토에서 키타규슈에 이르는 이른바 태평양벨트지대의 공업생산은 전국의 거의 80%에 달하고 있다. 기타 지역의 공업생산은 매우 미미한 실정이다.

공업발전의 지역적 동향을 전국비율의 변화에서 보면, 3대 도시지역에서는 정체상태를 나타내고 있지만, 도쿄를 중심으로 한 대도시 공업집적지역의 외곽지역인 키타관토, 더욱이 그 연장선상에 위치한 미나미관토와 히가시야마 등 도쿄광역권에서는 여전히 높은 신장세를 나타내고 있다. 공업의 지식집약화가 진전되는 가운데 대도시, 특히 도쿄지역에는 전국 연구기관의 약 60%가 집중되어 있고, 특허출원건수도 비슷한 수치를 나타내고 있다.

2) 공업구조의 지역차

공업발전의 정도는 일반적으로 중화학공업화의 정도에 의해 측정된다. 그 실태를 보면 지역적으로 상당한 편차를 나타내고 있다. 중화학공업은 그 성격으로 판단할 때 크게 두 부문으로 나눌 수 있다. 첫째는 소재형 중화학공업으로 대형장치산업이며 고용흡수력은 작다. 철강, 석유화학 등이 이에 해당한다. 둘째는 자동차, 공작기계, 로봇, 전자기기, 시계 등 조립형 기계공업이다. 이 두 부문은 제품과 생산공정상의 성격을 달리할 뿐만 아니라, 그 입지와 집적의 상태도 크게 다르다.

① 소재형 중화학공업

철강과 화학, 그리고 석유화학공업 등으로 대표되는 주로 공업활동의 소재를 생산하는 공업이다. 공장규모는 크고, 대부분이 태평양벨트지대 임해부에 입지하고 있다. 그 가운데 대표적인 철강업에 대해 보면, 제2차세계대전 전까지는 원료공급지인 아시아대륙에 근접한 키타규슈의 지위가 압도적으로 높아, 그 때문에 키타규슈는 4대공업지대 중 하나로 지정될 정도였다. 여기에 카마이시, 무로란 등의 원료산지를 겸비한 지역에서 대부분의 생산이 이루어졌다. 그러나 전후 일시적으로 중국과의 거래가 단절되고, 더욱이 세계적으로 양질의 코크스탄과 철광석을 선박으로 수입하고 수출하는 체제가 성립된 이래 태평양 연안의 임해지구의 매립지에 거대한 일관생산 공장의 입지가 지속적으로 조성되었다. 더욱이 1980년대 이후 국제경쟁이 심화되는 가운데 다각화와 합리화가 진전되어 생산이 중단되었던 카마이시를 비롯하여 키타규슈, 무로란 등의 지위가 저하하고 대도시지역으로 공장의 생산집중이 강화되고 있다. 생산이 저하한 지역에서는 철강업 의존에서 벗어나 새로운 경제지역으로 변화하기 위해 노력하고 있다. 소재형 중화학공업의 입지전개 상황은 석유화학공업이나 화학공업과 같다.

② 조립형 기계공업

각종 부품생산과 조립에 특색을 갖는 기계공업의 지역적 전개는 특히 기능면에서 보면 명확하다. 일본의 기계공업은 3대 도시 지역에 높은 집적을 나타내고 있으나, 다수의 하청·외주기업과 관련부문을 갖고 있는 기계공업의 발전은 다른 공업부문과 유통관련부문에도 많은 영향을 미치고 있다. 3대 도시지역 가운데서도 케이힌(도쿄)지역에서는 기계공업이 공업발전의 주역일 뿐만 아니라, 산업 중분류의 일반, 전기, 수송, 정밀 등 4부문 모두 전국 비중이 매우 높다.

기계공업의 생산체계에서 중요한 역할을 하고 있는 것이 연구·개발기능이다. 기술수준이 높은 지식집약형 첨단형 공업은 중추관리기능과 연구개발기능을 연결하여 케이힌지역을 중심으로 커다란 집적을 이루고 있다. 민간부문을 포함하여 연구·개발기능의 집적은 다른 지역보다 탁월하고, 시스템 하우스 등 개발형 기업의 성장과 함께 첨단형 공업의 케이힌 일극 집중화를 점점 심화시키는 요인이 되고 있다. 케이힌지역의 기계공업은 현재 키타관토에서 미나미 관토에까지 연결되어 있다.

쥬쿄지역의 경우 자동차공업을 중심으로 높은 신장세를 보이고 있지만, 케이힌지역과 비교하면 종합성이 떨어진다. 1980년대부터 토호쿠와 큐슈 등에 반도체와 전자부문의 공장이 활발히 진출하였지만, 점적 존재에 불과하고 집적지구는 되지 못하고 있다. 기계공업은 거대한 장치산업인 소재형 중화학공업과는 달리 급격히 생산량이 증가하여 전국적인 신거점을 형성하지는 못한다. 그러나 많은 하청·외주를 발생시키고, 노동력을 고용하는 등 지역경제에 미치는 영향이 크다. 다만 지방에 진출한 기계공장의 대부분은 저임금 노동에 의존하고 있는데, 발전도상국과의 가격경쟁에 패하여 퇴출된 것이 적지 않다.

3) 노동생산성과 임금의 지역격차

① 노동생산성

각 지역의 공업생산력은 노동생산성의 크기에 의해 알 수 있다. 1인당 부가가치의 전국수준을 보면, 3대 도시지역과 그와 연결되는 벨트지대에서 높다. 쥬쿄지역의 각 현에서는 한때 중심업종이었던 섬유공업에서 노동생산성이 낮았지만, 1980년대 이후는 자동차공업의 성장에 의해 수준치가 높게 나타나고 있다. 와카야마, 오이타, 그리고 산요지역 등의 철강, 석유화학 등 소재형 중화학공업과 자동차 공업의 대규모 공장이 입지하는 지역에서는 생산성이 높다. 그 외 지역에서는 노동생산성이 수준치는 낮다. 특히 키타토호쿠, 산인, 미나미큐슈 등에는 전국수준의 70% 이하 지역이 많고, 특히 아오모리, 이와테 등은 50%대에 머물러 있다.

② 평균임금

노동생산성의 지역차는 임금격차에 반영된다. 임금의 지역차는 1980년대 축소되었지만, 여전히 존재하고 있으며, 최근 격차는 오히려 확대되고 있다. 즉, 경제환경이 격변하여 불황이 장기화 되는 가운데 전국 평균을 크게 상회하는 지역은 도쿄, 가나가와, 아이치, 오사카, 효고, 시가 등의 대도시지역과 시즈오카, 미에 뿐이다. 90% 이상의 지역도 키타관토와 그 주변의 히가시야마, 쥬쿄 등의 각 현과 벨트지대의 오카야마, 히로시마 등에 한정되어 있다. 이에 대해 토호쿠, 산인, 시코쿠, 미나미큐슈 각현의 수준은 낮고, 이는 유효구인배율[6]의 지역차로 나타나고 있다.

특히 홋카이도, 아오모리, 이와테, 아키타, 야마가타, 돗토리, 가고시마 등은 전국수준의 70% 이하이며, 대도시지역과의 격차는 확대되고 있다. 이는 주로 저임금을 무기로 한 기계공업의 전국적인 진출에 의한 것이다. 또 전국적 노동조직을 갖는 대기업에 대해서 노동시장이 협소하고, 지역적으로 존재하고 있는 중소영세기업의 지역차는 더욱 크다. 이는 지방의 중소영세기업의 대부분이 저임금의존에서 벗어나고 있지 않은 것이 주된 원인이며, 보다 저임금국가인 중국과 동남아 제국으로의 공장진출의 영향을 강하게 받고 있는 결과가 된다.

⑶ 공업지역

1) 3대 공업지대

① 케이힌(도쿄)공업지대

도쿄는 일본 최대의 도시인 동시에 일본 최대의 케이힌공업지대에 속한다. 도쿄에는 메이지 초기에 官營공장이 설립되기 시작하여 다수의 근대적 공장이 집적하였다. 공업생산의 전국적 지위는 露日전쟁에 의해 높아졌으나, 한신에 비해 현저히 낮았다. 그 후 쇼와기에 들어서 1930년대 후반부터 군비확장기에 눈부신 신장세를 나타내었고, 1940년경에는 한신을 추월하여 전국 1위가 되었다.

제2차대전 직후 혼란기에 케이힌의 공업활동은 일시적으로 정체되어 전국적 지위도 낮아졌지만, 1950년대 들어서면서 다시 신장세를 나타내었다. 고도성장기에는 정체를 계속하고 있던 한신과는 대조적으로 그 지위를 높여 거대한 공업지대로 성장하였다. 다만 1970년대 들어 공업지대의 중심부를 이루고 있는 도쿄내부의 지위가 저하하고 신장세도 둔화되기 시작하였다. 그러나 현재도 케이힌공업지대는 전국 공업생산의 20%를 점유하여 다른 지역보다 탁월하며, 키타관토와 히가시야마 등으로의 집적범위가 확대되고 있다.

케이힌에는 다른 지역에 비해 실로 다종다양한 공업이 집적하고 있고, 특히 기계부품과

---

6) 유효구인배율이란 공공직업안정소와 그 출장소·분실에서 취급하는 구직·구인에 관한 유효기간(통상은 다다음달 월말까지)내의 구인을 유효기간내의 구직으로 나눈 비율을 의미하며, 노동시장의 수급균형을 나타내는 지표이다.

출판·인쇄업 등이 집적되어 있다는 점이 특징이다. 철강, 석유화학 등의 중화학공업은 가와사키, 요코하마, 그리고 케이요(치바) 등의 임해부에 거대한 공장이 입지하고 있지만, 최근 케이힌 중화학공업의 전국적 지위는 저하경향에 있다. 가와사키, 요코하마의 임해지구에서는 중화학지구에서 환경공생을 목표로 하는 '에코타운' 건설이 진행되고 있다. 현재 대도시공업지역 케이힌의 공업생산을 유지하고 있는 한 축은 도쿄남부에서 가와사키, 요코하마의 내륙부에 걸친 죠난지역을 중심으로 집적되어 있는 자동차, 공작기계, 전자 등의 기계공업으로 케이힌지역 전체의 발전을 이끌어가고 있다. 죠난지역을 중심으로 하여 연구개발의 집적도 괄목할만하다. 이 기계공업집단은 최근 가나가와 내륙에서 다마지역, 그리고 키타관토에까지 확대되고 있다.

다른 하나의 그룹은 도쿄의 죠토지역(다이토, 스미다, 가쯔시카 등)에 생산집단을 형성하고 있는 잡화공업이다. 다양한 일용소비재를 주체로 하는 잡화공업은 도쿄내부에 있어서 공업활동의 주역이 되고 있다. 기계공업과 잡화공업은 모두 강력한 지역적 생산체계를 형성하여 발전해 왔지만, 그 구조는 정보화, 기술혁신, 더욱이 글로벌화가 진행되는 가운데 크게 변화하고 있다.

② 한신(오사카)공업지대

에도시대부터 상업을 중심으로 일본의 경제활동의 중추적 역할을 해 온 오사카를 중심으로 하는 지역은 공업활동 면에서 최대생산지역이었다. 그러나 쇼와기에 들면서 군비확장기에 일본공업 전체가 중화학화를 나타내면서 정체로 전환되어 케이힌에 전국 1위의 자리를 양보하게 되었다. 더욱이 전후 일시적으로 그 지위를 높이기도 하였으나 1960년대 이후 고도성장기에 케이힌과 격차가 확대되어, 쥬쿄와 그 지위를 경쟁하는 수준으로 정체되었다. 현재 한신(오사카, 효고)은 전국 출하액의 11%로 쥬쿄보다 적지만, 긴끼 전체로는 16% 수준이다.

한신에서는 메이지기에 大阪방적의 설립 이래 방적 등의 섬유공업과 잡화공업 등을 중심으로 발전하였다. 즉, 1930년대에는 한신에서는 전공업생산의 1/3을 섬유공업이 점유하고 있었다. 1960년대 이후에는 섬유에 대체하여 가정용 전기를 중심으로 기계부문이 주역으로 되었다. 최근 히가시오사카를 중심으로 새로운 기계공업의 집적이 이루어졌고, 또 시가현, 나라현으로의 기계부문의 입지전개가 현저하게 나타나고 있다. 더욱이 최근 케이한나(京阪奈) 구릉에 건설된 간사이문화학술연구도시에는 공업관련 연구시설이 만들어져 한신, 더욱이 긴끼지역 공업의 새로운 발전에 중요한 역할을 할 것으로 기대되고 있다.

③ 쥬쿄(나고야) 공업지대

나고야시를 중심으로 아이치, 기후, 미에에 걸친 쥬쿄공업지대는 전국 공업출하액의 16%를 점하여 한신지역과 그 비중을 경쟁하고 있다. 쥬쿄에서는 1960년경까지는 섬유중심의 공업지대였다. 과거 오래전에는 木棉생산에서 시작하여 면방적, 모방적 등의 공업이 발달하였다. 그러나 고도경제성장기 이후에는 이른바 중화학공업화가 진전되어 공업구성도 크게 변화하였다. 현재 쥬쿄는 도요타시를 중심으로 카리야, 오카자키 두 市에 걸쳐 세계 유수의 자동차공업집단이 형성되어 공업지대 전체의 발전을 이끌어 가고 있다.

또 욧카이치시에는 석유화학공업의 거대한 집적이 형성되었고, 도카이에는 자동차생산에 필요한 일관생산체제를 갖춘 거대한 철강공장이 입지하고 있다. 쥬쿄지역은 지금 케이힌에 버금가는 일본공업의 중심으로서 그 지위를 확고히 하고 있다.

2) 回廊지대7)

① 키타규슈

키타규슈 공업지역의 중심을 이루고 있는 곳은 키타규슈시를 그 범위로 하는 지역이며, 20세기 초에 官營야하다제철소가 설립된 이래 철강업에 특화한 공업지역이었다. 전전 키타규슈공업지역은 전국의 총공업생산의 약 10%를 점유하여 3대 도시와 함께 4대 공업지대 중 하나로 국민경제발전에 큰 역할을 해 왔다. 그러나 전후에는 신일본제철 내에서 키타규슈 자체의 지위가 하락하여 전국적 지위가 급락하였고, 현재는 다만 지방공업지역의 하나로서 존재하고 있다. 그것은 철강업의 국제경쟁력이 격화되는 가운데, 생산거점을 태평양연안의 거대공업도시지역의 임해부로 이전하였기 때문이다.

이와 같은 상황 하에서 현재 키타규슈시에서는 행정, 기업, 시민이 일체가 되어 리사이클 등 '靜脈산업'을 중심으로 한 '에코타운' 건설을 목표로 새로운 발전을 도모하고 있다. 큐슈북부에서는 후쿠오카시를 중심으로 전자공업의 집적이 보여지는 외에는 大牟田(화학), 나가사키, 사세보(조선) 등 역사 깊은 공업지대가 있고, 이들은 새로운 전개를 모색하고 있다. 또 1980년대 이후 키타규슈에 도요타, 닛산의 주력공장이 진출하여 관련부품공장도 다수 입지하는 등 순조로운 발전을 계속하고 있어, 키타규슈의 공업의 성격은 크게 변화하고 있다.

---

7) 3대 공업지대를 연결하는 도카이와 그 연장선상에 있는 키타규슈, 세토나이카이, 그리고 키타관토 지역을 회랑지대라고 한다.

② 세토나이카이

한신과 키타규슈를 잇는 세토나이카이 연안지역은 오래 전부터 면직물(오카야마, 히로시마 등), 조선(쿠레, 因島, 히로시마) 등의 공업이 발전하였지만, 전후에는 면직물은 소멸하고 조선도 한국의 조선업이 발달함에 따라 국제경쟁이 격심한 가운데 쇠퇴하고 있다. 현재 세토나이카이의 공업은 우선 철강(미즈시마, 후쿠야마 등), 석유화학(미즈시마, 이와구니, 히카리, 시모마쯔, 防府, 新居濱 등) 등의 소재형 중화학공업 콤플렉스(이른바 콤비나트)이며, 또 히로시마, 防府, 미즈시마 등을 중심으로 자동차공업이 발전하였지만, 연구개발기능, 부품생산체제 등은 대도시 공업지역에 비해 매우 취약하다. 대체로 세토나이카이 지역의 공업생산은 지속적으로 정체상태에 있다.

③ 토카이

시즈오카현의 공업활동은 기능적으로 보아 케이힌과 쥬쿄와는 다르기 때문에 이를 도카이지역이라고 한다. 이 지역에는 먼저 목공업과 섬유공업을 기반으로 직기, 악기, 오토바이에서 자동차, 공작기계 생산이 발흥하여 대도시 지역에 이어 하나의 큰 기계공업지역을 형성하는 하마마쯔, 목공업과 기계공업의 시즈오카, 수산가공, 조선을 기초로 하는 시미즈, 그리고 제지, 펄프를 기초로 하는 岳南지역 등 특색있는 공업지역이 있는데, 최근 케이힌, 쥬쿄로부터 공장진출이 활발히 이루어져 다양한 공장이 들어섬에 따라 가장 활동적인 지역을 형성하고 있다.

④ 키타관토

케이힌의 외곽에 위치한 키타관토는 1960년경까지는 기류, 이세자키, 足利 등 군마현과 토치기현의 직물업, 鑛山의 起源인 히다치, 항공기의 기원인 오타, 우쯔노미야 등의 기계공업이 중심이 되어 있었다. 그 후 1970년대부터는 다수의 공장이 케이힌으로부터 진출하여 도쿄대도시공업지역의 주변부를 형성하게 되었다. 케이힌지역의 중심부와 비교하면, 생산활동의 거점으로의 성격이 강했지만, 최근에는 연구개발기능도 제고되어 쓰쿠바 연구학원도시는 국가의 대규모 연구기관을 중심으로 대학과 민간연구기관이 모여, 전국적인 연구개발센터로서의 역할을 하고 있다. 또 카지마 임해부에는 철강, 석유화학 등의 대규모 공장이 진출하여 전국적인 중심의 하나로 되었다.

3) 기타 지역의 공업

3대 공업지대를 포함한 태평양벨트지대를 제외하면 공업활동은 전반적으로 저조하다. 근대공업으로서 현지자원에 의존하여 성립된 화학, 철강, 시멘트 등의 중화학공업과 섬유, 목공, 제지 등의 경공업, 그리고 임해부의 조선업 등이 오래 전부터 존재하였지만, 현재 그 대부분이 정체상태에 있다. 합리화, 글로벌화가 진전되는 가운데 극심한 경쟁상태에 노출되어 있어 폐쇄된 공장이 많다. 또 광산과 유전, 소재생산 등과 연계하여 발전된 기계공업도 각지에서 성립되었고, 그 중에는 거대기업으로 성장한 것도 있다.

다른 한편 오래 전부터 현지자원을 이용하여 현지(地場)자본의 의한 소기업집단이 광역시장에 의존하는 '지장산업'이 각지에서 발달하여 많은 사람들의 생활을 유지시키고 지역경제에 큰 영향을 미치고 있다. 지장산업의 제품으로서는 직물, 칠기, 도자기, 목공품, 그리고 식품 등 일용소비재가 중심이며, 그 가운데는 에도시대 이전에 성립된 재래(전통)공업도 적지 않다. 지방에서는 고도성장기 이후 전국적인 종합개발계획에 의해 공업이 저조한 지역으로의 중화학공업의 도입이 이루어졌지만, 현지의 큰 기대에도 불구하고 성과를 내지 못하고 있다. 한편 이 시기에 내륙부에 있어서도 노동집약적인 기계공업이 전국적으로 진출하였지만, 최근 발전이 정체상태에 있다.

홋카이도에서는 펄프, 제지, 화학, 철강, 그리고 제당 등 현지원료에 의존하는 공업이 발전하고 있지만, 국제경쟁력이 격화되는 가운데 정체 내지는 폐쇄상태에 있는데, 이러한 현상은 토호쿠를 비롯하여 전국 각지에서 동종 공업에 보여지는 현상이다. 토호쿠 지역은 1970년대 이후 고속도로가 개통되어 미나미토호쿠를 중심으로 케이힌으로부터 기계공업의 진출이 활발히 이루어지고 있는데, 특히 반도체생산의 전국 비중이 높은 편이다. 다만 특히 1990년대 이후 기계 메이커의 대부분이 저임금을 추구하여 중국 등지로 계속해서 생산거점을 이전하고 있는 가운데 토호쿠 뿐만 아니라 공장폐쇄와 생산축소가 지속되고 있어, 이것이 저임금과 낮은 구인배율의 원인이 되고 있다.

이 같은 상황 하에서 야마가타, 코리야마 등 이전부터 상당히 기계공업의 집적이 이루어졌던 지역은 물론, 쓰노다, 키타카미 등에도 개발력을 갖춘 높은 수준의 공업지역이 형성되고 있다. 토호쿠 각지에는 직물(요네자와), 칠기(아이즈, 히로사키), 철기(모리오카, 미즈사와), 주조(아키타, 아이즈 등), 그리고 각지의 나무인형(코케시) 등 다양한 지장산업이 발달하여 관광과 연계하여 각 지역의 상징으로 되고 있다.

히가시야마 지역의 나가노현은 메이지기 이래 제사업이 발달하였고, 특히 岡谷, 須坂, 丸子 등이 널리 알려져 있다. 전후 제사업을 선행산업으로 스와 분지에는 카메라, 오르골, 시계 등에서부터 각종 전자공업이 千曲川 주변지역은 통신·전자부품, 자동차부품 등이 발전하여 현재는 이들 공업을 기반으로 하여 케이힌의 외연적 성격이 강화되었고, 첨단공업의 발전이 이루어졌다. 또 야마나시현에는 일본 최대규모의 로봇공장이 있어 중앙고속도로를 따라 첨단형 기계공장이 진출해 있다.

니이가타현을 포함한 호쿠리쿠지역의 경우, 먼저 니이가타현에는 유전과 관련한 기계·금속공업이 나가오카, 니이가타, 가시와자키 등에 분포되어 있으나, 고속도로 개통과 함께 케이힌과 연결되고 있다. 또 토야마현을 중심으로 전전에는 값싼 전력으로 인해 알루미늄, 화학비료 등의 공장이 입지하였고, 전시에도 많은 공장이 입지하였으나, 전후에는 전력의 입지 메리트가 상실됨에 따라 정체되고 있다. 현재는 주로 건설기계, 공작기계, 화스너 등의 생산이 이루어지고 있다. 한편 호쿠리쿠에는 견직물(이시가와, 후쿠이, 니이가타의 각 지역), 금속제품(쓰바메, 산조), 銅器(타카오카), 木彫(이나미), 안경테(鯖江), 그리고 제약(토야마) 등 각지에 지장산업이 발달하고 있다.

일본에서는 공업발전이 가장 지체되어 있는 지역이 산인, 시코쿠, 미나미규슈, 오키나와 등이다. 그 중에서 미나미규슈의 경우, 1970년대에 이륜차공업의 입지를 계기로 적극적인 공업유치가 행해져, 특히 IC부문에서는 일본의 중심적인 생산기지로 발전하였다.

이상에서 언급한 바와 같이 일본의 공업은 3대 공업지대, 그 가운데서도 케이힌지역을 중심으로 태평양벨트지역에 높은 집적으로 보이고 있으나, 그 외 지역의 위상은 낮은 편이다. 최근 벨트지대 이외에 미나미 토호쿠와 히가시야마 등 높은 신장세를 보이고 있는 지역이 있지만, 대체로 케이힌의 외연적 확대일뿐, 일본의 공업 구조를 크게 바꿀 수 있는 형편은 아니다.

⑷ 공업개발과 문제점

공업집적의 지역적 편차와 그 구성의 지역차는 취업을 통한 소득의 지역격차를 발생시키는 큰 요인이며, 노동력 이동과 인구의 대도시 집중을 가져왔다. 다른 한편, 특정지역으로의 공업의 집중은 수송, 고용, 더욱이 지가 등에서 고비용을 초래하고, 지역문제로서 소음, 대기 및 지하수 오염과 같은 산업공해를 발생시키고 있다. 반면 정보화시대에 들어서면서 정보의 발신지로서 대도시지역, 특히 도쿄의 기능적 지위가 오히려 높아지고 있는 실정이다.

여기서는 일본의 지역개발정책 가운데 공업지역의 구조에 영향을 미친 정책에 대해 검토해 보고자 한다. 먼저 「소득배증계획」(1960년)의 일환으로 후진지역의 개발촉진과 지역격차 시정을 목표로 책정된 「전국종합개발계획」과 그 구체적 시책인 「공업지역개발」과 그 문제점에 대해 살펴보자.

이들 구상은 대도시 공업지역에 있어서 공업의 과도집적의 방지와 신규지방개발지역으로의 공업분산을 그 골자로 하고 있다. 이에 공업의 지방분산추진을 위한 구체적 방법으로 계획된 것이 「신산업도시」(新産都市)와 「공업정비특별지역」(工特地域)이다. 먼저 신산업도시는 공업개발뿐만 아니라 도시시설정비도 동시에 행하여 종합적인 도시기능을 갖춘 산업도시를 형성하여 인구를 흡수하는 것을 목적으로 하였으며, 격렬한 유치경쟁의 결과 전국적으로 15개지구가 지정되었다. 공특지구를 포함하여 공업과 함께 인구의 지방분산을 도모한 것인데, 몇몇 지역에서 나름대로의 성과가 있었지만, 공장분산은 일부 지역을 제외하고 효과가 없었으며, 대도시의 외연, 혹은 몇몇 광역 중심도시에 포함되는 지구를 제외하고 인구증가는 나타나지 않았다.

그 후 전국적인 개발정책도 오로지 강력한 공업분산 추진에 역점을 두었다. 그러나 여러가지 시책이 강구되었지만, 여전히 공업설비투자는 대도시를 중심으로 하는 태평양벨트지대에 집중되어 있다. 특히 도쿄권의 비중은 1980년대에도 높았고, 그 지위는 변하지 않았다. 그 가운데서도 연구·개발기능의 일극집중은 명백하며 그 규모도 확대되고 있다. 이에 정부는 새롭게 첨단기술산업을 주축으로 하여 그것을 리드하는 대학 등 연구기관, 그리고 쾌적한 주택 등을 갖춘 「고도기술공업집적지역개발촉진법」(테크노폴리스법, 1983년)을 시행한 이래 전국에서 26개 지구가 지정되어 계획이 추진되었다. 테크노폴리스는 이미 세계 각국에서 추진하고 있으며, 21세기에도 두뇌입지법 등과 함께 일본의 공업정책의 기본적 사고방식으로 나타나고 있다. 또 규슈의 오이타현을 발신지로 하는 「일촌일품운동」은 전국적으로 파급되어 농촌에 활력을 제공하고 있다. 다만, 테크노폴리스의 경우 순조롭게 진행되고 있는 지구는 한정되어 있고, 구체적으로는 신산업도시와 공통된 많은 문제점을 가지고 있다.

1997년 일본정부는 공업집적의 중요성에 착안하여 신중한 검토를 한 결과 「지역산업집적활성화법」을 시행하였다. 이는 종래의 정책에 비하여 공업집적의 의의를 평가한 세계적으로도 획기적인 지역산업정책이다. 그 외에도 「신산업창출촉진법」(1999년)에 의한 고도기술집적지역의 설정, 더욱이 「산업클러스터」 등이 지방의 기대를 모으고 있으며, 각 자치단체는 그의 지정과 아이디어를 도입하는데 급급하고 있다.

지방의 활성화에 있어 공업의 유치, 진흥은 금후에도 중요한 정책이 될 것이다. 그러나 이 경우, 오랜 실패의 경험을 통하여 용지와 노동력만 있으면, 공업의 유치, 진흥이 가능하다든가, 사회자본의 충실이 반드시 민간자본을 유발한다든가, 혹은 인큐베이션센터만 있으면, 고도의 공업집단이 형성된다는 단편적인 생각은 잘못된 것임을 자각하여야 한다. 글로벌화가 더욱 진전되어 지구환경의 공생이 기본적 과제로 되고 있는 21세기에는 공업지역개발은 보다 넓은 시야에서 검토되어야 한다.

공업지역개발은 자본의 법칙과 지역공간에 대한 정확한 인식 하에서 환경과 인간의 생활보전을 충분히 고려하면서 사회적·경제적인 제모순의 해소를 목표로 하는 정책의 일환으로서 행해져야 한다. 이때에 단순히 대도시지역으로부터 제기능 분산에만 집착하는 것은 옳지 못하다. 즉, 경제적 합리성에 보다 집착하여 고도화를 이루고, 일본공업의 전국적 생산체계의 주축을 이루고 있는 대도시공업집적지역 의의를 재인식할 필요가 있다. 「지역산업집적활성화」도 이와 같은 관점에서 추진된다면 큰 성과를 거둘 수 있을 것이다. 21세기의 공업지역정책은 무엇보다도 「지역환경공생」을 전제로 각 지역이 각각 자기지역의 조건을 살려 지속적인 발전을 목표로 하는 것이어야 한다. 우선, 도쿄 등 대도시의 공업집적, 특히 고도의 연구·개발기능의 집적과 네트워크를 강화하면서, 한편 발전도상국과의 경쟁과 분업관계 속에서 지방에 있어서 공업의 흡수와 레벨 업을 도모해 나가는 것만이 새로운 시대의 공업지역정책의 기본적 과제일 것이다.

2. 농업

(1) 농업의 특징

21세기에 들어서면서 현재 일본의 농업은 국제적 경쟁과 환경문제, 고령화 등의 영향을 받아 매우 어려운 상황에 놓여있다. 2000년 국민총생산 중에서 농업생산이 점유하는 비율은 1%에 불과하고, 또 2000년 국세조사에 의하면, 농업취업자는 285만명으로, 이는 전체 취업자의 4.5%이다. 이와 같은 사실로 보아 일본농업의 경제적 지위는 결코 높은 것은 아니다. 그러나 식료와 섬유의 원료를 안정적으로 공급하지 않으면 안 되는 농업은 경제적 수치가 나타내는 것 이상으로 큰 의미를 갖고 있다.

먼저 주요 농업지표를 다른 외국과 비교하여 일본의 농업의 특징을 살펴보기로 하자. 전체 취업자에 점유하는 일본농업의 비율은 4.1%이지만, 독일이나 미국은 각각 2.5%와 2.1%로 일본의 상황은 구미 선진국과 유사하다고 할 수 있다. 경지면적에 있어서는 일본에서는 국토의 약간의 면적을 점유하고 있는데 불과하다. 100ha당 농업종사자는 인도네시아에서는 160명, 케냐에서는 264명으로 많은 반면, 일본에서는 57명, 독일 8명, 미국 2명으로 되어있다. 경지 1ha당 곡물수확량은 독일, 일본, 미국, 인도네시아 순이며, 경지 1ha당 비료 투하량은 일본, 독일, 미국, 인도네시아 순이다.[8)]

이와 같이 일본농업은 많은 노동력과 생산자재를 투입하여 많은 수확량을 얻고 있으며, 미국과 같은 노동조방적이고, 토지생산성도 상당히 높은 신대륙의 선진적 농업과, 인도네시아와 같은 노동집약적임에도 불구하고 토지생산성이 낮은 이른바 발전도상국의 농업과는 명백히 다르다고 할 수 있다. 그러나 수확량 면에서는 노동력과 비료의 투하량이 보다 적은 독일보다 열위에 있어 일본농업의 취약성이 엿보인다.

일본농업의 또 하나의 특징은 식용농산물의 자급률이 매우 낮다는 점이다. 1960년 일본의 자급률은 곡물 82%, 야채·과일·계란은 100%이며, 공급열량에서 전체 자급률은 79%였다. 그러나 1960년대 후반에는 맥류와 두류의 수입이 급증하였고, 더욱이 1991년에는 쇠고기와 오렌지 무역이 자유화되었고, 더욱이 1993년에는 GATT·UR의 합의에 근거하여 일본은 쌀을 비롯하여 거의 모든 농산물시장 개방에 대응하지 않으면 안 되게 되었다. 이 때문에 2000년 자급률은 곡물은 28%, 야채·과일·육류는 각각 82%, 44%, 52%이며, 전체 공급열량에서도 40%로 위기적 상황에 처해 있다. 전세계 선진국들은 적어도 식용곡물의 자급률은 100% 혹은 그 이상이 대부분이다. 61%라고 하는 일본의 낮은 수치는 일본이 해외농산물 수입에 크게 의존하고 있음을 나타내는 것이다.

⑵ 농업의 변화

1960년대까지 일본농업의 특징은 벼농사를 중심으로 하는 가족노동에 기반을 둔 자급적 소규모 경영으로 수작업을 기본으로 한 노동집약적·토지집약적 농업이었다. 그리고 대부분의 전통적인 농촌에서는 각각 주어진 토지자원을 다양하게 활용하여 최대한의 생산을 달성하려는 한편, 공유한 산림·목초지와 농업용 수리시설 등과 같은 공동체적 기반에 바탕을 두고 이들 자원을 유지 관리하여 장기적으로 이용할 수 있는 방안을 강구하였다. 농촌은 생태적으로는 안정되어 있었지만, 경제적으로는 낮은 수준에 머물러 있었고, 사회적·문화적으로도 만족할 수준은 아니었다. 일본농업의 변화에 중요한 계기가 된 것은 1961년 농업기본법의 성립이었다. 이른바 기본농정 하에서 경영규모의 확대나 농지의 기반정비와 집단화, 가축과 야채의 도입, 기계화 등에 의해 농업의 구조개선과 근대화가 진행되었다.

1955년 이후 일본농업의 변화를 주요 농업지표를 통하여 살펴보면, 다음과 같다. 1960년에는 전체농가 605.7만호 가운데 전업농가가 207.8만호, 제1종겸업농가[9]가 208만호로 이들을 더하면 농업의존가 높은 농가가 67.8%를 점유하고 있다. 그러나 1960대부터 1970년대

8) 矢野恒太記念會編, 『世界國勢圖會』, 2000.

9) 연간 총수입 중 농업수입이 50% 이상인 겸업농가를 의미함.

에 걸쳐서 도시산업에 많은 농업노동력이 흡수되어 1980년에는 제2종겸업농[10]만으로 전체의 65.1%를 점유하게 되었다. 같은 시기에 농업취업인구는 1,454만명에서 697만명으로 반으로 줄어들었다. 그 후에도 전업농가와 제1종겸업농가는 점점 감소하여 2000년에는 양자를 합해도 전체농가의 24.9%에 불과하였다. 또 2000년의 전체 농가수는 312만 호로 1960년의 51.5%로 줄어들었다. 1990년대부터 특히 농업이 현저히 감소하였고 농업노동력의 고령화가 진전되었다. 전자에 대해서는 농지를 소유하면서 농업에 종사하지 않는 토지소유비농가가 급증한 것과 관계가 있으며, 2000년에는 농지소유자 전체의 26%가 비농가이다. 또 후자에 대해서는 1980년에 65세 이상의 농업취업자는 전체의 25%였지만, 2000년에는 53%에 달하였다.

수도(手稻)작부면적은 1969년까지는 330만 ha 정도로 안정적이었으나, 1970년 쌀의 생산조정에 의해 급감하였고, 더욱이 1980년대 이후 水田의 轉作면적의 증가에 의해, 2000년에는 177만ha로 되었다. 1963년에는 圃場정비사업제도[11]가 확립된 후 水稻作의 省力화가 진전되었다. 水田 정비율이 4%였던 1965년에는 10a의 수도작 소요시간이 141시간이었지만, 水田 정비율이 20%인 1970년대 중반에는 80시간으로 줄었고, 水田 정비율이 50%에 달한 1993년에는 42시간으로 단축되었다. 省力化가 진전된 반면, 단위면적당 水稻 수확량은 순조롭게 증가하였다. 手稻作의 省力化와 생산성 향상은 기계화와 농약 및 화학비료 사용량 증가에 의해 실현된 것이다. 그러나 기계와 농약의 생산량, 그리고 화학비료의 사용량은 1990년대에 들어 정체 또는 감소로 전환하였다. 이는 후술하는 지속적 농업에 대한 관심의 고조되었기 때문이다.

최근 일본농업의 변화를 명확히 나타내는 것은 농산물의 변화이다. 1955년경에는 쌀, 맥류, 감자류, 두류 등 주곡작물이 70%를 점하고 있었지만, 1960년대부터 야채와 과수로의 전환이 시작되었다. 1970년대부터 쌀의 생산조정이 시작되었기 때문에 쌀생산량은 점차 감소하였다. 1995년에는 신식량법(주요 식량의 수급 및 가격안정에 관한 법률)[12]이 시행되어, 쌀의 생산·유통·가격 결정에 대한 관리와 규제가 완화되었다. 그에 따라 지금은 쌀과 농정에 의존하는 농업에서 탈피하지 않으면 안 되게 되었다.

---

10) 연간 총수입 중 농업수입이 50% 미만인 겸업농가를 의미함.

11) 노동생산성향상과 水田의 고도이용을 위해 농지기반개선을 행하는 일련의 사업으로 1963년부터 국가의 토지개량보조사업에 새로이 설치된 제도이며, 주로 구획정리, 農道정비, 용배수정비, 토지개량, 객토, 각 농가의 분산경지의 집단화, 농업용시설용지 등을 창출하는 것으로 되어 있다.

12) 식량관리법에 대체하는 법률로 1995년부터 시행되었다. 종래의 쌀의 가격, 생산조정, 유통 등에 관한 정부규제를 대폭 완화한 것이다. 이 법에 의한 중요한 개혁은 ① 비축의 제도화, ② 가격정책의 변질, ③ 선택적 생산조정, ④ 유통규제의 완화, ⑤ 自由米의 공인, ⑥ 자주유통미의 민간유통 등이다.

이와 같이 제2차세계대전 후 일본의 농업은 1970년대와 1990년대에 크게 변화하였다. 최초의 변화는 농업의 기계화·화학화에 의한 省力化와 생산성향상, 그리고 농가의 겸업화로 상징되는 것이며, 그 다음의 변화는 탈농화·고령화와 화학비료와 농약의 절감, 더욱이 수입농산물과의 경합을 들 수 있다. 후자는 1980년대 이후 지금까지 생산성의 추구와 수입을 중시하는 농업에서 환경에 미치는 영향을 중시하는 소위 지속적 농업으로의 전환에 관심을 두었기 때문이다.

(3) 농업의 지역차

일본의 농업은 반드시 획일적인 것은 아니고, 장소에 따라서, 지역에 따라서 크게 다르다. 2000년 농업센서스와 농업생산소득통계에 의하면, 우선 제2종겸업농가비율은 일본의 중앙부인 호쿠리쿠 3현과 기후·시가·미에현, 효고현에서 가장 높고, 그 주변의 긴키·츄고쿠동부, 니이가타현, 토호쿠 남부가 그 뒤를 잇고 있다. 제2종겸업농가비율이 낮은 곳은 홋카이도와 아오모리현, 규슈, 시코쿠 등 일본의 주변부와 와카야마현, 시즈오카현, 야마나시현 등 상품작물생산이 활발한 지역이다. 쌀생산액 비율은 제2종겸업농가 비율의 경우와 유사하며, 쌀에 대한 의존이 높은 지역에서는 겸업이 활발히 이루어지고 있음을 나타내고 있다.

평균경영규모는 홋카이도와 토호쿠 북부에서 높고, 호쿠리쿠 동부와 히가시간토, 미나미규슈가 그 뒤를 잇고 있다. 경영규모가 작은 곳은 니시간토에서 긴끼를 거쳐 시코쿠·츄고쿠에 이르는 지역이다. 경영규모에 있어서는 농가간 차이가 명백하다. 농가 1호당 생산소득에서는 홋카이도와 아오모리현, 미나미규슈, 오키나와 외에 치바현과 키타간토, 토카이 등의 현에서 높고 중앙고지, 호쿠리쿠서부, 긴끼, 츄고쿠는 낮다.

이상과 같이 지표에 따라 분포상태는 다르지만, 홋카이도와 아오모리현, 후쿠오카·오이타현을 제외한 규슈와 오키나와현과 같이 일본열도의 주변지역과 중심지역의 차가 가장 명백하다. 더욱이 중심지역에서는 토호쿠남부와 호쿠리쿠와 기타 지역의 차가 현저하다. 더욱이 토호쿠 남부와 호쿠리쿠 이외의 지역에서는 히가시간토와 토카이 그리고 와카야마현과 고치현과 기타와의 성격이 약간 다르다. 이렇게 보면, 종전부터 알려져온 일본열도의 주변과 중심, 히가시일본과 니시일본, 대도시주변과 원격지와 같은 기본적 차이가 지금도 중요하며, 이들이 복합적으로 작용하여 일본의 지역차가 구성되어 있다고 생각된다.

(4) 농업의 과제와 전망

오늘날의 농촌은 과소화에 의한 커뮤니티의 약체화, 커뮤니티의 자연관리기능의 저하에 수반되는 재해의 다발, 우수한 농업노동자의 유출, 농업종사자의 고령화, 신부감 부족, 토지 소유비농가와 비경작지의 증가 등 많은 문제점이 발생하고 있다. 이 같은 상황 하에서 누가 농업과 농촌의 명맥을 유지해갈 것인지가 과제이다.

2001년 전국적으로 농업에 취업한 청년이 불과 1.2만명이라는 상황 하에서, 현실적으로 많은 겸업농민과 고령자가 농업경영을 행하고, 지역의 농업자원을 유지·관리하고 있지만, 농업에 의욕적으로 도전해 보려는 농업자와 농업법인이 지역농업의 명맥을 이어가는 역할이 중요시 되고 있다. 전자 중 농업경영기반강화촉진법에 근거하여 농업자가 제출한 농업경영개선계획을 인정받은 자는 인정농업자가 되고, 특별한 융자나 시책을 수혜할 수 있다. 2002년 말 인정농업자는 16만 7,662명이다. 2002년 1월 현재 농업경영을 행할 수 있는 농업생산법인은 6,547개이며, 그 중 81%를 자영농업이 법인화한 농가가 점하고 있다. 스스로 농업경영을 행하지 않고, 위탁을 받아 농작업을 하는 농업서비스 사업체도 증가하고 있다. 또 촌락을 기초로 하여 다양한 농가가 기계나 시설의 공동이용, 생산활동을 상호보완하는 集落영농의 시도도 호쿠리쿠, 긴키, 츄고쿠, 시코쿠에서 많이 나타나고 있다.

지속적인 농업의 전개와 효율적인 농업의 형성, 농업의 명맥을 이어갈 사람의 확보 등과 함께 농업이 전개되고, 사람들이 정주하는 場, 즉 농촌의 활성화와 충실이 이루어져야 할 것이다. 소위 지속적인 농촌의 실현이 모색되고 있다. 지금까지의 농업기본법에 대체하여 1999년에 제정된 「식료·농업·농촌기본법」에서는 농업·농촌의 지속적 발전의 방향성이 강하게 주장되었다. 구체적으로는 「식료안정공급확보」와 「농업의 지속적 발전」, 「농촌의 진흥과 농업이 갖는 다면적인 기능을 발휘시키는 일」이 의도되고 있다.[13)]

농업은 식량 및 생산원료를 제공하고, 비농부문에 노동력을 제공하며, 비농부문의 안정적 수요를 창출하는 시장의 역할을 하고, 농산물 수입을 억제하고 수출을 증가시며 국제수지를 개선하기도 한다. 그 외에도 국토의 보전과 수원의 함양, 자연환경의 보전, 양호한 경관의 형성, 문화의 전승 등 다면적인 기능을 가지고 있다. 이와 같은 농업의 다면적 기능은 농업생산활동이 적절히 행해짐으로써 발휘된다. 일반적으로 하천의 상류에 있는 중산간지역은 대체로 경사지가 많기 때문에 생산기반의 정비가 지연되었다. 이와 같은 이유 등으로 중산간지역에는 인구감소와 과소화, 농업노동력의 고령화가 진행되어, 경작포기율의 증가는 농업의 다면적 기능의 저하를 초래하여 국민전체의 생활과 경제에도 큰 손실을 줄 우려가 있다. 그래서 2000년도부터 농업생산조건의 불리함을 직접 보정하는 중산간지역등직접지불제도가 시작되었다. 농업생산조건이 불리한 1ha 이상의 농용지에 대해서 농업생산활동을

13) 竹內淳彦, 전게서, pp.23-38.

행하는 농업자 등이 금후 시도해야 할 사항이나 목표를 정한 집락협정을 체결한 경우에는 보조금이 지급된다. 2001년까지 63.2만 ha의 농용지에 대해서 3.2만건의 집락협정이 체결되어 경작포기 억제에 일정한 역할을 하게 되었다.

3. 상업·유통업[14)]

(1) 상업 · 유통업의 구조변화

상업·유통업은 소비재를 전국시장에 원활히 공급하는 역할을 하고 있다. 그 가운데 소매업과 도매업을 상업, 그리고 상업에 창고업, 운수업 등 공급시스템 관련 업종을 포함한 범위를 유통업이라고 한다.

일본의 유통업을 둘러싼 환경은 1990년대 10년간 크게 변화하여, 그 결과 유통업의 산업구조도 크게 변화하였다. 이러한 변화를 1960년대의 유통혁명(혹은 제1차 유통혁명)과 비교하여 제2차유통혁명으로 부르는 경우가 많다. 그러나 두가지 구조변화를 둘러싼 사회경제적 배경은 크게 다르다. 1960년대 제1차유통혁명은 고도성장에 의한 소비확대를 배경으로 하는 체인 스토아의 성장에 큰 특징이 있었다. 고도성장에 의한 국내시장의 충실은 소비재 메이커의 전국자본화를 가속화시켰다. 1달러 = 360엔이라는 고정환율하에서 실질적인 엔저경향도 수입품에 대한 비관세장벽을 형성하여 국내소비재 메이커의 성장을 촉진시켰다.

이들 대소비재메이커의 대량생산체제에 대응하여 전국적인 대량유통·대량소비시스템을 제공한 것이 슈퍼마켓이다. 품목 횡단적인 상품을 갖추고 할인판매와 셀프서비스를 특징으로

<표 4-3> 유통혁명과 사회경제적 배경

	제1차유통혁명	제2차유통혁명
시기	1960년대	1990년대-
추진력	고도성장에 의한 소비확대 소비재 메이커의 전국자본화 엔저(1$=360엔의 고정환율)	정보화(전용회선+정보기기) 규제완화 엔고(개발수입의 급증)
구조변화	업태(특히 체인스토아)의 탄생과 그 대두	업태의 다양화와 업태간 경쟁 업종의 쇠퇴 체인스토아로의 파워시프트
가격결정	메이커주도의 채널별 매매기준가격제	소매주도의 가격저하
유통정책	대점법(1973년)에 의한 경쟁조정 산업보호정책과 가격유지의 용인	규제완화에 의한 자유경쟁 독금행정의 강화

14) 상게서, pp.61-71.

하는 슈퍼마켓의 대두는 기존의 중소소매업(그 집합체로서의 상점가)에 커다란 타격을 주었다. 이에 대해 정부는 중소소매업의 기득권을 보호하는 성격이 강한 대규모소매점포법(大店法)을 1973년에 시행하여 슈퍼마켓을 경영하는 대유통자본과 중소소매업과의 경쟁조정을 도모하였다.

또 독점금지법의 운용을 완화하여 메이커가 중소소매업과 체인스토아의 납품가격을 달리 설정하는 것도 사실상 묵인하는 등 규모의 경제성 면에서 열세에 있는 중소소매업의 이익 보호를 도모하는 정책을 채택하였다. 그 결과 1960년대의 제1차유통혁명에서부터 1980년에 이르기까지의 기간은 대유통자본과 상점가 간의 지역시장의 쟁탈전이 격화되어 대형점 출점문제와 중심시가지 문제 등 사회문제도 수없이 발생하였지만, 전체적으로는 메이커의 매매기준가격과 정부의 경쟁조정정책이 상호작용하여 대유통자본과 중소소매업이 미묘한 밸런스를 유지하였던 시기라고 할 수 있다.

이에 비해 1990년대 이후 제2차유통혁명에서는 유통업을 둘러싼 경영환경이 경쟁조정에서 자유경쟁으로 크게 전환하였다. 그 추진력이 된 것이 1980년대 후반부터 1990년대 초반까지 집중된 정보화, 규제완화, 그리고 지속적인 엔고이다. 바코드로 상품을 관리하는 POS로 상징되는 유통정보화는 거액의 정보화투자에 의한 매상증가와 비용절감을 실현하는 기술혁신이며, 결과적으로 투자능력과 규모의 경제성에서 우위에 있는 대유통자본의 경쟁력을 강화시켰다. 또 大店法의 엄격한 운용과 신축적인 獨禁행정의 양상을 비관세장벽으로 간주한 1990년의 일미구조협의 이후 대점법의 단계적인 완화와 獨禁행정의 강화가 진전되어 매매기준가격제를 배경으로 한 메이커의 유통지배는 서서히 약화되었다.

더욱이 1985년의 플라자합의 후 지속적인 엔고 경향은 아시아 제국으로부터의 개발수입을 증가시켰다. 이는 거대 유통자본에 자사브랜드(PB상품) 개발의 길을 열어 그 가격경쟁력을 높이는 방향으로 작용하였다. 이와 같이 1990년대 초에 집중된 세가지 환경변화는 결과적으로 유통시스템에 있어서 量販자본의 상대적 우위성을 결정지었다.

일본의 유통시스템에 있어서 양판자본의 대두는 때때로 '업종에서 업태로 전환'이라는 말로 표현된다. 업종은 취급품목에 의한 소매업의 분류를 의미하고, 상점가를 형성하는 소규모 전업점의 대부분은 업종으로 분류된다. 한편 품목 횡단적인 상품구성을 갖는 대부분의 체인스토아는 그 경영형태로 보아 각 업태로 분류된다. 체인스토아를 대표하는 슈퍼마켓과 편의점은 각각 개별 업태이다. 1960년대가 일본의 업태탄생의 시기라고 한다면, 1990년대는 업태의 다양화가 진전되어 업종 대 업태라고 하는 지역시장 쟁탈의 구도가 업태간 경쟁의 구도로 변화한 시기이다. 이는 유통시스템이라고 하는 플로우의 업 스트림에 위치하는 도매업과 메이커에도 큰 영향을 주게 되었다. 이상과 같이 1990년대 일본 유통시스템에서 진전된 일연의 구조변화는 그것을 제2차유통혁명이라고 부르던 부르지 않던 대규모 양판자본으로의 파워 시프트가 행해져 생산을 담당하는 소비재 메이커와 조달을 담당하는 도매업이 대규모 양판자본의 영향 하에서 재편되는 과정이라고 할 수 있다.

(2) 소매업의 추이와 지역성

소매판매액은 고빈도로, 일상적으로 발생하는 생활용품 구입에 많이 의존한다. 생활용품 소비재를 취급하는 소매점은 원칙적으로 협소한 상권을 존립기반으로 하고 있으며, 지역적 차이는 매우 작은 편이다. 그 때문에 소매업의 수는 기본적으로는 인구규모와 거의 비례하고, 백화점 등의 점포가 집중하기 쉬운 중심도시에서 그 수치가 높아지는 경향을 보이고 있다. 도도부현별 인구 1인당 소매판매액은 대도시인 도쿄, 오사카로 쉽게 접근할 수 있는 지역인 사이타마, 나라, 와카야마 등의 지역에서는 그 수치가 낮지만, 전체적으로 보면, 지역적 편차는 매우 작은 편이다. 그러나 한편 중소소매업의 쇠퇴와 체인스토아의 대두가 지역을 불문하고 진행되고 있다.

1994-2002년간 종업원 규모별 점포수 증가율을 보면, 소매업의 경우 중소영세점을 포함한 종업원 규모 10명 미만의 그룹이 18%의 감소율을 기록하고 있는데 비해 체인스토아를 포함한 종업원규모가 큰 그룹에서는 높은 성장률을 시현하고 있다. 그러나 일본의 소매업 총수(약 130만 店) 가운데 약 86%인 111만 店이 종업원 규모 10명 미만의 소매업이고, 소매업의 총수는 1994- 2002년간 13%나 감소하였다.

중소소매업의 급속한 쇠퇴경향은 그 집적인 상점가의 존립기반을 위협할 뿐만 아니라 중심 시가지 공동화 문제 등 커다란 도시문제로 발전되기 쉽다. 그러나 중심시가지의 지반침하를 대형점과의 경쟁에서 패퇴했다는 단순한 도식만으로 설명할 수는 없다. 많은 중심시가지는 도시중심부에 있어서 정주인구의 감소(도너츠현상에 의한 도시주변부의 인구증가)와 모터리제이션의 침투에 수반하는 역전 등 구시가지의 구심력 저하라는 구조적 과제를 안고 있기 때문이다. 여기에다 상점가의 노후화·진부화가 박차를 가하고 있다. 이 때문에 정부는 1998년에 중심시가지활성화법을 시행하고, 중심시가지의 활성화에 관한 지원체계를 정비함과 동시에 2000년에는 도시계획법의 개정과 대점입지법의 시행(중심시가지 활성화법과 같이 「마을 만들기 3법」이라고 부름)을 통해 상업진흥을 마을 만들기 정책의 중심으로 두는 것을 명백히 하였다.

이 같은 사고는 구미제국의 중심시가지 활성화 시스템을 답습하는 부분이 많고, 일본의 상업정책이 대형점 규제에서 중심시가지 활성화로 방향 전환한 것으로 볼 수 있다. 그러나 마을 만들기에 대한 공적 개입에 있어서는 그 수법과 의식면에서 일본과 구미 제국과의 격차가 크다. 그 때문에 이러한 정책이 곧 바로 중심시가지 활성화와 연결될지 여부는 불투명하다.

한편 중소소매업으로부터 지역시장을 뺏어가고 있는 체인스토아도 다른 한편으로는 업태간 경쟁에 노출되어 있다. 소매업태별로 점포수, 연간판매액의 추이를 보면, 상점수·연간판매액 모두 백화점, 중소소매업의 구성비가 높은 전문점·중심점의 감소율이 높고, 전통형 업태의 고전하는 모습이 확연히 들어나고 있다. 다른 한편 의료품 슈퍼, 住 관련 슈퍼(주로 홈센터), 편의점(종일 영업점) 등은 약 10년간 3자리 성장률을 보이고 있다. 또 체인스토아를 대표하는 종합슈퍼 업태를 보면, 매장면적 3000m² 이상의 대형종합슈퍼(도특별구 및 정령지정도시는 6000m²이상)가 2자리 성장을 달성한 반면, 그 미만의 중형 종합 슈퍼는 격감하였지만, 업계 전체의 점포수는 약간의 감소에 그치고 있다. 중형 종합슈퍼의 격감은 대점법의 규제완화에 의한 바가 크다. 1990년대 들어 대점법이 단계적으로 완화되어 지금까지 출점이 곤란하였던 대형점포의 출점이 가능해졌기 때문이다.

이와 같이 일본의 소매업은 돌아다니면서 하는 쇼핑 수요가 집중하고 있는 대도시권에서 인구 1인당 소매판매액이 다소 높지만, 도매업이나 제조업처럼 편재를 보이지는 않으나, 소매업의 배치가 거의 인구에 비례하고 있음을 보여주고 있다. 한편 업종·업태간의 시장쟁탈에 있어서도 1990년대 이후는 상점가를 기반으로 하는 중소소매업에서 체인 스토아방식으로 경영되는 각 업태로의 파워 시프트가 정착하였다고 판단할 수 있다.

⑶ 도매업의 추이와 지역성

일본의 도매업의 특징은 도매판매액의 큰 폭의 감소, 종업원 규모와는 무관하게 진행되고 있는 점포수의 감소, 그리고 중심성이 높은 대도시권으로의 극단적인 편재의 3가지로 요약된다. 우선 도매판매액의 대도시권으로의 집중경향은 소매판매액과 큰 차이를 보이고 있으며, 도매업의 집적상황을 도시의 중심성 지표로 삼고 있다.

1991-2002년까지 도매판매액 추이를 보면, 1991년 573조엔에 대해 2002년 413조엔으로 감소하고 있는데, 그 감소율 28%는 동기간 중 소매판매액 감소율 5%를 크게 상회하고 있다. 도매판매액의 극단적 감소경향은 생산자와 소매업을 연결하는 중간유통경로의 축소를 의미한다. 일본의 유통기구는 생산자와 소매업 간의 많은 도매업이 존재하는 소위 다단계성이 고비용체질의 유통경로를 갖고 있다는 비판을 받아 왔다. 중간유통경로의 다단계성을

나타내는 지표로서 통상 W/R 비율은 1991년 4.1에서 2000년 3.1로 약 10년간 3/4 낮아졌다. 일본의 유통기구가 급격히 단축되어 있음을 나타낸다. 다만, W/R 비율의 크기가 한마디로 중간유통의 비효율성을 나타낸다고 단정할 수는 없다. 예를 들면 미국의 W/R비율은 1982년 시점에 이미 1.9, 프랑스도 동년 1.6에 달하고 있지만, 이들 국가는 소매업의 과점화가 진행되어 중소소매업의 구성비가 작다. 그 때문에 세분화된 중소유통시스템이 불필요하게 되어, W/R비율이 현저히 낮아진 것이다. 역으로 일본의 유통시스템에서 보여지는 중간유통의 다단계성은 중소소매업이 압도적 다수를 점유해 온 일본의 유통시스템의 구조적 특징이다. 그 때문에 중소소매업이 지속적으로 감소하고 있는 현재, 일본의 W/R 비율도 또한 급격한 저하를 보이지 않을 수 없게 된 것이다.

다만, 중소도매업과 대규모 도매업에서 각각의 감소이유는 다르다. 먼저 중소도매업의 감소경향은 주로 직접 거래처인 중소소매업의 쇠퇴를 반영한 것이다. 전술한 바와 같이 종업원수 9인 이하의 소매업은 지속적으로 대폭 감소경향을 나타내고 있는데, 이것이 중소소매업의 경영에 타격을 주었다. 이에 반해 대규모 도매업에서 감소경향이 현저한 이유는 주로 체인 스토아에 의한 거래처의 축소가 그 원인이다. 체인 스토아가 거래관계를 갖는 도매업을 축소하는 이유는 크게 3가지 이유이다. 첫째, 도매업의 상품구성과 체인스토아의 상품구성의 괴리이다. 도매업의 취급품목은 전통적으로 업종별, 메이커별 수직적 구조가 유지되어 왔기 때문에 체인스토아가 품목의 폭을 확대해 감에 따라 체인스토아가 거래관계를 가지기 위한 도매업 수는 증가한다. 이에 대해 발주, 검품, 결제라는 거래사이클을 합리화한 체인스토아는 전국적인 도매 등 종합적 상품조달이 가능한 소수의 도매업에 거래를 집중시키는 경향이 강화되고 있다. 둘째는 다빈도 소롯트 배송의 침투이다. 오늘날 생활용품 소비재의 대부분은 24시간 이내 리드타임(발주에서 납품가지의 시간)에 배송된다. 이와 같은 배송체계는 재고나 배송에 필요한 코스트가 높아지기 때문에 체인 스토아는 엄격한 리드타임을 준수하기 위해 소수의 도매업자에게 거래를 집중시키고 있다. 세 번째는 '지적공헌'의 요구이다. 대점법의 단계적 완화와 함께 대형점의 출점수와 점포면적은 모두 증가하였다. 다른 한편 소비동향은 버블경기의 붕괴를 계기로 최악의 상태를 유지하고 있어 소위 오버 스토아 상태가 일상화되고 잇다.

이 같은 가운데 판매노하우 제공과 특정 체인의 조달을 독점하는 대규모 도매업의 경쟁전략이 침투한 것이다. 이에 더하여 체인 스토아가 진전시키는 정보화의 영향도 무시할 수는 없다. 온라인 발주에 대한 대응 등, 소매업의 정보화에 대한 대응은 도매업이 거래를 유지하는 한 빠뜨릴 수 없는 조건이다. 그러나 모든 도매업이 정보화를 통한 효율화를 실현할 수 있는 것은 아니다. 이 때문에 체인 스토아에 의한 정보화 대응에 대한 요구가 고도화하면 할수록 도매업의 상위집중화가 진행하는 경향이 강하고, 도매업의 도태나 재편성을 가속 시킨다.

한편 도매판매액의 지리적 특징은 중심지역으로의 극단적인 집중경향이다. 2002년도 상업통계에 근거한 도매판매액 상위 10 도도부현은 도쿄를 필두로 오사카, 아이치, 후쿠오카, 홋카이도, 가나가와, 히로시마, 사이타마, 미야기. 효고의 순이며, 3대도시권에 위치하는 6현과 삿포로·센다이·히로시마·후쿠오카의 광역중심도시를 포함한 4현에 집중되어 있다. 도매판매액의 추이와 구성비를 보면, 상위 10현의 비중이 약 80%에 달하며, 수도권이나 광역중심도시에 비해 쥬쿄권(아이치), 한신권(오사카, 효고)의 침체가 현저하다. 도매판매액이 감소하는 가운데 수도권과 광역중심도시의 감소율이 전국평균을 하회하고 있는 이유는 전국 혹은 지방의 유력한 양판자본의 본부기능이 이와 같은 도시로의 집중경향을 강화하고 있다는 것 외에도 정보화의 진전에 수반되는 배송거리의 확대와 함께 지방전체의 도매기능이 광역중심도시에 집약되었기 때문으로 생각된다. 이와 같은 점에 대해서는 도도부현별로 W/R의 비율을 보면 명확하다. 도도부현별 W/R의 비율을 보면 교통조건에서 유통거점의 분산경향이 강한 츄부·호쿠리쿠·세토나이카이의 각 현을 제외하면, 대도시권 및 광역중심도시와 주변부와의 W/R 비율은 대조적인 결과를 나타내고 있다.

(4) 유통시스템의 변화와 방향성

일본의 유통시스템은 현시점에서 아직 과도기에 있다. 예를 들면 소매업에 있어서 대규모 유통자본의 우위성은 확고한 것이지만, 버블기의 과잉출점을 원인으로 하는 대규모 백화점과 종합슈퍼의 도산이 계속되는 등 그 내부는 승자와 패자 둘로 양극화되고 있다. 한편 소비자측도 윤택한 가처분소득을 소비로 전환하는 계층과 그렇지 않는 계층 둘로 나누어진다. 대도시권의 중심부에서 고급식재만 취급하는 식품슈퍼나, 지가가 저렴한 농촌지역에서 철저하게 저가격전쟁을 택하고 있는 슈퍼 스토아 등의 신업태가 각각 2자리수의 성장을 지속하고 있는 상황은 시장세분화의 증거로 삼을 수 있을 것이다. 한편 1990년대에 극적인 성장을 달성한 업태도 유망한 시장을 목표로 하여 진입해 오고 있는 신업태에 고전하고 있다.

편의점에 대한 심야영업 슈퍼, 홈 센터에 대한 100엔 숍 등은 좋은 예라고 할 수 있다. 이와 같이 일본의 소매업은 도도부현 단위로는 종전과 같은 경향을 유지하고 있지만, 그 내부에 있어서 소비의 다양화와 이에 대응한 업태 간 경쟁은 한층 격렬해질 것으로 보인다.

다른 한편 도매업은 중심성이 높은 도시로의 편재라는 전통적 경향을 유지하면서도 3대 도시권에 있어서 쥬쿄권·간사이권의 지위는 상대적으로 낮아지고, 수도권의 상대적 우위와 광역중심도시의 건투가 현저하게 나타나고 있다. 이와 같은 경향의 배경에는 도매판매액에 점유하는 체인스토아 비중의 확대, 정보화를 배경으로 한 광역물류의 실현, 그리고 시장의 불확실성의 리스크를 회피하기 위한 재고조약 등 다양한 요인이 결부되어 있으며, 금후에도 이 같은 경향이 계속될 것으로 보인다.

제5장 지역클러스터

20세기 후반부터 급속도로 발전하기 시작한 정보통신기술은 바로 인간생활의 양식은 물론 경제활동의 패러다임을 변화시키고 역동적인 경제공간을 조직하고 있다. 경제의 세계화가 진전되는 가운데 오히려 장소나 지역의 중요성이 부각되고 있다. 정보통신기술의 발달과 더불어 산업의 세계화가 촉진되고 있는 한편, 특정 장소를 중심으로 새로운 지식이 창출되고 기술혁신이 일어나며 산업의 집적이 이루어조 있는 사실은 장소나 지역의 중요성을 말해주는 예라고 볼 수 있다. 특히 최근 들어서 특정 장소에 산업의 클러스터가 이루어지고 이들 산업 클러스터지역의 경제발전과 기술혁신이 두드러지는 현상이 세계 여러 지역에서 발견되고 있다.[1)]

아무리 정보통신기술의 발달이 세계화를 촉진하다 하더라도 사람이 일상생활을 하고 교제하는 장소나 지역의 중요성이 사라지지 않기 때문에 정보통신기술의 발달과 더불어 세계화와 지방화가 동시에 진행되고 있으며, 세계화와 지방화는 동전의 양면과도 같은 것이라 할 수 있다. 이는 정보통신기술발달의 영향이 지구상에 고르게 나타나는 것이 아니라 오히려 경쟁의 심화와 지역간·국가간 불균형을 심화시킬 수 있음을 나타내 준다. 또 다른 한편으로는 지식기반경제에서 정보통신기술의 발달을 효과적으로 이용하고 패러다임 변화에 적극적으로 대응하는 지역은 발달할 수 있고, 그렇지 못한 지역은 경쟁력을 상실할 수밖에 없음을 암시해 준다.

세계의 많은 지역에서 혁신클러스터, 지역혁신시스템, 테크노파크, 디지털산업단지, 벤처집적지, 기술혁신센터 등 다양한 측면에서 새로운 지역발전전략을 추진하는 것은 바로 지식기반경제에서 지역경쟁력을 높이기 위한 전략이라고 볼 수 있다. 이는 정보통신기술의 발달

---

1) C. M. Lee, W. F. Miller, M. G. Hancock and H. S. Rowen, *The Silicon Valley Edg*, Stanford University Press, Standard, 2000.
A. Saxenian, *Regional Advantage: Culture and Competition in Silicon Valley and Route 128.* Harvard University Press, Cambridge, Mass, 1996.
OECD, *Boosting Innovation: The Cluster Approach,* OECD, Paris, 1996.

에 따라 진전되고 있는 지식기반경제에서 지역발전정책의 역할이 과거 어느 때보다도 더 중요할 뿐만 아니라 새로운 패러다임에 적합한 지역발전정책이 추진되어야 함을 말해준다. 최근 들어서 세계 여러 나라에서 이러한 변화에 대응하여 국가 및 지역의 산업경쟁력을 높이기 위해 새로운 지역발전전략을 모색하는데 심혈을 기울이는 것도 바로 이 때문이다.

Ⅰ. 산업클러스터 이론과 정책적 의의

오래전부터 연구되어 온 특정산업의 집적(agglomeration)이나 산업지구(industrial district) 또는 국지적 생산체계(local production systems)는 일반적으로 산업클러스터와 유사한 개념이지만, 산업클러스터가 구체적으로 정의된 것은 Michael Porter에 의해서이다. Porter에 의하면 클러스터는 "서로 경쟁하면서 협력하는 특정분야에서 상호 연관된 기업, 전문화된 공급자, 서비스제공업체, 관련산업, 연관된 기관(예를 들면, 대학, 중개기관, 산업협회)이 지리적으로 집중"한 것을 의미한다.2)

Porter가 주장하는 클러스터 이론의 핵심은 그 정의보다는 산업클러스터가 경쟁적 우위를 갖기 위해서는 소위 다이아몬드 모형이라고 알려진 상호 연관된 4가지 결정요소(요소조건, 수요조건, 연관 및 지원산업, 기업의 전략과 구조 및 경쟁)가 갖추어져 있어야 한다는 것이다. 특히 최근 들어서 Porter는 세계경제에서 경쟁력을 유지하는 것은 국지적인 지역에 고도로 전문화된 기술과 지식, 기관, 경쟁자, 관련기업, 세련된 고객들이 집중된 곳에서 비롯된다고 강조하고 있다. 이러한 Porter의 산업클러스터 개념은 1990년대 정부의 국가산업정책 및 지역산업정책에 큰 영향을 미쳤으며 "클러스터" 개념이 중요한 지역개발전략으로 도입되는데 공헌하였다. 특히 최근 들어서 세계은행과 OECD 등에서 산업클러스터에 대한 연구를 계속하고 많은 보고서가 나오면서 정책입안가, 정부, 기업에서 많은 관심을 갖게 되었다.3)

그러나 Porter가 주장하는 클러스터의 개념은 실사회에 적용하는 데는 그 한계가 있으며, 실사회에서는 4가지 요소를 완벽하게 갖추지 못하더라도 경쟁력 있는 산업클러스터가 형성된 예가 많으며, 산업클러스터는 다양한 형태로 존재한다는 연구들이 많이 나오고 있다. 다양한 연구가 나오면서 지역적인 클러스터에 대한 견해 또한 약간씩 달리 나타나고 있다.

2) M. Porter, Location, Competition, and Economic Development: Local Clusters in a Global Economy, *Economic Development Quarterly* 14(1), 2000, pp.14-35.

3) OECD, *Innovative Clusters, Drivers of National Innovation Systems,* OECD, Paris, 2000.

상호 연관된 기업이 지리적으로 한정된 지역에 집중하는 것을 지역적인 클러스터라고 하는데는 일치하지만, 클러스터의 형성과 성장을 결정하는 요인에 대한 것은 크게 3가지 주요 견해가 있다.4)

첫째로, 산업지구와 같이 지역생산체계를 강조하는 연구에서는 산업조직들간의 밀접한 상호작용, 역사성과 지역특유의 특성, 그리고 지역의 사회· 문화적 요소를 강조한다. 여기서는 상호신뢰와 지역의 산업분위기가 지역기업의 점증적인 혁신과 발전을 자극한다고 본다. 둘째로, 신산업공간을 강조하는 연구들은 처음에는 유연적 생산체계와 축적의 새로운 시대에 생산체인의 수직적 분화를 통하여 거래비용을 절감하고 전문화된 노동시장을 형성하는 것이 산업집적을 이루는 요인으로 보았다. 그러나 최근 들어서는 새로운 산업공간을 창출하는데 문화, 제도, 지배구조(governance) 등을 강조하고 복잡하고 불확실한 상황에서 경제활동 주체들을 조정하는 제도나 비공식적인 규칙과 관습의 중요성을 강조한다. 셋째로, 학습경제를 강조하는 것으로 혁신을 기업과 지역 및 국가가 경쟁을 획득하는 기초로 보는 견해이다. 여기서는 혁신을 상호작용하는 학습과정의 결과로 보고 기업간 협력과 상호신뢰를 강조한다. 특히 근접성에 의해 협력이 촉진될 수 있기 때문에 학습을 국지화 과정으로 이해한다.5) 이러한 세 가지 견해는 산업클러스터가 단순히 경제적 요인에 의해서만 형성되고 발전되는 것이 아니라, 장소 또는 지역특유의 자원과 제도적 측면을 중요시한다는 것을 나타내 준다. 특히 기업간의 신뢰, 관습, 제도, 문화, 암묵적 지식의 창출 등을 클러스터 형성과 발전에 중요한 요인으로 파악하고 있다.

산업클러스터가 존재하는 이유는 클러스터의 수평적인 차원에서 유사업종에 종사하는 기업들의 다양성의 이점이 존재하기 때문이다. 기업가들이 다양한 관점, 태도, 통찰력을 가지고 있고 문제해결방법이 다양할 수 있기 때문에 기업들은 상대방의 실수와 실패의 경험을 통해서 배우게 된다. 그러면 산업클러스터지역이 왜 성장하는가, 이는 클러스터에 있는 기

---

4) Arne Isaksen , Regional Clusters and Non- local Relations- A Comparative European Study, A Paper presented at: "*Local Development : Issues of Competition, Collaboration and Territoriality*", A joint Conference of the IGU Commission on the Dynamics of Economic Spaces and the IGU Study Group of Local Development , held on July 10-14, 2001, Turin, Italy

5) B. T. Asheim,, Industrial Districts: The Contributions of Marshall and Beyond. in G. L. Clark,, M. P. Feldman,, and M. S. Gertler, (eds)., *The Oxford Handbook of Economic Geography,* Oxford University Press, Oxford, 2000, pp. 413- 431.
B. T. Asheim, and Arne Isaksen, Localized Knowledge, Interactive Learning and Innovation: Between Regional Networks and Global Cooperations. in Vatne, E., and Taylor, M., (eds)., *The Network Firm in a Global World: Small Firms in New Environments,* Ashgate, Aldershot, 2000, 163-198.

업이 근본적으로 수평적 혹은 수직적 차원에서 학습활동을 촉진하여 기업의 성장을 높일 수 있기 때문이다. 클러스터 지역의 기존기업의 성장 이외에도 타지역의 기업이 클러스터 지역의 이점 때문에 클러스터지역으로 이전할 수 있고, 특정산업분야에서 기업가 정신의 발로에 의해 창업이 이루어질 수 있으며, 기존 산업으로부터 분리신설기업(spin-offs)이 탄생할 수 있기 때문에 클러스터 지역은 성장할 수 있다.

Ⅱ. 클러스터 전략의 성립배경과 정책기조

1. 성립배경

일본에서 클러스터에 관해 최초로 논의되기 시작한 곳은 1996년 홋카이도이다. 당시 홋카이도 경제연합회 등에 의해 '홋카이도산업클러스터 창조연구회'가 발족되면서 산업클러스터의 정책적 논의가 지역차원에서 처음 시작되었다. 그러나 그로부터 5년 후인 2001년 4월에는 경제산업성에 의한 '산업클러스터 계획(지역재생· 산업집적계획)'이, 2002년 4월에는 문부과학성에 의한 '지적클러스터 창성사업'이 추진되면서 클러스터의 정책화는 지역차원에서 벗어나 일본의 국가적 과제로 부상하였다. 일본의 클러스터전략은 일본이 직면한 국가경제적 위기, 기존 지역산업정책의 한계, 새로운 산업집적논리의 등장이라는 시대적 상황에서 성립하였다.

일본이 인식하고 있는 국가경제적 위기의 실체는 두 가지이다. 하나는 국제경쟁력의 약화이고, 다른 하나는 산업공동화의 진전이다. 1990년대 초반 버블붕괴를 기점으로 부실채권이 발생하여 일본기업의 재무상황이 크게 악화되면서 1990년대는 소위 '잃어버린 10년'이라고 불릴 만큼 산업의 힘이 약화되는 시기였고, 특히 세계 유수의 일본의 제조업은 더욱 큰 타격을 받았다. 게다가 1980년대 이후 빠르게 진전된 아시아 각국의 공업화와 더불어 1990년대 후반부터 중국경제가 약진하면서, 일본을 정점으로 하던 아시아경제의 비교우위 구조가 붕괴되고 무역패턴도 크게 변하여 일본의 국제경쟁력에 관해 의문이 제기되었다. 한편 국제경쟁력을 유지시켜 온 제조업의 기술력과 생산력이 붕괴를 의미하는 산업공동화의 진전되었기 때문이다.

일본의 산업공동화는 국내적 요인과 대외적 요인이 복잡하게 얽히어 작용하고 있다. 국내요인은 일본산업의 기반기술을 담당하고 있는 장인형 중소기업이 감소하면서 나타나는 질적의미의 기술적 공동화이다. 대외적 요인은 일본의 아시아 진출에 따른 생산거점의 이동으로 양적 의미의 생산공동화이다. 이러한 기술 및 생산면의 공동화가 복합적으로 작용하면서 산업공동화가 심화되고 있다는 위기의식이 작용하였다.

산업공동화의 진전은 도쿄·오사카·나고야의 3대 도시권 외에도 각 지방 공업지역에서 심각한 것으로 받아들여졌다. 왜냐하면 이들 지방공업지역은 주로 3대 도시권에 입지한 대기업의 지방생산거점을 형성하여 성장하였기 때문이다.[6] 따라서 지방공업지역에 있어서 생산거점의 해외이전으로 인한 산업공동화는 곧 지역경제의 붕괴를 의미한다. 사실 일본정부는 이러한 지방공업지역의 한계를 극복하고 지역산업의 문제점을 해소하기 위해 일찍부터 다각도의 지역산업정책을 추진해 왔다. 즉 1983년의 고도기술공업집적지역 개발촉진법(소위 테크노폴리스법, 1998년 폐지), 1986년의 민간사업자의 능력향상에 의한 특정시설의 정비촉진에 관한 임시조치법(소위 민활법), 1988년의 지역산업의 고도화에 기여하는 특정사업의 집적촉진에 관한 법률(소위 두뇌입지법, 1998년 폐지), 1995년의 특정사업자의 원활화에 관한 임시조치법(소위 사업혁신법, 1998년 폐지)과 창조적 경제발전 기반지역(Super Techno Zone, STZ)구상 등이 그 대표적 예이다.

그러나 기존의 지역산업정책은 단순한 산업입지정비시책으로 변질되거나(테크노폴리스법), 토지나 시설 등 물리적 정비에 그쳐(민활법, 두뇌입지법), 근본적으로 지역산업의 체질을 바꾸는 데는 한계가 있었다. 다시 말해 일본의 지방공업지역이 산업공동화의 진전과 더불어 직면하고 있는 위기는 일찍부터 예견된 구조적인 것이었음에도 불구하고 기존의 지역산업정책은 이를 해소하는데 한계가 있었다.

일본의 경제성장률 추이는 1970-80년대의 평균 4%대 성장에서 1990년대의 1%대 성장이라는 장기침체 상태에서 헤어나지 못하고 있다. 일본의 경제성장률을 EU 및 유로권의 국가와 비교해 보면 매우 낮은 수준이다. IMD(국제경영개발연구원)가 발표한 국제경쟁력 보고서에 따르면, 일본의 산업경쟁력은 1980년대 세계 1위 수준에서 1993년 이후 매년 순위가 하락하여 2002년 현재 30위에 머물고 있는 실정이다.[7]생산거점의 해외이전으로 인한 산업공동화는 곧 지역경제의 붕괴를 의미한다.

---

6) 국민소득 배증을 위해 1962년 신산업도시건설촉진법(2001년 폐지)을 토대로 지정·개발된 15개 지구의 공업거점이 그 좋은 예가 된다.

7) 이에 대해 일본정부는 산업경쟁력 저하요인으로 ① 기초과학기술연구 및 개발성과와 산업화의 불일치, ② 경영효율성 및 투명성 저하, ③ 글로벌화의 대응부족 등을 예시하고 있으며, 이에 대한 방안으로 6개의 전략(산업발굴, 기술력, 지역력, 글로벌, 인간력, 경영력)과 25개 프로그램을 제시하여 2003년부터 시행하고 있다.

일본경제는 1990년대 두 차례(1993-96년, 1999-2000년)에 걸쳐 경기회복의 기미를 나타내기도 했으나 모두 회복력이 약세였기 때문에 기대에 부응하지 못하는 결과를 남겼다. 이러한 일본경제의 구조적 문제를 시정하기 위한 방안으로 재정재건, 부실채권 처리, 자본시장 개혁, 규제완화 등이 추진되면서 일시적인 성과를 나타내기도 했으나, 무엇보다도 최우선 과제는 산업조정이라는 지적이 일반적이다. 1990년대 들어 아시아 각국이 비약적인 경제성장을 함에 따라 일본 제조업의 해외이전은 급속히 진행되어 왔다. 그 결과 지역산업 공동화로 인한 실업문제(<표 5-1>참조)와 지역산업의 쇠퇴 등은 지역경제를 위협하고 있고, 특히 중국위협론으로 많은 기업들이 위기감마저 느끼고 있다.

<표 5-1> 일본의 실업률 추이

(단위: %)

연도	85	86	87	88	89	90	91	92	93	94	95	96	97	98	99	2000	2001	2002
실업률	2.6	2.8	2.8	2.5	2.3	2.1	2.1	2.2	2.5	2.9	3.2	3.4	3.4	4.1	4.7	4.7	5.0	5.4

자료: 國際貿易投資硏究所, 『國際貿易と投資』, 2002.

일본 제조업의 해외생산 비율은 1985년과 비교하여 약 4배 가까이 증가하고 있으며, 제조업체수도 현저히 감소하고 있어 '지역산업공동화의 진행' 및 '제조업부문의 중국 이전'을 뚜렷이 보여주고 있다.

종합하면 일본은 국제경쟁력의 약화와 산업공동화의 극복을 위해 기존의 산업집적을 활성화시킴과 동시에 새로운 산업집적을 창출하여야 하는 정책적 과제에 직면하게 되었다. 그러나 구조적 체질개선을 도모하기에는 기존의 지역산업정책은 한계를 가지고 있었다. 이에 따라 기업 및 산업이 그저 모여 있는 것이 아니라 상호 긴밀한 관계를 가지고 인접하는 집적형태로서 학습이나 혁신을 촉진하는 지역의 비경제적 요인을 중시하는 새로운 산업집적논리에 적합한 전략수단이 필요함에 따라 일본의 클러스터전략이 성립하였다고 할 수 있다.

2. 정책적 기조

일본의 클러스터 전략은 지역경제의 회생, 기술혁신 지향, 네트워크 강화의 세가지 정책적 기조를 바탕으로 하고 있다. 이러한 정책적 기조는 1990년대 후반 이후 일본의 경제 및 산업관련정책에서 나타나는데, 정책수단으로서 가장 최근에 등장한 클러스터 전략은 1990

년대 후반 이후 정책을 포괄하는 성격의 전략이라 할 수 있다.

일본의 클러스터 전략은 국제경쟁력이 약화되고 있는 일본경제를 지역경제의 재생을 통해 회생하고자 하는 것이다. 일본의 클러스터 전략은 국가발전의 원천을 각 지역의 자립적 발전에 있는 것으로 보고, 효율성 높은 지역발전시스템으로서 일본의 실정에 맞는 클러스터를 각 지역에 구축하려는 의도를 가지고 있다.

또한 일본의 클러스터 전략은 산업배치와 이를 위한 인프라 구축이 중심인 기존의 지역산업정책 수법에서 벗어나 세계시장에서 경쟁력을 갖춘 신산업 창출의 원천이 되는 기술혁신을 지향하고 있다. 각 지역이 정보화· 지식경제화시대에 대응하기 위해서는 종래의 공장유치전략에서 벗어나 지역의 독자적인 신산업을 창출하기 위한 기술혁신을 추구해야 하며, 이를 촉진하는 물리적·제도적·지역적 환경으로서 클러스터를 구축해야 할 필요가 있다.

아울러 일본의 클러스터 전략은 비용절감을 위한 단순한 기업집적에서 벗어나, 기술혁신을 촉진하는 토양을 지역에 형성하기 위해 다양한 지역주체의 네트워크를 강화하는 데 주안점을 두고 있다. 즉, 클러스터 전략에 있어서 집적은 지역의 기업은 물론, 대학, 연구기관, 창업보육시설, 벤처캐피털, 각종 경제단체, 지방자치단체가 긴밀히 연계된 집적으로서 경쟁과 협력이 공존하게 된다.

Ⅲ. 지역클러스터의 동향

1. 산업클러스터의 초기형성 선도주체에 의한 유형분류

경제산업성이 추진하고 있는 산업클러스터 계획은 각 지방의 경제산업국이 주체가 되어 지역의 기업과 대학 등으로 구성되는 광역적인 네트워크를 구축하는 것과 함께 지역관련시책을 종합적 효과적으로 투입하는 것에 의해 산업클러스터를 형성하는 것이다.

일본은 향후 성장산업을「고위험·고수익」 분야로 선정하고, 산학연의 광역적인 네트워크 형성을 도모하고 있다. 아울러 산학연간에 유통되는 정보의 질과 양을 제고하고 기술이나 경영정보, 마케팅 등의 경영자원을 상호보완하면서 지역특성을 활용한 기술개발의 지원, 창업보육센터, 사업환경정비 등을 통하여 산업클러스터를 구축하고자 하고 있다.

산업클러스터에는 제조업과 바이오, IT 등의 분야를 중심으로 경제산ㅁ업성 직원 약 500명이 세계시장을 목표로 신사업에 도전하고 있는 약 5천여개 업체의 중견·중소기업과 200

개 이상의 대학이 참가하고 있고, 전국을 9개 지역[8]으로 구분하여 각 지역의 비교우위성을 바탕으로 19개의 프로젝트를 추진(2004년 3월 현재)하고 있다(<표 5-2>참조).

<표 5-2> 산업클러스터 현황

지역별 산업클러스터	클러스터 내용	지역별 산업클러스터	클러스터 내용
오키나와종합 산업국경제 산업부	-오키나와형 산업진흥 프로젝트	간토경제 산업국	-지역산업 활성화 프로젝트 -바이오 벤처육성 -수도권 정보벤처 포럼
긴키경제 산업국	-긴끼 바이오관련 산업 프로젝트 -제조유망기업 프로젝트 -정보산업 벤처진흥 프로젝트 -긴끼 에너지 환경고도화 추진 프로젝트	토호쿠경제 산업국	-고령화사회 대응 산업진흥 프로젝트 -순환형사회 대응 산업진흥 프로젝트
츄코쿠경제 산업국	-츄코쿠지역 기계산업 신생 프로젝트 -순환형기계형성 프로젝트	홋카이도경제 산업국	-홋카이도 슈퍼 클러스터 진흥전략
규슈경제 산업국	-큐슈지역환경 · 리사클산업 -큐슈 실리콘 클러스터계획	츄부경제 산업국	-토카이제조업신생 프로젝트 -디지털비트산업 창생 프로젝트 -호쿠리쿠 제조업 신생 프로젝트
시코쿠경제 산업국	-시코쿠 테크노 브릿지 계획		

자료: 經濟産業省 홈페이지 자료.

클러스터의 유형을 구분하는 방법은 선도주체가 어느 집단인가에 따라, 또 지역과 산업의 포괄범위에 따라 다양하게 구분할 수 있다. 일본의 문부과학성은 세계의 성공사례를 중심으로 클러스터의 초기형성 선도주체에 따라 국가정책형, 유치형, 지역연계형, 벤처형 등으로 구분하고 있다(<표 5-3>참조).

8) 산업클러스터계획에 있어서 9개지역은 다음과 같다. 토호쿠지역(6개현: 후쿠시마, 미야기, 이와테, 아오모리, 야마가타, 아키타), 칸토지역(6개현: 도쿄, 이바라기, 토치기, 군마, 사이타마, 치바, 카나가와), 츄부지역(9개현: 니가타, 토야마, 이시카와, 후쿠이, 야마나시, 나가노, 기후, 시즈오카, 아이치)혹은 호쿠리쿠, 추오코지, 토카이의 세지역으로 구분되기도 하며, 긴끼지역(5개현: 쿄토, 오사카, 시가, 효고, 나라, 와카야마, 미에), 츄고구지역(5개현:모카야마, 히로시마, 야마구치, 시마네, 돗토리), 시코쿠지역(4개현: 토쿠시마, 카가와, 에히메, 고치)을 의미한다.

<표 5-3> 클러스터의 유형분류

	클러스터 초기형성 선도주체/해당지역
국가정책형	중앙정부나 지자체가 특정 산업클러스터 구축을 위해 특별한 정책에 의해 형성/뮌헨(독일), 고베(일본)
유치형	지자체가 중심이 되어 대학, 기업, 연구소를 유치하여 클러스터를 형성/오스틴(미국), 리서치 트라이앵글(미국), 소피아 앙티폴리스(프랑스) 키타큐슈(일본)
지역연계형	기존의 지역기업, 대학, 연구소, 지자체와의 연계에 의해 형성/피츠버그(미국), 울루(핀란드), 도르트문트(독일), 쿠마모토, 교토, 후쿠오카(일본)
벤처형	지역기업, 연구소에서 활발한 스핀 오프·벤처발생에 의해 형성/실리콘밸리(미국), 샌디에이고(미국), 삿포로(일본)

자료: 前田昇 外, 『地域社會集積型イノベーションポリス形成要素』, 研究技術計劃學術大會, 2003.

국가정책형의 대표적 사례지역 중 하나인 뮌헨은 독일연방정부가 추진하는 「Big Region」 정책의 도입에 의해 「진 밸리」라는 바이오 클러스터를 형성하였다. 또 고베의 경우는 포트 아일랜드에 발생·재생과학종합연구센터를 유치하고 중앙정부의 재정지원을 통해 「고베시의료산업도시구상」으로 재생원료에 관한 바이오 클러스터를 형성하게 되었다. 이 두 지역 모두 국가 또는 지자체 주도로 특정산업 클러스터를 창출하기 위해 특정 지역에 대한 정책을 결정한 것이 초기형성요인이 되었다.

유치형에 속하는 오스틴 지역은 지자체가 지역전략을 토대로 하여 대기업(IBM 등)을 유치한 사례이다. 그 이후에도 IC^2연구소의 설립, MCC 등의 유치를 통해 '오스틴 모델'이라고 불리는 IT 클러스터가 단기간에 구축되었다. 리서치 트라이앵글(Research Triangle)은 주정부가 노스캐롤라이나·리서치 트라이앵글을 정비하고 기업유치전략을 전개함으로써 형성되었다.

키타큐슈에서는 '키타큐슈 학술연구도시'를 중심으로 하는 클러스터 창출을 위해 시장이 중심이 되어 대학과 연구소를 유치하고 캠퍼스에 연구기관을 집적시켰다. 이들 지역은 지자체가 주체가 되어 클러스터 창출을 의식하여 연구기관들을 적극적으로 유치한 사례들이다.

지역연계형인 피츠버그는 지자체가 대학 및 산업계와 연계하여 지역재생전략인 '스트래티 21'을 창출하고 클러스터를 형성했으며, 도르트문트는 실업자 구제사업의 일환으로서 도르트문트 대학 옆에 인큐베이팅 기능을 가진 테크놀로지센터와 국립연구소를 설치하는 등 대학과 지자체가 연계하여 클러스터 정책을 선도한 지역이다. 이들 지역은 기존의 지역기업과 대학, 연구소, 지자체가 연계를 통해 클러스터 창출의 초기요인을 제공한 사례들이다. 이것은 산·학·관의 융합이 효과적으로 이루어진 결과라고 할 수 있다.

마지막으로 벤처형에 속하는 실리콘 밸리는 스탠포드대학에서 출발한 벤처를 중심으로 자금, 인재 등 경영자원이 축적되어 클러스터 형성의 원동력이 된 경우이다. 삿포로는 「마이콘 연구회」에서 창출된 벤처기업을 스핀 오프한 IT벤처기업이 긴밀하게 구축된 네트워크를 통해서 「삿포로 밸리」의 원동력이 되었다.

이 지역들은 기업, 연구소 등으로부터 분리 창업한 벤처를 기반으로 하여 클러스터가 창출된 사례이며, 행정기관의 관여는 거의 없이 자연발생적으로 형성된 곳이다. 클러스터는 번영과 정체의 과정을 반복해 가면서 그 형태도 다양하게 변화해 간다. 이러한 성장과정으로부터 클러스터의 종류를 다음과 같이 분류하기도 한다.

세계의 클러스터 성공사례 중에는 동일 지역 내에서 서로 다른 산업분야로 특화한 복수의 클러스터가 존재한다. 클러스터가 성장하는 과정에서 새로운 분야로의 클러스터 형성을 모색하고 다음 성장단계로 발전한 지역이 존재한다. 한편 동일 지역 내에 복수의 산업분야가 발생하였지만, 선택과 집중이 곤란한 지역도 존재하기 마련이다.

이와 같이 복수분야의 클러스터가 형성되어 있는 상태를 「다중클러스터」라고 한다. 이 형태의 특징은 복수의 클러스터가 혼재해 있기 때문에 서로 다른 분야의 기술들이 상호 보완작용을 함으로써 신산업이 창출될 가능성이 높다는 것이다(예: 일본의 삿포로).

세계 최고수준의 첨단기술을 가진 클러스터가 동일권역 및 세계 클러스터 群과 연계를 통해 국가 산업구조개혁을 전략적으로 강력히 선도하고 NIS(국가혁신체계)의 일환이 될 수 있는 상태를 「메가 클러스터」라고 한다(예: 도쿄 중심의 수도권, 오사카 중심의 관서권). 복수의 클러스터가 상호간 네트워크의 연계를 통해 그 효과가 증폭되는 상태를 「네트워크(광역) 클러스터」라고 한다. 이 경우는 상호 관련분야가 근접한 지역에서 효과가 나타난다(예: 후쿠오카와 기타큐슈).

일본 각지에는 클러스터의 개념은 충족시키지 못하지만, 소규모 도시에서 지자체와 산업계 간의 연계를 통하여 이노베이션 촉진을 위해 활동하고 있는 지역이 상당수 있으며, 이것을 「미니 클러스터」라고 한다(예; 쿠마모토, 고치).

2. 산업 클러스터의 성공가능성 요인

일본의 산업클러스터 정책이 추진된 지 얼마 되지 않은 시점에서 그 성과를 평가하는 것은 시간적으로 이르다는 주장도 있지만, 삿포로나 큐슈 클러스터와 같이 결과가 가시적으로 나타난 사례도 있다. 클러스터의 성공가능 요인으로서 일본이 가지고 있는 특징과 산업클러스터를 관련지어 살펴보면 다음과 같은 점을 지적할 수 있다.

첫째, 지역이 가진 잠재력을 충분히 발휘하고 클러스터가 성공적으로 구축되기 위해서는 지자체의 역할이 중요하다. 외국의 지자체제도와 비교하여 일본은 '3割 자치'라고 비유되듯이 지자체에 많은 권한이 부여되어 있지 않은 것은 사실이다. 지자체의 정책·시책에 있어서도 중앙의존형의 구조가 오랫동안 유지되어 왔지만, 최근의 지방분권개혁이나, 기초지자체의 합병 등의 변화는 새로운 시대적 요구에 부응하고자 하는 움직임이다.

초기의 산업클러스터 형성에 있어서도 지자체가 주체가 되어 왔으며, 모든 필요한 지원을 하고 있다. 클러스터의 초기 형성과정에서는 지역간 경쟁이 격화되는 가운데 지자체의 노력과 역할에 그 성패가 달려 있다고 해도 과언은 아닐 것이다.

둘째, 기술개발력이다. 일본의 기술개발능력이 세계적인 수준임은 주지의 사실이다. 예컨대 디지털 라이프 스타일을 지원하는 정보 인프라와 로봇, 센서 등의 기술도 세계 최고수준이다. 이러한 기술을 클러스터와 연계하여 그 성과들이 나타나고 있다.

마지막으로 자금력이다. 현재 일본은 자기 불황상태에 있지만, 전반적으로 기업은 1998년부터 자금잉여상태에 놓여 있다. 즉, 기업은 설비투자를 줄이고 부채는 내부유보를 증가시킴으로써 연 20조엔이 넘는 잉여자금이 대기하고 있는 상태이다. 이와 같은 자금이 지역클러스터에 투입될 경우에 나타나는 효과는 상당할 것이라고 예측할 수 있다.

3. 지적 클러스터와 중핵기관 추진체계

문부과학성은 2002년부터 대학 및 공공연구기관을 주축으로 하여 연구기관과 연구개발형기업이 집적하는 지적 클러스터 구축사업을 추진하고 있다. 지적 클러스터는 2001년에 각의에서 결정된 「제2기 과학기술기본계획」에 정의되어 있으며, 이에 따르면, '지역 주도 하에 지역 독자의 연구개발 테마와 잠재력을 지닌 공공연구기관을 축으로 지역 내외의 기업이 참가하여 구성하는 기술혁신 시스템'이라고 밝히고 있다.

이것은 대학 및 공공연구기관이 중심이 되어 연구자와 연구기관 간의 네트워크를 형성하고, 지역의 기술혁신과 신산업창출을 촉진하는 시스템 구축을 의미한다. 지역의 제안이나 계획에 의해서 시책내용이 결정되기 때문에 중앙관청의 지시에 의존할 필요가 없으며, 각 지역이 자율적으로 추진해 가는 시책이다.

지적 클러스터는 바이오, 나노, IT 등 특정 기술분야의 연구개발을 촉진하고 그 성과를 신산업창출에 연계하는 것을 목적으로 하고 있다. 기존 사업의 사업니즈를 기점으로 하고 있는 경제산업성의 산업 클러스터와는 차이가 있다고 할 수 있으나, 지역의 산업집적을 제고한다는 최종적인 목표는 같다. 2002년 4월에는 12개 지역[9]에서 10개의 지적 클러스터가 선정되어 동년 7월부터 실제로 사업이 추진되었다. 사업기간은 2002년부터 2006년까지 5년간이다. 또한 2003년 2월에는 토야마·타카오카, 나고야, 토쿠시마의 3개 지역이 추가로 선정되어 2004년 현재 15개 지역 13개 클러스터사업이 추진되고 있다(<표 5-4>참조). 지적 클러스터 구축사업으로 선정된 10개 지역 이외에 6개 지역(도야마, 타카오카, 가나자와, 기후· 오가키, 나고야, 우베, 도쿠시마)을 시행지역으로 선정하여 이들 지역은 1- 3년의 기간을 두어 사업의 일부를 시행적으로 실시하여 평가결과에 따라 이행여부를 결정한다.

<표 5-3> 지적클러스터 사업추진지역

순번	클러스터	해당지역
1	큐슈광역클러스터	-큐슈학술연구도시지역 -후쿠오카지역
2	히로시마 클러스터	-히로시마지역
3	칸사이광역클러스터	-오사카지역 -고베지역
4	쿄토클러스터	-쿄토지역
5	나가노 · 우에다 클러스터	-나가노 · 우에다지역
6	삿포로 클러스터	-삿포로지역
7	타카마쓰 클러스터	-타카마쓰지역
8	토쿠시마 클러스터	-토쿠시마지역
9	간사이문화학술연구도시클러스터	-칸사이문화학술연구도시지역
10	나고야클러스터	-나고야지역
11	하마마쓰 클러스터	-하마마쓰지역
12	토야마 · 타카오카클러스터	-토야마 · 타카오카지역
13	센다이클러스터	-센다이지역

지적 클러스터 사업에 대한 2002년도의 정부예산은 총액 60억엔으로 1지역당 5억엔 정도이며 동사업의 실시주체인 재단 등의 중핵기관에 대해서는 별도의 보조금이 교부되고 있다. 클러스터의 주체는 경제산업성 및 문부과학성, 지자체, 중핵기관이며 그 역할과 범위는

9) 삿포로, 센다이, 나가노, 우에다, 하마마쓰, 쿄토, 오사카, 고베, 히로시마, 타카마쓰, 후쿠오카, 키타큐슈의 12개 지역이다.

주체에 따라 다르게 나타난다. 경제산업성 및 문부과학성은 클러스터의 선정과 보조금 교부, 평가업무를 수행하고 있으며, 지자체는 사업계획의 책정, 중핵기관 지정과 관리 및 감독, 기업과의 연계체제를 촉진하는 역할을 담당한다. 중핵기관은 실질적인 추진체제를 전담하는 사무국, 추진협의회, 클러스터 본부 등으로 구성되어 지역클러스터 사업을 이끌고 있다.

추진협의회는 해당지역의 경제계, 행정기관, 고등교육기관·연구기관 등의 리더들로 구성되며, 하부조직으로서 실무자 검토협의회를 설치하여 사업전략의 구체적 검토를 담당하고 있다. 업무의 범위는 산업·지적 클러스터의 전체적인 방향제시만 하고, 실무적인 업무에는 일체 관여하지 않는 것을 원칙으로 한다.

중핵기관은 지자체가 지정하도록 되어 있으며, 전국의 산업 클러스터 부문에 17개가 설치되어 있으며, 산업클러스터 부문은 일원화된 중핵기관이, 지적 클러스터 부문은 프로젝트별로 독립적인 중핵기관이 되고 있다.

클러스터 중핵기관의 추진체계를 살펴보면, 지역의 중핵기관인 재단 등에는 지적 클러스터 본부가 설치되어 있으며, 三役이라고 불리는 임원이 배치되어 기획 및 실질적인 업무를 담당한다. 동 본부의 책임자인 본부장은 현의 지사나 대학 총장과 같은 지역의 중진이 겸임하는 경우가 많다. 또 사업을 책임지고 집행하는 사업총괄부문에는 주로 대기업 제조업체 출신의 사업경험자가 많으며, 공동연구를 관리하는 연구총괄부문에는 공동연구센터장인 대학교수 등이 겸임하고 있다.

사업총괄이나 연구총괄을 지원하기 위해 과학기술코디네이터가 있으며, 적어도 한 명의 전임직원을 포함해 세 명 정도의 인원이 연구개발에 대한 진행사항, 특허전략의 입안, 연구성과의 사업화 추진, 대학과 지역기업간의 연계지원 등의 임무를 수행한다. 아울러 변리사, 법무, 재무, 마케팅과 같은 외부 전문가를 필요에 따라 컨설턴트 자격으로 활용하고 있다. 이렇게 과학기술 코디네이터를 중심으로 하여 연구성과에 대한 특허를 지원함과 동시에 사업화를 염두에 둔 응용연구의 실시를 촉진하고 있다.

산·학·연의 공동연구 실시는 지적 클러스터 사업의 핵심시책이며 총예산 중 상당부분을 차지하고 있다. 각 지역의 특정 영역에 있어서 공동연구의 테마는 평균 3- 4건 정도가 설정되어 있으며, 현재 설정 중인 테마는 당초의 안을 토대로 연구개발의 진행상태나 연구참가자의 의향을 고려해서 수정해 가는 지역이 대다수이다. 산·학·연의 지식이나 경험 등을 결집하여 사업 모티브가 될 수 있는 연구성과를 모색하고 있다.

또한 포럼 개최 등을 통해 연구성과의 동향 등을 발표함으로써 지역의 인식을 제고시키는 동시에 대학 등의 연구자와 민간기업 간의 교류를 강화하고 있다.

제6장 재정

현대 경제에서는 민간기업과 가계의 활동 외에 중앙정부나 지방공공단체 등 공적 부분의 활동이 큰 비중을 점하고 있다. 공적부문(정부)은 조세의 징수나 공채의 발행에 의해서 얻은 재원을 이용하여 경찰, 소방, 교육 등의 서비스 제공이나 도로, 공원, 상하수도 등의 사회자본의 정비를 행하고 있다. 이와 같은 정부의 일연의 금전적·경제적 활동을 총칭하여 재정이라고 한다.

Ⅰ. 재정의 역할

1. 공공부문에 대한 자원배분과 그 조정

공적부분에 대한 자원배분과 그에 대한 조정이란 경제 전체의 자원 가운데 얼마만큼을 공적부분에 충당하며, 어떤 용도로 이용하는가를 결정하는 것이다. 이와 같은 기능이 필요한 것은 민간의 사기업에 맡겼을 경우에는 적절한 공급이 행해질 수 없는 재화와 서비스가 있기 때문이다. 에를 들면, 공원, 도로, 교량, 제방, 항만 등의 사회간접자본으로 불리어지는 시설이나, 국방, 외교, 경찰, 전염병의 예방 등 서비스가 이에 해당한다. 이들 재화와 서비스는 공공재(public goods)라고 부른다.

공공재의 특징은 ① 대가를 지불하지 않은 사람을 그 재화나 서비스의 소비에서 배제할 수 없다(혹은 배제하려고 한다면, 매우 많은 비용이 든다)는 점, ② 어떤 사람의 소비가 타인의 소비를 감소시키는 일이 없이 소비에 있어서 경합성이 존재하지 않는다는 점이다. 이 때문에 공공재는 시장에서 거래가 불가능하고, 사기업에 의해 공급되지 않는다.

2. 소득재분배

시장경제에 있어 소득의 분배는 생산활동에 투입된 노동, 자본, 토지 등의 생산요소에 대한 보수의 형태로 결정된다. 이와 같이 결정된 소득분배는 반드시 사회적으로 바람직하다고는 할 수 없어 수정을 필요로 하는 경우가 있다. 예를 들면, 환자나 노인은 대체로 생산활동에 참가하기 어렵지만, 그 때문에 소득이 적어, 생활이 유지되지 못하는 것은 바람직한 것은 아니기 때문에 정부가 사회에 대한 소득분배를 수정하여(소득의 재분배를 행하고) 그와 같은 상태를 없앨 필요가 있기 때문이다.

재정에 의한 소득재분배는 세입·세출의 양면에서 행해진다. 세입면에서는 소득세, 상속세 등에 개인의 소득이나 재산의 크기에 대응하여 세율에 단계를 두어 누진세율을 적용하고, 고소득자에게는 중과세 하고, 저소득자에게는 적게 과세한다. 세출면에서는 생활보호제도에 의해 스스로의 소득으로는 생계를 유지하기 곤란한 세대에 공적 부조를 제공하여 최저생활수준을 보장하거나, 저소득자를 위한 공영 임대주택을 건설하기도 한다. 이와 같이 저소득자에 대해서는 본인이 납부하는 세액 이상의 공공서비스가 제공되고, 고소득자에게는 그 역의 형태로 소득재분배가 행해진다.

3. 경제의 안정

시장경제는 호황, 불황이라고 하는 경기변동에서 완전히 벗어날 수 없다. 불황 시에는 경제활동이 침체하여 실업자나 기업의 도산이 많이 발생한다. 역으로 호황이 계속되어 경기가 과열되면, 인플레이션이 발생할 가능성이 있다. 이와 같은 경기변동을 가급적이면 작게 하여, 고용을 유지하고, 물가를 안정시키는 것이 재정의 제3의 역할이다.

이 하나의 수단은 재정제도에 포함되어 있는 자동안정화장치(built in stabilizer)이다. 예를 들면, 누진세율의 소득세나 기업이익에 대해서 과세되는 법인세는 호황기에는 세수가 자연적으로 증가하고, 개인의 가처분소득이나 기업이익의 증가를 억제하여 이들의 지출에 의한 급격한 수요증가를 억제하는 한편, 불황기에는 세수가 감소하여 개인의 가처분소득이나 기업이익의 감소를 완화한다. 또 고용보험의 실업자급부 등의 사회보장급부는 불황기에는 급부가 증가하고, 호황기에는 감소하여 소득의 변동을 안정시키는 역할을 하고 있다.

또 하나의 경기조정수단은 정부의 재량에 근거한 재정정책(fiscal policy)이다. 이것은 불황기에는 공공사업의 확대나 소득세의 감면 등에 의해 경기를 자극하고, 경기가 과열될 우려가 있을 때는 세출규모의 억제나 공공사업의 집행연기 등에 의해 총수요의 증가를 억제하려는 정책이다. 1930년대 세계적인 대공황 이후 재정에 이와 같은 경제안정화 기능을 추구하는 사고가 나타났다. 그 이론적 기초를 행한 것은 영국의 경제학자 케인즈(J. M. Keynes)이다 이와 같은 사고는 제2차세계대전 후 미국, 유럽, 일본 등에서 널리 수용되었다.

그러나 1970년대 중반 이후 케인즈적인 재정정책의 사고에 대해 통화주의자, 합리적기대형성학파, 부케넌 등의 공공선택학파 등에 의해 비판이 제기되어, 이들 이론이 상당한 영향력을 갖게 되었다. 일본에 있어서도 실제의 재정운영에 있어서 1980년경부터 세출의 신장을 엄격히 억제하는 재정재건의 방침이 중시되었기 때문에, 대장성을 중심으로 경제안정을 위한 재정정책을 사용하여도 그 효과가 미미하다는 주장이 제기되어, 그와 같은 목적을 위한 재정의 역할을 가급적이면 적게 하여야 한다는 사고가 강하게 주장되었다. 그러나 1980년대 중반 경부터 경제이론 면에서도 통화주의자나 합리적 기대형성학파에 대한 지지는 상대적으로 약화되었고, 또 임금이나 물가가 완전히 신축적이지 않은 현실경제에 있어서는 재정정책이 어느 정도 경제안정화 기능을 가지고 있다는 것에 대해 부정하지 않고 있다. 일본에서는 1986-87년, 1992-95년에는 불황으로부터 경기회복을 도모하기 위해 공공투자를 증가시키는 등 재정재건뿐 아니라 내수확대를 위한 재정운영이 행해졌다. 그러나 다른 한편으로 이와 같은 재정운영은 국채잔고의 누적과 세출에 있어서 국채비(국채의 이자지불이나 상환을 위한 경비)의 증가라는 큰 문제를 발생시켰다.

Ⅱ. 재정의 구조와 규모

1. 재정의 구조

현재 일본의 재정제도에는 정부는 단년도주의에 근거하여 매년 예산편성을 행하고 국회에서 심의·의결을 거친 후 그 집행을 행한다. 예산에는 일반회계예산에 더하여, 그것과 상호 밀접한 관련을 갖고 있는 특별회계예산 및 정부관계기관예산이 있다. 일반회계는 세금과 공채수입을 재원으로 공공사업·사회보장·교육 등 국가의 기본적인 경비를 충당하는 회계이다. 그것이 국가의 일반세입과 세출을 경리하기 때문에 통산 예산이라고 할 경우에는 일반회계를 지칭한다.

제2의 예산이라고 불리는 재정투융자는 일반회계와 더불어 정부의 재정활동의 중요한 일익을 담당하고 있다. 재정투융자 활동의 구조는 재정융자(재정융자자금 등). 산업투자(산업특별회계), 정부보증(정부보증 국내채·국외채)을 투자자금으로 하여, 이를 財投기관이라고 불리는 공고나 은행 등의 정부관련기관(국민금융공고, 중소기업금융공고, 국제협력은행, 정부정책투자은행 등)이나 독립행정법인(일본고속도로보유·채무변제기구 등), 지방공공단체 등에 출자·융자하는 형태로 되어 있다. 이 재정투융자와 일반회계세출의 차이는 자금의 有償性에 있고, 재정투융자에 의해 출자나 융자를 받은 쪽은 장래 원금과 이자 상환의 의무를 지게 된다.

종래의 재정투융자에서는 우편저금 및 정부보증채 등을 재투자금으로 하여 그것을 재투기관이라 불리어지는 정부관련기관 등에 출자·융자하는 형태로 되어 있었지만, 2001년도 제도개혁(재투개혁)에 의해 중요한 재투자금이었던 우편저금이나 후생연금적립금의 국가(자금운용부)로의 예탁업무가 폐지되어 재투사업에 필요한 자금은 채권(재투채, 재투기관채)의 발행에 의해 시장에서 직접 조달하게 되었다.

또 재투채는 재정투융자자금 특별회계가 발행하는 채권(재정투융자채:국채)이며, 자금운용부자금에 대체하는 재정융자자금의 기초자금이 절반을 차지하고 있다. 이에 대해 재투기관채는 특수법인이나 독립행정법인 등의 재투기관이 민간금융시장에서 개별적·자주적으로 발행하는 정부보증이 붙지 않는 채권(재정투융자기관채)이다.

조금 더 재정투융자에 대해 언급한다면, 그 특징은 일반회계 세출에 비하여 기동성과 탄력성이 있다는 것이다. 재정투융자의 기동성은 인건비나 법률에 의무화되어 있는 경비 등이 포함되지 않고 전액이 사업비라는 점이다. 또 탄력성은 보정예산에 의한 재투계획의 추가 외에 연도 도중에도 재투자금 등의 장기운용예정액 및 정부보증한도액을 50%의 범위 내에서 증액할 수 있다는 탄력조항(단, 재투자금 등의 장기운용예정액의 추가에 대해서는 추가의 합계액이 당초 계획 총액의 25%에 상당하는 금액을 초과해서는 안 된다는 상한선이 설치되어 있다.)이 있다는 점이다.

이와 같은 특징을 갖는 재정투융자계획은 그때그때 정부의 중점시책에 크게 반영되어 있기 때문에 재정투융자계획을 평가할 경우, 규모보다도 오히려 투융자처에 주목해야 한다는 점을 시사한다. 재정투융자의 융자구조에 대해서는 아래에서 설명하지만, 고도성장시대에는 기관산업의 기반정비나 국토개발이 중요한 융자목표였지만, 그 후 국민생활 복지관련으로의 재정투융자선이 이행하는 등, 재정투융자를 둘러싸고 상술한 재무 즉 투자자금의 조달방법 뿐만 아니라 그 대상사업에 대한 재고(재투개혁과 특수법인개혁)가 진행되고 있다.

2. 재정의 규모

다음에는 일반회계 및 재정투융자활동의 규모의 추이를 보기로 하자. 우선, 일본의 재정규모의 추이를 일반회계 세출의 신장률로 보면, 1980년 이전에 두자리 증가를 보이고 있어 재정활동은 확대기조를 유지하였음을 알 수 있다. 특히 고도성장기에 해당하는 1961년부터 1965년, 1966년부터 1970년까지 각 기간에는 신장률이 각각 16%에서 17%대로 명목경제성장률 수준이었다. 그러나 1971년부터 1975년까지 일본은 두 차례에 걸쳐서 외적 충격을 받았다. 달러와 금의 교환정지를 내용으로 하는 닉슨쇼크와 원유가격의 앙등을 초래한 석유쇼크이다. 이 기간 중 외적 쇼크로 인한 불황에서 탈출하기 위해 재정지출의 신장률은 더욱 더 가속되어 20%를 초과하는 높은 수준에 도달하였다. 그러나 그 후 1976년부터 1980년까지 신장률은 감속하여 15% 수준으로 하락하였다. 1980년 후 신장률은 한 자리대로 되어 정체상태를 유지하였다. 그리고 버블 붕괴 후 실시된 불황대책(재정의 경기조정기능) 등에 의해 일시적으로 신장률이 상승하였지만, 세출입의 갭이 한층 확대되는 재정악화를 반영하여 1991년도부터 다시 저하하기 시작하여 1995년도에는 마침내 마이너스의 신장률(-2.9%)를 계상하게 되었다. 그 후에도 2001년도 (-2.7%), 2002년도(-1.7%), 그리고 2006년도(-3.0%)에 마이너스 신장률을 기록하는 등 극심한 세출상황이 계속되고 있다.

다음에는 일반회계의 신장률이 아니라 명목GDP와의 관계로 보아도 시기에 따른 차이는 명백하다. 명목GDP에 대한 일반회계세출을 보면, 고도성장기에는 이 비율이 11% 전후로 안정적으로 추이하고 있다. 그러나 1970년대 이후 저성장기에 들어서면서 이 비율은 상승하게 되었고, 1981년도에는 18.1%라는 고수준이었다. 이 기간에는 재정지출의 성장률이 재정성장률을 상회한 결과이다. 그러나 그 후 일반회계 세출의 신장률의 경우와 같이 불황대책의 실시시기를 제외하고 저하기미를 보이고 있다. 그리고 경기회복의 기미가 확실해진 2005년도에는 17.2%, 또 2006년도에도 15.5%로 되는 등, 경기동향과는 관계없이 재정건전화를 위한 세출의 삭감이 행해지기 시작하였다. 2006년 6월에 각의에서 결정된 '경제재정운영과 구조개혁에 관한 기본방침 2005(소위 骨太방침)'을 보면, 정부는 2006년도 예산을 개혁의 총마무리를 위한 중점강화기간 (2005-2006년도) 최후의 중요예산으로 규정하고, 세입-세출 일체개혁의 일환으로 세출개혁노선을 견지·강화한다는 방침 하에 국채발행액을 억제함과 동시에 중점과제에 대해서는 신축적인 배분을 행하여 지속가능한 재정의 구축과 예산의 질적 향상을 목표로 하여 책정하게 되었다.

<표 6-1>은 재정투융자 관련 지표의 추이를 나타낸 것이다. 재정투융자는 제2의 예산으

로 불리어지며, 일반회계에 비해 오히려 그 규모는 확대되는 경향이고, 1995년도에 계획액은 약 48조엔에 이르고 있다. GNP에 대한 비율을 보면, 그 규모가 확대하고 있음을 알 수 있다. 또 일반회계 세출에 대한 비율도, 고도성장기에는 40% 전반 수준이었지만, 50%를 상회하게 되었다. 저성장기에 들어서면서 1980년대 전반까지는 행·재정개혁의 실시가 재정투융자에도 영향을 미쳐 억제기미를 보였지만, 1980년대 후반에는 정부의 직접적 개입과 정부부문의 비대화를 초래하는 것은 아니라는 인식하에서 억제방침이 완화되어 또다시 적극적인 투융자계획이 작성되었다.

<표 6-1> 재정투융자 관련지표의 추이

(단위: 억엔, %)

	1965	1970	1975	1980	1985	1990	1995	2000	2006
재정투융자계획	16,206	35,779	93,100	181,799	208,580	345,724	481,901	436,760	150,046
재투/명목GDP	4.8	4.8	6.1	7.4	6.4	7.7	9.7	8.7	2.9
재투/일반회계	44.3	45.0	43.7	42.7	39.7	52.2	67.9	51.4	18.8

주: 재투와 일반회계는 당초의 금액임.
자료: 財務省, 『財政金融統計月報』, 各年.

그러나 1990년대 들어 재투에 시장메커니즘이 개입하지 않음으로 인해 발생하는 비효율성이나 말소화자금의 발생, 그리고 민간금융부문과의 경합에 의한 자금압박 등의 문제 외에도 심각한 재정악화로 인해 일반회계와 마찬가지로 재정투융자도 행·재정개혁의 논의대상이 되었다. 그리고 2001년도 재정개혁의 실시 등 재정건전화를 목표로 하는 제반 제도의 개혁(특수법인개혁, 우정사업민영화 등)의 일환으로 자금조달방법과 효율적 운용에 대한 근본적인 재고가 행해지고 있다. 재정개혁 후의 재투계획의 규모를 보면, 특수법인 등의 재투사업을 엄격히 재고한 것을 반영하여 플로우, 스톡 모두 슬림화가 현저히 진전한 것을 알 수 있다.

이상에서 일반회계세출과 재정투융자에 초점을 맞추어 이들의 양적 변화를 검토하였다. 그 결과 이러한 구조 하에서 일반회계의 신장률 저하에도 불구하고 GNP 대비 재정규모는 1970년대 들어 상승하고 있으며, 그 경향이 끝난 것은 1980년대 들어서이며, 90년대와 2000년대에 들어서면서도 거의 일정한 수준(17% 전후)이 지속되고 있다. 그러나 재정투융자를 포함시키면, 정부의 경제활동은 확대경향을 지속하고 있고, 최근에는 겨우 축소의 징조를 보이고 있다고 할 수 있다. 경제성장과 연계시켜 보면, 그 역할은 서서히 변화하고 있다. 양적 측면에서 본 재정지출의 구조변화를 요약하면, 일반회계세출에서도, 재정투융자에서도 경기조절기능 일변도에서 탈피하여 자원배분기능의 강화의 방향으로 전환해 왔음을 지적할 수 있다.

그러나 90년대 들어서면서 오랫동안 지속되는 불황에 대한 경기대책적 재정정책과 세수입의 감소에 의해 대폭적인 재정적자를 또다시 계상하게 되어, 재정이 위기적 상황에 처하게 되었다. 이것이 계기가 되어 1997년도에 1차적으로 본격적인 재정구조개혁이 이루어지게 된다. 또 재정투융자에 대해서도 2001년도에 제도개혁의 메스가 가해지게 되었다.

이상에서 살펴 본 일본의 재정규모를 다른 선진국과 비교해 보면, 상대적으로 낮은 수준에 있다. GDP 대비 일반정부지출 비율을 보면, 1990년대 중반부터 2004년까지 일본은 거의 36% 전후인 것에 비해 영국, 서독은 46% 전후, 프랑스는 55% 전후였다. 미국은 일본과 같이 30% 후반 수준이다. 그러나 재정제도는 국가에 따라 상이하므로 이 숫자만으로 일본정부가 작은 정부라고는 말할 수 없다. 후술하겠지만, 일본에서도 재정악화와 함께 국민부담률은 상승하고 있다. 문제는 정부활동이 그에 상응하는 적절한 것인가의 문제이다. 사회자본정비의 지연을 비롯하여 국민생활, 사회보장 관련분야에의 재정지출은 다른 나라에 비해 적으며, 공공서비스는 민간부문에 비해 효율적이지 못하다. 최근 공공부문의 행·재정개혁에 대한 논의 및 단행은 긍정적인 면이 많다.[1)]

Ⅲ. 재정운영과 재정구조의 전환

1. 재정운영의 전환

재정운영 및 그 지침은 그 시기의 경제적 배경에 의해 좌우된다. 전술한 바와 같이 일본의 재정규모의 추이는 시대의 흐름과 함께 크게 3시기로 구분된다. 고도성장기에 있어서 확대기, 저성장기 초기의 가속기, 그 이후의 버블기를 포함한 감속기가 그것이다. 이와 같이 구분되는 각기의 경제상황과 재정운용의 지침에 대해서 그 개략적인 내용을 살펴보기로 하자.

고도성장기에는 일본경제의 성장에 의해 세수입도 순조로이 증가하였다. 세수입은 그대로 재정지출에 사용되었다. 지출의 상당부분은 수출, 투자주도형의 경제구조의 구축에 사용

1) 八田英二·廣江滿郎,『日本經濟の構造と變化』, 晃洋書房, 2007, pp.110-118.

되었다. 그 내역에 대해서는 다음 항에서 다루지만, 이와 같은 재정지출의 패턴은 고성장률 유지에 크게 공헌하게 되었다. 그러나 이 시기, 일반회계의 GNP에 차지하는 비율은 비교적 안정적으로 추이하였다. 이는 재정규모의 확대베이스가 경제의 확대 베이스와 보조를 맞추어 진전하였기 때문이다. 세입과 세출이 일치하는 균형재정 하에서 고저축=고투자의 추진이라는 재정운영의 이념이 그 배경이었다.

두 번의 외적 쇼크를 계기로 일본경제는 1970년대에 저성장기에 돌입하였다. 경제는 자율적인 성장력을 상실한 것과 같은 상태에 빠졌고, 재정은 경기회복이라는 중대한 임무를 짊어지고 있었다. 또 고도성장기의 공해방지나 복지충실도 정부가 책임져야 할 새로운 과제로 되었다. 이에 수반하여 큰 폭의 재정지출이 계획되었다. 경기회복을 목표로 하는 대형 예산을 시행함에 따라 재정규모는 급속히 팽창하게 되었다. 이처럼 재정규모는 확대일로에 있었지만, 경제성장 둔화로 세의 증수는 예상할 수 없어 마침내 정부는 균형재정의 원리를 포기하지 않을 수 없었다. 세입부족을 메우기 위해 1975년도에는 처음으로 특별공채, 소위 적자공채가 발행되었다. 이후 1989년도까지 적자공채의 발행이 지속되었다. 그러나 여러 차례에 걸친 정부의 경기부양책에도 불구하고 과거 고도성장으로의 복귀는 꿈으로 끝나고, 후에는 적자공채의 누적만 남게 되었다.

그 후의 저성장기에는 적자재정으로부터 탈피, 행·재정개혁이 재정운영의 주안점이 되어 큰 정부에서 작은 정부로의 회귀현상이 나타났다. 이리하여 재정의 성장에 대한 견인차로서의 역할은 작아지는 한편, 고령화사회를 맞이하여 복지의 충실을 요구하는 목소리가 커져, 여기서 정부가 목표로 하는 방향은 성장에서 복지로, 생산기반에서 생활기반 충실로 전환하였다. 정부의 슬로건도 과거의 '확대성장의 실현·국민소득의 배증'에서 '활력있는 복지사회·생활대국의 실현'으로 변하게 되었다.

고도성장기 재정의 역할은 경제성장을 뒷받침한다는 것이었다. 고도성장이 끝나고 저성장기에 들어서면서 당초에는 경제성장을 견인하는 역할을 재정에 기대하였다. 그러나 그 기대도 허무하게 재정적자가 눈덩이처럼 불어나 재정적자해소, 행·재정개혁을 거쳐 최근 들어서는 민간경제활동에는 익숙하지 않은 복지나 생활기반의 정비가 재정의 주요 임무가 되었다. 이러한 점에서 저성장기에 진입한 일본경제는 민간활동과 재정활동의 쌍두마차로 경제운영을 도모하게 되었다고 할 수 있다.

그러나 1990년대 들어서면, 버블붕괴로 인한 불황이 심각해지고, 호전의 기미가 보이던 재정상황이 일전하여 위기적 상황에 빠져들게 되고, 경제운영이 동요하게 되었다. 고령화사회의 도래를 맞이하여 '활력있는 복지사회·생활대국의 실현'에 '재정건전화'의 슬로건이 추가되어 이에 대해 커다란 역할을 하게 될 행·재정개혁이 본격화되기 시작하였다. 그리고

2000년대 들어 경기회복이 진전되는 가운데 2006년 코이즈미 내각에서 아베 내각으로 경제재정이 승계되어 새로이 철저한 행·재정개혁(재정구조개혁)을 통한 '작은 정부'를 지향하게 되었다.

2. 재정지출의 구조

일본의 재정운영이 크게는 고도성장기의 경기 보완형에서 저성장기 초기의 경기자극형을 거쳐 탈경기 조정형으로 이행해 온 것을 지적하였다. 그렇다면 저성장기에 들면서(버블붕괴 후 불황기를 포함) 재정당국은 구체적으로 어떤 방향을 목표로 재정운영을 해 온 것일까. 그 의문에 대한 해답은 재정수지 내역의 추이라는 질적 변화를 살펴보아야만 알 수 있다. 이리하여 본 항에서는 재정의 수지 양면에 걸쳐 그 내용을 검토해 보기로 하자.

국가의 회계·예산이라고 할 때, 엄밀히 따지면, 그것은 일반회계와 특별회계, 그리고 국가와 밀접한 관계를 가지고 운영되는 정부관계기관의 예산을 가리킨다. 일반회계는 국가의 일반 세출세입을 관리하는 것으로, 보통 예산이라고 할 경우에는 일반회계를 가리키는 경우가 많다. 한편 국가가 특정사업을 경영하거나, 특정자금을 보유하여 그 응용을 행하는 경우, 일반적인 세출세입과 구분하여 관리할 필요가 있는 경우에는 특별회계를 설치하게 되어 있다. 또 정부관계기관이란 특별 법률에 의해 설립된 법인으로 국제협력은행, 일본정부투자은행, 국민생활금융공고 등이 정부관계기관이다. 실제로는 일반회계 세출의 상당부분이 특별회계와 정부 관계기관 예산에 편입되어 있기 때문에 일반회계를 국가의 회계·예산의 근간으로 파악할 수 있다. 또 최근 행·재정개혁의 일환으로 각종 특별회계나 정부기관의 통폐합이 검토·실시되어 왔다.

일반회계 세출은 크게는 ① 일반세출, ② 국채비 및 ③ 지방교부세로 구분된다. 일반세출은 후술하는 바와 같이 사회보장관계, 공공사업관계, 문교·과학기술진흥 및 방위관계 등에 대한 지출이고, 정책적인 경비로서의 성격을 가지고 있다. 이에 대해 국채비나 지방교부세에 대한 지출은 의무적인 경비로서 성격을 가지고 있다.

여기서 주요 지출항목별로 추이를 보면(<표 6-2>), 의무적 경비의 하나인 지방교부세는 국세수입의 일정 비율을 지방공공단체에 배분하는 제도적 성격 때문에 고도성장기 후반 이후 거의 같은 비율을 유지하고 있다. 또 하나의 의무적 경비인 국채비는 지금까지 발행된 국채의 이자가 대부분을 차지하고 있지만, 균형예산주의에서 적자국채발행으로의 방침전환에 따라 그 비율이 한꺼번에 증대하였다. 그 만큼 일반세출의 비율이 감소하고 있다.

<표 6-2> 일반회계 예산 주요 경비의 추이

(단위:%)

	1965	1975	1985	1990	1992	1996	2002	2005
일반세출	79.8	74.4	62.1	54.5	55.4	60.1	61.1	58.0
지방교부세교부금	19.6	20.7	18.5	23.5	21.8	19.7	19.7	19.6
국채비	0.6	4.9	19.5	22.0	22.8	19.2	19.2	22.4

자료: 財務省, 『財政金融統計月報』, 各年.

의무적 경비의 지출동향은 이상과 같지만, 다음은 정치적 경비지출, 즉 일반세출의 동향을 보기로 하자. 일반세출은 사회보장관계비, 은급관계비, 문교 및 과학진흥비, 방위관계비, 공공사업관계비, 경제협력비, 중소기업대책비, 에너지대책비 등으로 구성되어 있다. <표 6-3>은 이들 일반세출을 구성하는 주요 항목의 경비별 추이를 나타낸 것이다. 공공사업관계비는 고도성장기에는 평균증가율·일반세출에 점하는 비율 모두 일반세출 주요 항목 가운데 최대 경비항목으로 되어 있다. 그러나 1970년대 후반을 경계로 증가율이 둔화하였고, 세출에 점하는 비율도 저하하였다. 최고일 때 20%대를 점하고 있던 구성비도 1990년대 후반에는 10% 전후까지 하락하여 최근에는 10%를 하회하는 수준에서 추이하고 있다.

<표 6-3> 일반회계 세출 주요경비 추이

(단위: %)

항목	1965	1975	1985	1988	1992	1996	2002	2006
공공사업관계비	20.0	13.7	12.1	10.7	13.8	12.8	10.3	9.0
사회보장관계비	14.2	18.5	18.2	18.3	17.8	19.0	22.5	25.8
문교 및 과학진흥비	13.0	12.2	9.2	8.6	8.2	8.3	8.3	6.6

자료: 財務省, 『財政金融統計月報』, 各年.

이것과는 대조적으로 복지관련 경비인 사회보장관련비는 1965년부터 1975년에 걸쳐서 일반세출 가운데 가장 큰 증가율을 기록하였다. 그 결과 1975년에는 일반세출의 최대 항목이 되었다. 그 후 세출의 순수억제 및 각 세출항목의 상한설정이라는 재정개혁의 폭풍을 맞게 되었다. 그 영향은 복지에 관계되는 주요 정책항목일지라도 홀로 무관하지는 않았다.

1990년대 들어 재정개혁이 파워·업되어 등장하지만, 그래도 여전히 사회보장관계비가 최대 지출항목인 것은 변하지 않았다.

1973년이 복지원년으로 불리어지듯이 1970년대 후반부터 지금까지 성장일변도의 정책에서 복지정책으로의 전환이 본궤도에 진입하여 이것이 공공사업비의 증액을 억제하였고, 역으로 복지관련경비의 증가를 가져왔다. 현재에도 복지사회 건설로의 정책적 및 국민적 합의가 존재하는 것을 이들 숫자가 말해주고 있다.

그러면 최근 일본의 재정에 중심인 복지라는 것은 대체 무엇인가. 일국의 복지의 핵심이라고 할 수 있는 사회보장은 조세나 사회보험료를 재원으로 하여 질병, 노령, 실업 등의 국민의 곤궁에 대해 행해지는 공적부조이면서 소득재분배로서의 기능을 가지고 있다. 소득재분배는 부유층에서 빈곤층으로 소득의 강제적 이전을 의미하고 있으며, 소득분포의 평등화를 목적으로 한다.

공적부조는 의료보험, 연금, 고용보험으로 구성되며, 1960년대 전반에 계속 그 기반이 정비되었다. 이는 1959년 복지연금의 창설에서 비롯하여 1961년 據出皆國民年金과 국민건강보험제도의 실시에 의해 제도가 완결되었다. 여기서 '國民皆年金'·'國民皆保險'이 탄생하였다. 이 무렵 고도성장이 궤도에 올라 이윽고 경제는 성숙단계에 도달하였다. 그리고 공해문제를 비롯하여 지금까지 고성장에 의한 왜곡이 일제히 분출되었다. 국민의 관심은 이전보다 항층 더 복지의 충실에 대한 관심이 많았다. 이는 <표 6-3>에서 일반세출에 점하는 사회보장관계비의 증가가 여실히 말해주고 있다. 아동수당제도나 노인의료제도의 확립, 연금의 물가 슬라이드제의 도입 등은 모두 이 시기의 산물이다. 최근에는 고령자 복지의 하나로서 창설된 공적개호보험제도가 있다.

사회보장관계비는 실업대책비, 보건위생대책비, 사회보험비, 사회복지비, 생활보호비로 구성되어 있다. <표 6-4>는 이들 사회보장관계비의 추이를 나타낸 것이다. 표에 따르면, 사회보장관계비의 가장 중요한 항목은 사회보험비이며, 2001년도에는 마침내 80%에 육박한 이래 비슷한 수준을 계속 유지하고 있다. 다른 한편 국민소득 증가 등에 의해 생활보호비나 실업대책비, 그리고 보건위생대책비는 그 책무를 다해 왔음을 나타내고 있다. 환언하면, 전후 구빈적 색채가 강한 생활보호나 실업대책을 중심으로 시작된 사회보장제도가 사회보험과 사회복지 등 종합적인 것으로 제도적 발전을 이루어 왔음을 나타내는 것으로 볼 수 있다. 이와 같이 과거의 재정지출의 중점 항목을 다루어 보면, 생산관련 기반정비에서 복지관련 충실로 재정지출의 본류가 변하여 그 흐름이 정착하였다고 결론지을 수 있다.

<표 6-4>사회보장관계비의 추이

(단위; 억엔, %)

연도	1965	1975	1985	1990	2000	2001	2002	2003	2004	2005	2006
사회보장액	5,164	39,269	95,736	116,148	167,666	175,552	182,795	189,907	197,970	203,808	205,739
사회보장액/일반회계	14.1	18.4	18.2	17.5	19.7	21.2	22.5	23.2	24.1	24.8	25.8
실업대책비	12.9	4.4	3.9	3.0	2.3	2.4	2.7	3.0	2.7	2.7	2.1
보건위생 대책비	17.7	7.0	4.8	4.8	3.2	3.0	2.9	2.7	2.5	2.4	2.1
사회보험비	40.6	59.3	59.1	61.9	65.3	77.4	77.5	77.2	77.7	77.8	78.6
사회복지비	8.3	15.7	20.9	20.7	21.8	9.7	9.4	9.1	8.3	8.1	7.3
생활보호비	20.5	13.6	11.3	9.5	7.3	7.5	7.6	8.0	8.8	9.4	9.9

자료: 木下康司 編, 『圖說日本財政』, 東洋經濟新報社, 2006.

그러나 1990년대 들어서 복지충실이라는 흐름에 변화가 나타났다. 그것은 양적 확대에 비중을 둔 복지에서 질적 비중을 두는 복지로의 전개이다. 재정의 경직화와 세입부족, 그리고 인구의 소자화·고령화의 급속한 진전이 고려되는 등 사회보장을 둘러싼 환경은 점차 어려움이 가중되는 가운데 복지사회의 실현과 재정건전화라는 재정목표달성에 복지의 참모습에 대한 재고가 이루어졌다. 본격적인 소자화·고령화사회를 맞이하여 수익자부담의 원칙하에서 국민부담 증가라는 점을 고려하여 수익과 부담의 균형을 어떻게 생각하는지, 국민적 합의형성이 필요한 시점이 되었다.

그러면 제2의 예산으로 불리어지는 재정투융자의 구조는 어떻게 변화해 온 것인가. 재정투융자는 장기계획에서, 더욱이 전액 사업비라는 점에서, 정책이 의도하는 바가 짙게 반영되어 있다. 재정투융자의 융자구조, 즉 재정투융자가 어떤 분야에 충당되어 왔는가를 보기 위해, <표 6-5>를 통해 용도별 지출동향을 살펴보기로 하자.

<표 6-5> 재정투융자의 용도별 구성비의 추이

(단위: %)

항목	1965	1970	1975	1980	1985	1988	1992	1996	2004	2006
중요산업관계	15.3	16.3	10.7	8.6	8.3	8.3	9.5	6.5	6.8	8.6
산업기반관계	31.9	27.4	25.2	19.6	21.9	22.7	21.1	17.9	26.9	26.5
생활기반관계	52.8	56.3	64.1	71.8	69.8	69.0	69.4	75.6	66.2	64.8

주: 생활기반관계: 주택 · 생활환경정비, 후생복지 · 문교시설, 중소기업, 농림어업
산업기반관계: 국토보전 · 재해복구, 도로 · 운수 · 통신, 지역개발
중요산업관계: 산업 · 기술, 무역 · 경제협력
자료: 財務省, 『財政金融統計月報』, 各年.

표에 의하면, 고도성장기까지는 생활기반관계, 산업기반관계 및 중요산업으로의 융자가 전체의 절반을 차지하고 있다. 그런데 고도성장기 이후 상황은 달라졌다. 즉, 산업·기술의 구성비의 큰 감소(1990년대에는 전체의 30%까지 감소)에서 볼 수 있듯이 성장에 직접관계가 있는 산업기반관계와 중요산업분야에 대한 투융자가 감소일로에 있는 반면, 국민생활의 충실이나 안정화에 대한 중점이행을 반영하여 주택·생활환경정비나 후생복지·문교시설 등의 생활기반관계에 대한 자금배분의 비율이 높아지고 있다.

이와 같이 일반회계와 밀접한 관계를 가지고 책정되어, 실행에 옮겨진 재정투융자계획에도 고도성장기에 있어 성장우선에서 저성장기의 복지우선이라는 재정이념의 전환을 확인할 수 있다. 그러나 기초자금을 유상자금으로 하는 재정투융자가 과연 복지우선이라고 하는 재정이념에 어울리는 것일까.

3. 재정수입의 구조

재정구조의 변화를 해명할 경우 지출면의 변화와 함께 수입면의 변화도 파악하지 않으면 안된다. 지출면의 변화가 수입면의 변화에 의해서 발생되는 경우가 있다. 실제로 국가재정력에는 한계가 있어 수입의 제약이 지출의 천정을 형성하고 있다.

일반회계세입은 크게는 ① 조세, ② 공채(신규재원채) 및 ③ 일본은행급부금 등 기타 세외수입으로 나누어진다. <표 6-6>은 이들 세입의 비율을 나타낸다. 세입의 대부분은 조세이지만, 그 규모는 경기에 따라 좌우된다. 고도성장기에는 조세 및 인지수입은 일반회계세입의 80%를 초과하는 비중을 점유하고 있었지만, 저성장경제로 이행한 1970년대 후반부터 1980년대 전반에 걸쳐서는 60%대로 저하하였다.

<표 6-6> 일반회계 세입의 구성 추이 (단위: %)

	1965	1970	1975	1980	1985	1988	1992	1996	2002	2005
조세 및 인지수입	82.5	86.2	64.0	61.0	70.7	78.7	80.6	68.4	54.3	54.3
공채금	0.0	0.0	24.6	32.3	22.8	11.1	13.3	28.8	35.4	38.6
기타	17.5	13.8	11.4	6.7	6.5	10.2	6.1	2.8	10.3	7.1

자료: 財務省, 『財政金融統計月報』, 各年.

이 때 세입부족을 보충한 것이 적자공채이다. 그 후 버블기에 조세수입의 증대에 의해 한층 비율이 높아졌지만, 심각한 불황과 병행하여 비율은 저하로 전환하였다. 또 공채의 일반회계 세입에 점유하는 비율은 조세수입의 경우와는 반대의 움직임을 나타내고 있고, 1975년에는 25%, 1980년에는 32%에 달하였다. 그 이후에는 발행삭감 방침에 따라 비율이 저하하였고, 1990년도부터 4년간 발행은 없는 것으로 되어 있다. 그러나 그 후 불황으로 인해 조세수입이 한층 감소되어, 경기불황책의 일환으로 공채발행이 또다시 재개되었다. 고도성장이 종료된 후 최대의 세입구조 변화는 공채에 대한 의존과 의존으로부터의 탈피를 목표로 하는 노력의 연속이었다.

재정수입의 최대항목인 조세는 국가가 징수하는 국세와 지방공공단체가 징수하는 지방세로 구성된다. 조세징수에 있어서는 몇가지 원칙이 제시되어 왔다. 첫째는 공평성의 원칙이다. 이것은 모든 사람으로부터 일률적으로 평등하게 징수하는 것이 아니라 담세능력에 따라서 징수한다는 것이다. 둘째는 간소성의 원칙이다. 조세체계는 누구에게나 간단하고 알기 쉬워야 한다는 것이다. 마지막으로 중립성인데, 조세의 존재가 경제활동에 중대한 영향을 미쳐서는 안 된다는 것이다. 또 조세는 세의 전가라는 관점에서 직접세와 간접세로 나누어진다. 간접세는 납세자와 담세자가 일치하지 않는 세금이며, 일반 소비세 등이 이에 속한다. 소비세 도입에 수반하여 종래의 물품세 등의 간접세는 없어졌지만, 현재에도 주세나 담배소비세 등의 간접세가 있다. 단 소비세나 주세는 국세이지만, 담배소비세는 지방세이다. 또 직접세인 소득세, 법인세는 국세이며, 지방세로서 도도부현민세나 시정촌세가 있다.

종래부터 국세 3세로 불리어졌던 것은 소득세, 법인세 및 주세이지만, <표 6-7>과 같이 소득세, 법인세와 같은 직접세가 국세의 대부분을 점하고 있다. 그러나 1989년도 도입되어 97년도에는 5%로 되었던 소비세율에 의해 소비세수입이 간접세 전체에 점하는 비율을 상승시키게 되었다. 금후 예상되는 소비세의 재인상이나, 2006년도 세제개정에 있어서 현재의 경제·재정상태를 감안하여 1999년 경기대책으로 도입된 定律減稅의 폐지나 세원이양에 수반되는 소득세 감면 및 경쟁력 강화·중소기업 지원 등의 관점에서 정책감세가 강구되는 등 금후 직접세와 간접세의 비율(直間比率)뿐 아니라 국고수입에도 큰 영향을 미칠 것으로 예상된다.

<표 6-7> 국세수입의 구성의 추이

(단위: %)

		1965	1975	1980	1985	1990	1992	1996	2005
직접세	소득세	31.0	40.8	39.6	40.8	44.4	47.6	34.6	35.2
	법인세	28.2	28.5	31.5	30.7	29.3	24.8	25.5	28.2
간접세		40.8	30.7	28.9	28.5	26.3	27.6	35.0	36.6

자료: 財務省, 『財政金融統計月報』, 各年.

일본의 조세체계는 소득세나 법인세 등 직접세를 중심으로 소비세나 주세 등 간접세가 이를 보완하고 있다. 원래 일본의 조세체계는 1950년의 샤우프권고에 의해 만들어진 원형을 기본으로 하고 있다. 이것이 경제정세에 대응하는 형태로 여러 차례에 걸쳐 개정되어, 소득세의 누진성을 완화하기도 하고, 지금까지 물품세를 폐지하고 소득세 도입을 도모하는 등 어느 정도 변용되었다. 원래 일본의 조세체계는 직접세 중심은 아니었다. 직접세와 간접세의 비율은 고도성장기까지는 거의 5 : 5에서 6 : 4로 비교적 균형을 유지하고 있었다. 그것이 1970년대에 들어서면서 직간비율은 한동안 7 : 3으로 되어 그 격차는 확대되었다. 직접세 중심의 조세체계는 국민들 사이에 빈부의 격차가 심하지 않았을 때에 부담능력이 높은 계층으로부터 징수해야 한다는 사회구조를 배경으로 하고 있다. 그러나 그 후 국제적으로 보아도 상당히 직접세 편중으로 되어 있는 조세체계를 재고한 결과, 직간비율의 격차는 줄어드는 경향을 보이고 있다.

그렇다면 일본경제에 맞는 조세체계는 어떠한 것일까. 복지와 재정건전화를 지향하는 재정운영에 있어서 국민부담의 문제를 고려하면서 안정적이고 민간활동의 활력을 억제하지 않는 수입구조를 확립하기 위해서는 조세체계는 어떠해야 하는가. 금후 한층 더 세제에 관한 논의를 할 필요가 있을 것이다. 최근 세제개정에서 보이는 소득·소비·자산 간에 조화가 이루어져, 공평, 간소하고 중립적·안정적인 세제지향은 플로우의 소득에 대해서만 과세하는 세제는 부적절하다는 인식 때문이다.[2)]

Ⅳ. 재정적자와 재정개혁

1. 재정과 국민부담

국민부담률(국민 전체에서 세금과 사회보장료를 어느 정도 부담하고 있는가를 국민소득과 대비해서 본 것)의 문제는 적자의 재정운영을 하도록 하였기 때문에 재정의 중요한 문제의 하나로 논의의 대상으로 되어 왔다. 그것이 위기적 재정상황에 직면하게 되어 본격적인 재정구조개혁의 키워드로서 일거에 부상되게 되었다. 국민의 경제부담은 재정규모와 큰 관계를 가지고 있다. 왜냐하면, 재정지출의 기초자금은 조세나 사회보험료 등 국민에 대한

2) 상게서, pp.118-127.

강제적 경제부담에 의거하는 것이며, 공채도 언젠가는 조세를 바탕으로 상환되지 않으면 안 되기 때문이다. 따라서 재정구조개혁의 재정과제인 '활력있는 복지사회·생활대국의 실현'과 '재정의 건전화'를 생각하기 위해서는 우선 국민부담률의 추이를 볼 필요가 있다. 또한 이 과제는 2006년 가을에 발족한 아베정권이 내세우는 '성장'과 '재정재건'을 양립하기 위한 것이다.

재정과 관련한 국민의 경제부담은 조세부담과 사회보장부담으로 되어 있다. 국민부담률은 <표 6-8>에 나타난 바와 같다. 표에는 국민부담률을 조세부담률과 사회보장부담률로 세분하고 있다. 또 부담률 산출에 있어 분자인 조세에는 경제주체가 국내에서 지불한 의료보험비, 공적연금의 부금, 고용보험비, 업무재해보험비 등이 포함된다.

<표 6-8> 국민부담률이 추이

(단위: %)

연도	61-65	66-70	71-75	76-80	81-85	88	91	94	96	2002	2005
조세부담률	19.2	18.6	20.3	21.0	24.4	27.5	27.4	23.2	23.3	22.3	23.1
사회보장부담률	4.3	5.2	5.4	8.5	10.2	10.5	11.5	12.5	13.6	14.5	14.7

자료: 財務省,『財政金融統計月報』, 各年.

고도성장기에는 사회보장부담률의 상승에 대해 조세부담률은 저하하였다. 이는 고도성장에 수반하는 조세의 자연증가를 재원으로 하여 감세조치가 취해졌기 때문이다. 그러나 1970년 이후 저성장기가 되면, 조세부담률이 매년 상승함을 반영하여 국민의 경제부담률도 매년 상승하였고, 1990년에는 39.2%를 기록하였다. 그 배경에는 첫째, 일본의 조세체계는 누진적 성격이 강했다는 점, 더욱이 조세수입이 별로 늘어나지 않았기 때문에, 감세조치가 여러 차례에 걸쳐 연기되었던 점을 들 수 있다. 둘째로, 저성장에 의한 세입의 감소 때문에 새로운 과세조치가 강구되었다는 점이다. 셋째로, 국민의 사회보장부담에 있어서도 수익자부담이라고 하는 원칙이 강조되어 부담률의 상승으로 나타났다는 점 등이다. 그러나 그 후에는 불황의 장기화로 조세부담이 매년 저하하였기 때문에 한계점에 도달하여 36%에서 38% 수준 사이를 추이하고 있다. 다만, 급속한 고령화에 수반하여 사회보장부담률은 착실하게 상승하고 있다. 그 수치는 다른 선진국의 국민부담률, 예를 들면 영국이나 독일은 50% 전후, 프랑스는 60%대, 스웨덴은 70% 등과 비교하면 결코 높은 것은 아니다.

한편 일본의 재정규모는 매년 확대되고 있다. 그러나 재정규모는 국민의 경제부담능력과 밀접한 관련을 가지고 있고, 기본적으로는 그 제약을 받는다. 정부는 금후 부담률의 기준을

50%로 하고 있지만, 지금까지 재정규모의 확대와 국민부담률의 상승을 고려한다면, '작은 정부'의 추구는 국민부담률의 상승을 억제하기 위해 필요한 정치과정이라고 생각된다.

국민부담률의 상승이 문제가 되는 것은 이것이 공공부문에 의한 가계나 기업 등 민간부문으로부터의 강제적 징수를 초래하기 때문이다. 부담률의 상승은 한편으로는 민간부문의 자유로운 활동자금을 흡수하고, 다른 한편으로는 안이한 재정규모 확대로 연결되어, 민간활력을 저해할 위험이 있다. 그러나 국민부담률의 상승을 억제하는 것은 우리들이 원하는 경제사회 건설과 양립하는 것일까. 국민부담률을 어느 정도 설정하여야 하는가, 즉 수익과 부담의 균형을 어떻게 생각하는가, 더욱이 조세부담률과 사회보장부담률을 어떻게 배분할 것인가에 대해서, 재정의 건전화와 도달해야만 하는 복지수준에 대한 국민의 합의를 얻으면서 그 해답을 찾아야 할 것이다.

2. 공채의존의 재정운영

석유쇼크를 계기로 저성장경제가 도래함에 따라 재정수지에 적신호가 켜지게 되었다. 경기회복과 복지의 충실을 슬로건으로 1970년대 초기에는 대형예산이 편성되었다. 그러나 직접세 중심의 특유의 조세체계 때문에 저성장 하에 세입부족은 매우 심각하였다. 그 결과 1975년도부터는 적자공채의 대량발행에 의해 재정운영을 도모하게 되었다.

당초부터 일본은 전후부터 고도성장기에 걸쳐서 민간저축을 탕진하지 않고, 더욱이 균형재정주의를 견지하는 것을 재정운영의 기본방침으로 하였다. 이 때문에 재정법에는 국가의 세출은 원칙적으로 공채 혹은 차입금 이외의 세입을 가지고 그 재원으로 하지 않으면 안된다고 규정하였고, 단서조항으로 공공사업비의 재원만은 국회의 의결을 거친 금액의 범위 내에서 공채발행을 할 수 있는 것으로 하고 있다.

그런데 고도성장기 후반기인 1965년에 경기후퇴에 의한 세수입 부족으로 세입의 보진이 필요하게 되어, 특별히 법률을 제정하여 공채를 발행하였다. 이는 경상적지출재원을 보충하기 위한 공채였기 때문에 전후 처음으로 발행된 적자보진채이며, '특례채'로 불리어졌다. 당초 이것은 당해 연도에 한해 발행한다는 것으로 말 그대로 특례였다. 그러나 그 다음해인 1966년에 경기부양을 위한 재원확보를 위해 건설공채가 발행되어, 공채의존형 재정운영이 표면적으로 등장하게 되었다.

그러나 석유위기 후의 불황대책으로 1975년에 또다시 '특례채'가 발행되어 본격적인 공채의존형의 재정운영으로 이행하게 되었다. 그 결과 공채의존도가 높아지고, 공채잔고도 급증하게 되었다. 1979년도에는 일반회계에 점유하는 공채의존도는 한때 40%에 달하기도 하였다. 그러나 1980년을 정점으로 그 후 경제재건 노력으로 공채발행액은 매년 삭감되어, 1990년에는 적자공채로부터 탈피하게 되었다. 그러나 그 후에도 건설공채는 계속해서 발행되었다. 버블붕괴 후에 실시된 불황대책과 세수입의 부족 등으로 인해 또다시 적자공채가 발행되기 시작하여 2006년도 말에는 이들 공채잔고의 합계가 542조엔에 달하는 것으로 예상되고 있다. 이 때문에 공채의존도는 독일, 프랑스, 영국 등 주요 선진국 수준을 상회하는 높은 수준이고, 2005년도의 경우 의존도는 미국의 3배에 이르고 있는 상황이다.

재정적자에 의해 발생된 공채잔고의 누적은 한편으로는 상환의 문제를, 다른 한편으로는 공채비용이 되는 이자지불 문제를 발생시킨다. 실제로 일반회계 점하는 이자비용의 비율을 보면, 1979년에는 10%대이며, 그 이후 점점 상승하여 피크기인 1987년에는 20.2%에 달하였다. 그 후에는 점차 저하하여 2006년에는 10.9%로 되었다. 이자비용을 포함한 국채비의 팽창은 탄력적인 재정정책의 발동에 필요한 재량의 폭을 좁혀, 재정경직화를 초래하는 요인이 된다. 재정적자의 누적은 세대간의 불공평이나 활력있는 경제·사회의 실현에 큰 족쇄가 된다. 따라서 금후의 재정운영에 있어서는 1970년 이후 정착된 공채의존형에서 건전형재정으로 가능한 한 빨리 이행하기 위한 방법을 모색하는 것이 재정의 중요과제의 하나이다.

3. 건전재정의 장래전망

일본의 2007년도(당초예산 기준) 기초재정수지[3] 적자가 4.4조엔에 달하는 한편 국채발행잔액은 제2차세계대전 직후에 이은 사상 최고수준인 547조엔에 달하는 등 재정사정이 매우 심각하다. 특히 국채 잔액규모는 일반회계 조세수입의 약 10년분에 해당하며, 1년 이자 지급액만 하더라도 약 10조엔에 달하고 있다. 세입예산 중 조세수입은 60% 미만으로 나머지를 국채발행에 의존하고 있으며, 일반회계 세출 예산 중 1/4을 국채비[4]가 차지한다. 일본 재무성은 국채발행 잔액을 1만엔권으로 쌓아올리면 총 높이가 약 5,420km로 후지산(3,776m)의 1,400배, 에베레스트(8,848m)의 약 600배에 해당하는 방대한 규모로 대책마련이 시급하다고 강조하고 있다.

주요국에 비해서도 일본의 재정적자 수준 및 정부채무는 최고수준이다. GDP 대비 재정적

3) 기초재정수지(Primary Balance) 적자는 재정적자에서 원리금 지급액을 제외한 것으로 제로(기초재정수지 균형)가 될 경우 해당 회계연도의 정책적 지출을 신규국채발행에 의존하지 않고도 감당 가능한 재정수준이 됨.

4) 국채원리금 상환액, 국채발생을 위한 경비 등 국채관련 제반 비용.

자 비중이 2003년도의 -8.1%에서 2006년도에는 -4.9%로 크게 축소되었음에도 불구하고 영국(-3.4%), 독일(-3.1%)보다 높으며 미국과는 유사한 수준이다. 특히 GDP 대비 정부채무비중이 2006년도에 175.2%를 기록하여, 영국(50.3%), 미국(64.1%), 독일(71.3%)에 비해 2-3배나 높은 수준으로 선진국 중 가장 빠른 속도로 확대되고 있다.

또한 고령화의 진전으로 사회보장 관련비용의 빠른 증가로 세출증가 압력이 계속 확대되는 추세이다. 일본의 2050년 총인구 대비 65세 이상 인구비율 예측치는 35.7%로 UN이 추계한 주요국의 65세 이상 고령자 비율 증가속도를 상회하는 것으로 나타났다. 후생노동성의 「사회보장의 급부와 부담 전망(2006. 5)」에 따르면 2015년경에는 사회보장부담액이 약 114조엔 규모에 달할 것으로 전망하고 있다.

일본정부는 코이즈미 정부 출범 당시부터 재정상황의 심각성을 인식하여 공공부문 개혁과 공공투자 감축 등 세출삭감을 통한 재정건전화 방침을 수립하여 추진하였다. 구체적인 재정건전화 추진일정으로 코이즈미 내각시기(2001-06년도)를 제 1기, 이후 10년간(2007-2010년대 초)을 제2기, 2010년대 초- 2010년대 중반까지를 제3기로 구분하여 세부목표 및 원칙을 수립하였다. 일본정부의 재정개혁을 위한 7대 원칙(경제 재정운영과 구조개혁에 관한 기본방침 2006, 06. 7. 7 내각결의)은 다음과 같다.

① 철저한 정부 슬림화(세출개혁, 자산매각, 특별회계 개혁 등)로 국민부담 최소화
② 성장력 강화에 따른 성과는 국민생활 향상과 재정건전화로 유도
③ 우선순위 명확화로 성역(특별회계, 독립행정법인 등 포함)없는 세출삭감 실시
④ 중앙·지방간 균형 있는 재정재건실현을 위한 협력체제 강화
⑤ 장래 세대에 부담을 전가하지 않는 사회보장제도 확립(공평분담과 안정재원확보)
⑥ 과감한 자산압축 진행으로 밸런스 시트를 축소
⑦ 새로운 국민부담은 정부 비대화가 아닌 대 국민환원(선 세출삭감)

재정건전화 제2기 목표로는 2011년도 기초수지 흑자화를 명기하면서 필요재원 추정액(16.5조엔, 명목성장률 3%) 중 14.3-11.4조엔은 세출삭감으로, 나머지는 세수증가(2-5조엔)로 충당 가능하다고 추정하였고, 아울러 재정건전화 제3기 목표로는 2010년대 중반까지 GDP 대비 정부채무 잔액 비중을 안정적인 수준으로 낮출 것을 천명하였다.

이후 아베정부도 국채 신규발행액의 대폭 축소 등을 공약으로 내세우는 등 재정건전화 추진에 대한 강력한 위지를 표명하였다. 공공투자 등 세출삭감, 사회보장급부 억제를 위한 중장기적 연금·의료개혁 등도 지속적으로 추진한다는 방침이다. 지방재정에 대해서는 이전

정부와는 달리 지방의 '자립과 자율'에 무게를 두면서 지방자치와 지방분권을 강조하였다. 이에 따라 2007년도 당초 예산에서는 국채 신규발행액을 과거 최대인 약 4.5조엔 감축(2006년 30조엔에서 2007년 25.4조엔)하였다. 2007년도부터는 중앙에서 지방으로 약 3조엔 규모의 세원을 이양하여 지방자치단체에서 지방세로 자체 징수가 가능하도록 하였다.

이러한 노력에 힘입어 2003년 이후 재정건전화가 다소 진전되는 모습을 보이고 있다. 특히 2003년도(결산) 19.8조엔에 달하였던 기초수지적자가 2007년도(당초예산)에는 4.4조엔으로 예상되어 4년간 약 1/4수준으로 크게 축소되었다. Goldman Sachs사는 2007년도 예산안을 감안할 때 일본정부의 재정수지 균형달성계획이 더욱 조기에 달성될 것으로 예측[5]하였다.

아베 정부는 출범 이후 성장을 보다 중시하고 있어 기초수지 균형 등 향후 재정건전화 목표의 달성이 점차 어려워질 전망이다. 즉, 정부의 중기재정운영 지침이 코이즈미 정부에서는 '개혁과 재정건전화'에 역점이 두어졌으나, 아베 정부에서는 '재도전과 기회'와 함께 '성장'을 중시하고 있어 과거와 같은 세출삭감 지속은 어려울 것으로 보인다. 실제 2007년도 일반회계 세출예산총액은 전년도(당초예산)의 79.7조엔보다 3.2조엔이나 증가한 82.9조엔으로 2년만에 증가세로 전환하였다. 특히 신규 국채발행액이 그간 30조엔 정도로 억제되었으나 만기 차환채는 약 100조엔으로 연간 총발행액은 130조엔에 이르러 향후 금리상승시 국채비 부담은 더욱 급증할 것으로 예상된다.

또한 아베 정부 출범 이후 발표된 소자화·고령화대책, 인재육성대책, 신산업창조전략 등 일본경제의 장기 성장전략에는 적지 않은 재정자금 지출이 수반됨에 따라 단기간에 재정건전화 달성은 무리하는 지적이다. 대부분의 전문가들은 앞으로도 강도 높은 세출삭감이 지속되지 않으면 재정건전화의 목표시한 내 달성이 어려울 것으로 예상하고 있다. 최근의 수지개선이 세출삭감보다는 경기회복과 적자기업의 흑자전환에 따른 세수증가와 정률감세[6] 폐지(2.5조엔 증세 효과) 등에 주로 기인한 것으로 이후 동 효과 소멸시 최근과 같은 규모의 세수증대가 지속될 것이라는 기대는 비현실적이라는 지적이 많다. 2004년도 이후 매년 예상치보다 2-3조엔 정도의 세수증가를 이룬 주요 요인은 기업수지 호조 지속과 적자기업 감소에 따른 법인세 납부액 확대에 기인한다.

특히 일본정부는 소비세율 인상(2009년도 중 3%, 2013년 중 2%)을 추진하고 있어 이에 따른 소비저조와 경기감속, 세수저하로 이어질 경우 재정건전화는 더욱 지연될 것이라고 우

5) Goldman Sachs, "*Fiscal Balance Improvement: The Never Ending Story?*", 2007. 3. 9.

6) 정률감세는 1999년 도입(소득세액 20%, 주민세액 15% 감면)되었으나 이후 경기회복과 더불어 2005년 감세율 50% 축소를 거쳐 2006년에는 완전 폐지되었음.

려하고 있다. 또한 고령화 진전에 따른 사회보장비 증가 전망(연간 8,000억엔), 2009년도 기초연금 국고부담비율 상승에 따른 세출증가 전망(약 2.7조엔) 등을 감안할 때 현단계에서 균형달성 전망은 성급하다는 지적이다.

적자지속에 따른 재정의 경직화는 성장동력 확충을 위한 정책자금지출을 제한함과 동시에 국채의 신뢰저하와 소비감소, 금리상승에 따른 구축효과 등으로 일본경제의 활력을 크게 저해할 가능성이 있다. 정부채무의 급속 확대에도 불구하고 재정의 지급불능(insolvency) 리스크가 그간 표면화 되지 않은 것은 낮은 수준의 장기금리, 거액의 가계 금융자산 및 경상수지 흑자 등이 지속되었기 때문이라는 평가가 있다. 향후 금리상승, 엔화의 강세전환 등이 투자둔화, 기업수익 축소, 세수감소로 이어질 경우 경기부진과 함께 재정악화의 악순환도 우려된다. 특히 그간 장기금리가 2% 이하의 낮은 수준을 지속하여 국채 이자부담이 최대한 억제되었으나 향후 일본은행의 금리인상과 더불어 점차 상승세로 전환되면서 국채이자 부담이 크게 늘어날 가능성이 있다.

일본재정제도심의회는 고령화 진전과 더불어 재정적자 누적지속에 따른 악순환이 표면화될 경우 일본경제의 장기 지속성장을 저해하는 가장 큰 걸림돌로 작용할 것이라고 경고하고 있다. 아울러 재정적자는 일본경제가 충분히 감당 가능한 수준이라는 주장도 있으나, 일본 가계당 1,700만엔 정도의 방대한 규모인 만큼 향후 소비심리 저하 등 일본경제에 마이너스로 작용할 것으로 예상된다.

또한 일각에서는 기초수지 균형달성은 단순한 기본조건에 불과하며 재정재건의 최종목표는 채무잔액의 GDP 대비 비중 저하가 가장 중요하다고 주장하고 있다. 전문가들은 경제성장, 세출삭감, 세입확대의 균형 있는 정책운영만이 재정재건의 최종 목표를 실현할 수 있는 최대 관건이라고 지적하고 있다. 따라서 경기확대에 따른 세수증가 시 세입확대 및 세출삭감 노력이 약화될 가능성이 있으므로 개혁의지가 후퇴하지 않도록 유의할 필요가 있다.

제7장 금융

1990년대 이후 일본경제는 제2차 세계대전 이후 예를 찾기 어려운 장기 복합불황이 지속되고 있다. 자산가격의 폭락과 고용환경의 악화로 개인소비가 크게 위축되어 디플레이션이 발생하고 있으며 기업의 설비투자도 감소하고 있는 상황이다.

이러한 일본경제의 침체의 원인을 버블붕괴에 따른 금융위기에서 찾는 것이 일반적이나 최근에 와서는 고도성장기에 형성되었던 일본의 금융시스템이 저성장기에 접어든 이후에도 지속되었기 때문이라는 주장이 제기되고 있다. 경제시스템의 구조변화에도 불구하고 메인뱅크를 중심으로 한 간접금융중심의 자금조달, 금융정책 당국의 인위적인 규제정책 등이 최근까지 유지됨으로써 새로운 금융환경 변화에 대한 대응이 미약했다는 지적이다.

Ⅰ. 1990년대 일본의 금융위기

1. 버블의 발생과 붕괴

일본의 버블은 1986년에서 1990년까지 자산가격의 급격한 상승과 통화량·신용의 팽창, 경제활동의 과열이 동시에 일어났던 현상으로 이해할 수 있다. 주가는 1982년부터 상승하기 시작하여 1986년 이후 본격적으로 급상승하였으며 부동산가격도 주가에 비해 약간 늦게 상승세로 전환되었으나 부동산 가격상승은 도쿄에서 시작되어 오사카, 나고야 등 주요 도시를 거쳐 전국으로 확산되었다. 1980년대 후반 일본경제는 제2차대전 후 두 번째로 긴 51개월간(1986. 11-1991. 2) 경기확장세를 지속하였다.[1] 일본은행의 금융완화정책으로 통화량과 신용이 급팽창함에 따라 금융시장에는 과잉유동성 상태가 지속되었다.

---

1) 가장 긴 경기확장기는 1965년 10월부터 1970년 7월까지 57개월간 계속된 '이자나기 경기'이다.

1980년대 일본의 버블은 단일 요인에 의해서가 아니라 여러 가지 요인이 상호 상승작용을 일으킴으로써 발생한 것이다. 일본 버블이 발생한 원인과 확대요인은 ① 금융기관의 적극적인 규모확대 추구, ② 금융자유화의 진전, ③ 금융기관의 리스크 관리 미흡, ④ BIS자기자본 규제의 도입, ⑤ 장기간에 걸친 금융완화, ⑥ 부동산가격을 초래한 세제 및 규제, ⑦ 시장규율의 부재, ⑧ 국민의 자신감 및 도취, ⑨ 경제기능의 도쿄집중과 국제금융센터화 등으로 정리되고 있다. 이들 요인 중 금융기관의 적극적인 규모확대 추구, 장기간에 걸친 금융완화, 부동산 가격의 상승을 초래한 세제 및 규제, 일본 전체의 자신감이 버블발생의 핵심요인으로 지적되고 있다.

금융기관이 대출활동을 적극적으로 실시한 것은 1987년 이후이지만, 이미 1983년부터 서서히 대출행태의 변화가 나타났다. 1985년 9월 플라자합의(Plaza Accord)이후 급속한 엔고가 진행되자 이에 대한 대응책으로 일본은행은 적극적인 금융완화정책을 실시하였다. 장기간에 걸친 금융완화가 실시됨으로써 자산가격의 급상승이 초래되었고, 기업의 자금조달능력은 향상되었다. 버블 당시 적용되고 있던 토지에 대한 세제 및 각종 규제로 인해 부동산가격의 상승을 유발하였다. 1980년대 중반 이후 주가상승, 물가안정 등을 배경으로 높은 경제성장이 지속됨으로써 일본경제에 대한 자신감이 만연하였다.

이러한 일본의 버블은 1989년 일본은행의 금융긴축정책 실시를 계기로 급격히 붕괴되기 시작하였다. 일본은행은 1987년에 접어들면서 통화량과 자산가격 동향에 대해 우려를 나타내는 등 금융완화에 대한 경계감을 표명하였다. 1987년 10월 19일 미국에서 발생한 블랙먼데이(Black Monday)를 계기로 일본의 금리가 상승세를 보이는 것에 대한 미국의 반발이 거세지면서 결국 1988년 1월 레이건- 다케시타 회담에서 일본경제는 저금리정책을 유지하기로 결정하였다. 이후 금융시장의 과잉유동성이 계속되자 더 이상 외부요인에 의한 저금리기조유지가 곤란하다고 판단한 일본은행은 1989년 본격적으로 금융긴축정책을 실시하였다.

2. 1990년대 일본경제의 동향

버블이 붕괴됨과 동시에 그동안 고도성장의 그늘에 가려져 있던 일본경제 시스템에 대한 문제점이 노출됨으로써 일본경제는 제2차대전 이후 경험하지 못한 장기불황에 돌입하였다. 일본의 장기불황기를 1991-1993년의 제1기, 1994-1996년의 제2기, 1997-1999년의 제3기, 2000-현재까지 제4기로 구분하는 것이 일반적이다.

(1) 1991-1993년의 경기후퇴국면

1990년 8월 재할인률이 6.0%로 인상되는 등 금융긴축정책이 실시되고 버블이 붕괴함에 따라 1991년부터 금리민감도가 높은 주택투자, 중소기업의 설비투자를 중심으로 수요가 감소하고 재고조정과정에 진입하였다. 자산가격이 급락하고 통화증가율(M2+CD)이 급격히 둔화됨에 따라 일본정부 및 일본은행은 금융완화 및 재정지출 확대정책을 실시하였다.

(2) 1994-1996년의 경기회복국면

자산가격의 하락폭이 둔화되고 기업의 재고조정이 어느 정도 마무리됨에 따라 경기가 다소 회복되었으나 부동산 담보대출의 부실화가 서서히 진행되었다. 재정지출의 확대와 금융완화정책의 효과로 주택에 대한 투자가 확대되는 등 완만한 경기회복세가 시현되었으나 엔화환율의 하락으로 수출기업을 중심으로 채산성이 악화되었다. 엔고로 인한 충격을 완화하기 위해 일본정부가 추가적 재정·금융완화정책을 실시하면서 경기회복세가 가시화되었다. 그러나 금융면에서 住專(주택금융전문회사)과 논뱅크 관련 부실채권의 증가로 인해 모기업인 은행의 경영상태가 급격히 악화됨에 따라 1995년 母은행의 住專처리를 지원하기 위해 6,850억엔의 공적자금이 투입되고 금융기관 경영의 건전성 확보를 위한 금융관련 6법[2]의 제정 및 개정을 통해 금융시스템 안정을 위한 제도정비를 추진하였다.

(3) 1997-1999의 경기악화국면

동아시아의 금융위기와 부실채권문제로 인해 금융불안이 심화되고 일본정부가 적자재정 해소를 표명함에 따라 1997년 후반부터 심각한 경제불황이 발생하였다. 1997년 일본정부가 소비세율을 인상하는 등 재정건전화 정책을 추진함에 따라 가계의 소비지출이 급격히 위축되는 한편, 1997년 아시아 금융위기 발생으로 금융중개기능이 크게 저하되어 기업의 설비투자가 위축되었다. 이러한 경기침체에 대해 일본정부는 재정확대정책을 실시하고 일본은행은 제로금리정책을 실시하는 등 금융·재정정책을 총동원하였으나 국내수요의 회복부진으로 경기침체가 장기화되었다.

(4) 2000-현재

2000년 이후 디플레이션이 심각해지면서 일본은행이 사상 유래가 없는 금융완화정책을

---

2) 금융관련 6법은 금융기금재생긴급조치법, 금융기능조기건전화긴급조치법, 예금보험법, 서비스법, 경매제도관련2법, 근저당양도임시조치법을 의미한다.

실시했음에도 불구하고 부실채권문제가 심각해지자 일본정부는 금융재생프로그램을 실시하는 등 부실채권문제에 적극적으로 대처하였다. 1999년 하반기 이후 현재까지 소비자물가지수가 마이너스를 기록하는 등 디플레이션이 진행되면서 명목 GDP성장률도 2000년 이후 마이너스로 돌아서는 등 경기침체가 한층 가속화되었다. 경기가 지속적으로 악화되고 디플레이션이 지속되면서 일본은행은 금융조절의 유도목표를 변경하는 등 보다 적극적인 금융완화정책을 실시하고 있다. 이러한 양적완화정책의 실시로 본원통화는 급격히 증가하였으나 실제통화증가율은 소폭 증가에 그치는 등 금융정책 변화의 효과는 미미한 수준에 그쳤다.

이처럼 금융기능이 급격히 저하되자 금융기관의 부실처리를 경제회복의 최우선과제로 인식하게 된 일본정부는 지금까지의 소극적인 대응에서 벗어나 적극적인 개입을 통한 경제활성화와 금융시스템 개혁을 추진하였다. 이러한 과정 속에서 일본 금융시스템의 문제를 해결하기 위해서는 부실채권문제를 시급히 해결해야 한다는 인식하에 일본정부는 금융재생프로그램도 실시하였다.

3. 부실채권문제와 금융산업의 동향

부실채권의 지속적인 처리에도 불구하고 부실채권의 신규발생이 지속되는 한편 부실채권기준의 강화로 절대규모 역시 증가하고 있는 추세로 일본의 부실채권문제는 심화되고 있는 상황이다. 한편 버블붕괴 초기에는 부실채권의 상당부분이 부동산을 담보로 한 부동산, 건설, 도소매업에 집중되어 있었다. 버블붕괴의 영향이 적었던 기업도 장시간에 걸친 경기침체와 산업구조조정 압력으로 업종별, 기업별 실적차이가 확대되어 경쟁에서 도태된 기업의 대출이 신규 부실채권화 되었다.

은행을 중심으로 한 금융기관의 채무자 및 대출자산에 대한 구분이 명확해지고 평가 또한 엄격해짐에 따라 부실채권으로 인정되는 채권의 규모가 증가하였다. 1998년 적기시정조치가 도입됨에 따라 은행의 자기평균기준이 도입되고 1998년에 금융재생법이 통과되면서 금융재생법개시채권이 도입되어 현재에는 부실채권을 정의할 때 3가지 개념을 혼용해서 사용하고 있다. 일본의 부실채권은 법령에 의해 리스크관리채권(은행법)과 금융재생법개시채권(금융재생법)으로 구분되나 대상채권의 범위가 금융재생법개시채권이 약간 광범위한 것을 제외하면 규모면에서는 유사하다.

부실채권문제는 일본 금융시스템이 안고 있는 표면적인 문제이며 근본적인 문제는 일본은행들의 수익성이 낮다는 점이다. 일본의 은행들이 부실채권을 처리할 수 있을 정도로 수익성이 높다면, 전체 부실채권의 규모는 감소할 것이나 현황은 그렇지 못하다.

이처럼 부실채권문제가 장기화됨에 따라 은행들의 신규대출활동이 크게 위축되었고 결국 일본경제 회복의 걸림돌로 작용하고 있다. 일본의 은행들은 부실채권비율이 상승함에 따라 중소기업 대출을 억제하는 등 신규대출규모를 축소하고 있다.

부실채권 빌생을 억제하기 위해서는 일본은행들의 지배구조 변화와 은행대출축소에 대한 사회적 인식의 변화가 필요하다. 그러나 현재 일본은행들이 버블이 붕괴된 후에도 대출잔고를 크게 줄이지 않고 있는 것은 은행의 지배구조가 이러한 행동을 용납하지 않기 때문이다. 결국 현재 일본의 부실채권문제는 버블붕괴에 따른 요인에서 경기침체 장기화에 따른 산업구조 및 기업경영의 전환·조정압력에 의한 요인으로 변모하여 일본경제시스템의 위기로 인식되고 있다.

Ⅱ. 금융시스템 위기의 원인

1. 산업구조 및 자금조달의 변화와 메인뱅크 시스템의 위기

현재 일본의 금융시스템 위기의 본질은 고도성장기에 유지되었던 산업금융중심의 메인뱅크 시스템이 1990년대까지 유지되었기 때문이다. 일본 금융시스템의 위기는 메인뱅크 시스템의 위기로 산업구조 및 기업의 자금조달환경이 변화했음에도 불구하고 메인뱅크를 중심으로 한 은행들의 행태가 과거의 산업금융 위주에서 탈피하지 못하였기 때문에 발생하였다. 따라서 현재 일본의 금융위기를 설명하기 위해서는 1980년대 이후 금융환경변화와 메인뱅크의 대응에 대해 설명할 필요가 있다.

1980년대 중반 이후 기업의 자금조달규모가 변화하고 산업구조도 변모함에 따라 기업과 은행 모두 메인뱅크 시스템에 대한 필요성이 감소하였다. 1985년 8월 플라자합의 이후 엔고에 의한 수출위축 우려를 국내수요 창출로 만회하기 위해 금융완화정책을 실시하였다. 한편 1980년대 중반 이후 금융자유화와 금융완화에 따라 자금조달비용이 크게 낮아지고 다양한 채널을 통해 자금조달 및 공급이 이루어짐에 따라 금융기관, 기업, 개인의 자금조달 행태가 크게 변화하였다.

이와 함께 고도성장기에 높은 수준을 유지했던 성장산업의 설비투자 수요가 산업 자체가 성숙화 되면서 크게 감소하였다. 산업구조가 변모함에 따라 메인뱅크가 축적한 과거의 기업정보가 더 이상 유효하지 않게 되어 은행의 대출행태가 서서히 변화하였다.

경제성장률 저하에도 불구하고 1970년대 유지되었던 은행대출증가율이 1980년대 이후에도 지속적으로 유지되는 등 고도성장기의 금융시스템이 유지되었다. 저성장기에 접어들면서 기업의 신규대출규모가 크게 감소했음에도 불구하고 자산가격 상승과 경제성장에 대한 낙관적인 기대 때문에 대출확대정책이 지속되었다. 인위적인 저금리정책이 저성장기에도 지속되어 금융기관에게 규모의 확대를 통해 초과이득을 획득할 수 있는 유인을 제공하였기 때문에 대출공급이 확대되었다.

이와 더불어 은행을 비롯한 금융기관들이 자금조달의 대부분을 예금에 의존하고 있고, 예금금리의 자유화가 여타 선진국에 비해 늦게 이루어져 대출을 통해 초과이윤을 획득하였다. 은행의 여신활동이 담보 위주의 대출로 변모되면서 버블붕괴는 담보가치의 하락을 초래하였고, 이는 은행경영의 위기로 이어지게 되었다.

2. 메인뱅크 시스템의 특징과 한계

(1) 메인뱅크 시스템의 특징

일본의 금융시스템을 이해하기 위해 메인뱅크 시스템의 형성과정과 특징 및 최근의 붕괴과정을 이해할 필요가 있다. 메인뱅크 시스템은 정부의 규제와 함께 일본의 금융시스템을 형성한 중요한 요인으로 인식되고 있다.

은행중심의 금융시스템, 즉 메인뱅크 시스템은 제2차세계대전 이전 재벌중심의 기업지배구조를 대신하여 일본기업에 대한 지배구조로 정착되었다. 메인뱅크는 기업과 밀접한 관계를 가지면서 감시책임이 있다고 인정되는 은행으로 단순한 자금의 공급자가 아니라 다음과 같은 기능에 의해 기업지배자의 역할을 수행하였다.

첫째, 해당 기업의 대출 중 최대비율을 대출한 은행이거나 주요 주주인 은행, 둘째, 또한 기업과의 거래가 일시적인 것이 아니라 장기간 계속되는 고정적인 관계, 셋째, 기업이 경영위기에 처했을 경우 반드시 그 기업에 직원을 파견하여 경영재건에 노력, 넷째, 단순히 기업에 대한 대출을 행하는 것이 아니라 예금계좌를 통해 결제서비스 등을 제공하는 등 종합적인 거래관계이며 기업에 경영컨설팅 서비스와 각종 정보를 제공하고, 다섯째, 기업이 경영위기에 처했을 때, 메인뱅크는 긴급융자를 실시하는 등 제반 수단을 동원하여 경영위기에서 구제하기 위해 노력하며, 파산할 경우에도 파산비용의 일정 부분을 분담하는 것 등으로 되어 있다.

이러한 일본의 메인뱅크 시스템을 통한 은행의 감시기능은 다음과 같이 구분된다. ① 자금조달을 희망하는 기업의 변제능력이나 장래성을 고려한 사전단계의 감시, ② 자금을 조달한 기업의 경영성과를 감시하는 중간단계의 감시, ③ 경영위기나 채무불이행에 처한 기업의 경영상황이나 재생가능성에 관한 정보를 수집하거나 해석하는 사후적인 감시 등이다.

메인뱅크는 이러한 감시기능을 통해 축적된 해당 기업의 고유정보를 이용함으로써 정보의 비대칭성 문제를 어느 정도 완화시키는 역할을 수행한다. 메인뱅크 시스템은 제2차 세계대전 이후 연합국총사령부(GHQ)가 독점금지법을 통해 재벌의 경영통치 메커니즘을 해체하자 이를 대체하기 위한 수단으로 성립되었다.

메인뱅크 시스템은 일본형 기업지배구조이며 그 특징은 기업지배구조의 핵심인 감시·개입기능이 메인뱅크에 집중되면서 분화되어 있다는 점이다. 일본의 기업지배구조는 자본시장 참가자 전부가 직접적으로 기업에 대한 감시·개입에 참여하는 것이 아니라 특정 투자가에 감시·개입기능이 집중되어 있다. 감시·개입 기능은 항상 특정집단에 위탁되지 않고 상황에 따라 메인뱅크와 모기업이 집중적으로 권한을 갖는 분업적인 성격이 강하다.

고도성장기에 이러한 메인뱅크 시스템을 유지하기 위한 정책수단으로 채택된 것이 인위적인 저금리정책을 비롯한 금융규제이다. 수급조절을 통해 자금의 공급을 늘이거나 수요를 줄여야 하지만, 당시 일본경제에서는 경제성장을 위해 기업의 자금수요를 억제하는 것이 불가능하였다. 또한 외국자본 도입을 제한하는 외국환관리정책이 실시되었기 때문에 외자를 통한 자금공급을 늘이는 것이 곤란하여 결국 금리수준을 통제하는 방안을 선택하였다. 이에 따라 은행들은 신용할당을 통해 자금배분을 직접 관리하였다.

메인뱅크는 기업과 장기적인 거래관계를 형성하고 정책당국은 경쟁제한적 규제를 실시함으로써 메인뱅크를 비롯한 은행의 이윤을 보장하였다. 은행은 비용을 들여 특정 기업에 대한 심사활동을 함으로써 그 기업의 경영내용이나 재무상태에 대한 정보를 획득하였다. 반대로 기업측에서 보면, 한번 대출을 받았던 은행과 거래를 계속하는 것이 유리하다. 또한 일본정부는 경쟁제한적 규제를 실시함으로써 은행의 초과이득을 보장하였다.

경쟁제한적 규제 등 보호적인 메인뱅크 지배구조가 정착되면서 은행에 대한 완만한 감시·감독체제가 정착하게 되었다. 일본의 감독당국은 은행의 부실경영에 대한 패널티 부여의 역할을 수행하지 못하고 기본체제 유지를 위한 보호차원의 감독정책을 시행하였다.

(2) 메인뱅크 시스템의 한계

고도성장기에 이러한 메인뱅크 시스템이 효율적으로 기능했는가에 대한 비판적인 의견이 제기되고 있다. 호송선단방식(convoy system)이 효율적인 금융기능을 보호하는 방향으로 운영되는 경우 메인뱅크 시스템이 제대로 기능하지 못할 수 있다.

또한 버블붕괴 이후 금융시스템 변화로 정책당국의 메인뱅크에 대한 감시기능이 한계에 직면하였다. 지금까지 일본 금융정책의 기본은 호송선단방식에 의해 유지되어 왔으나 버블붕괴와 동시에 일어난 각종 금융사고로 인해 종래의 감시시스템에 대한 비판이 커지고 있다. 1990년대 중반 이후 대형금융기관의 파산이 이어지면서 과거 호송선단방식에 의한 은행파탄처리 방법이 한계에 봉착하였다. 부실채권의 한계가 은행경영의 압박요인으로 작용하면서 메인뱅크를 중심으로 한 금융기관간 협조융자(syndicate loan) 제도가 붕괴되었다.

메인뱅크에 의한 금융시스템이 금융환경변화로 위기를 겪고 좌절을 경험한 이후에도 과거의 메인뱅크 체제를 고집한 것이 일본 금융의 위기발생의 근본이다. 저성장체제로 접어들어 은행경영환경이 크게 변화되었음에도 불구하고 대출위주의 양적 확대정책과 기업금융체제를 유지하려고 하였던 것이 위기발생의 원인이다.

Ⅲ. 금융정책의 변화와 금융의 구조조정

1. 금융규제정책의 한계

일본 정책당국이 일본경제가 더 이상 고도성장을 지속할 수 없다는 등 경제환경의 변화를 인식하기 시작한 것은 1980년대 이후이다. 1970년대 중반에는 1차 오일쇼크로 인해 인플레이션이 심했던 시기로 명목GDP성장률이 높은 수준을 유지하고 있었기 때문에 고도성장이 지속된 것으로 착각하였다.

버블경제 후 부실채권문제가 서서히 가시화되고 있었음에도 불구하고 기존의 이익을 유지하려는 정책당국과 은행들의 집단이기주의로 말미암아 1995년까지 과거의 금융정책을 지속해 왔다. 일본의 경제정책은 정책이 한번 도입되면 도입될 당시와 달리 환경이 크게 변하더라도 도입된 정책이 완전히 실패로 인식되기 까지는 어느 정도 지속되는 특징이 있다. 금융면에서 보면, 일본의 금융기관들은 인위적인 저금리정책 등 정부의 정책에 대응하는 형태로 조직체제를 구성하거나 인적자본을 형성하였기 때문에 이를 유지할 인센티브를 가지고 있다.

또한 1990년대 전반 일본의 정책당국은 부실채권에 대해 금융기관 스스로가 자기책임하에 해결해야 한다는 자기책임정책(self-reliance policy)을 선택하고 있었다. 일본정부의 부실채권 문제에 대한 대응에서는 앞서 언급한 자기처리 원칙이 기본원리로 작용하였다. 또한 노무라증권, 第一勸業은행 등 대형금융기관과 정책당국의 유착 등이 폭로되면서 일본국민 사이에 금융기관과 정책당국에 대한 불신감이 팽배하였다. 이에 따라 국회를 비롯한 각계에서 공적자금을 투입하여 부실금융기관을 구제하는 것에 대해 반감이 커지고 국민들이 공적자금 부담에 거부감을 보이면서 대장성 등 정책당국의 선택 폭이 축소되었다.

1990년대 전반 금융기관의 부실에 대한 정책당국의 대응은 흡수·합병 방식에 의한 금융기관 구제책을 유지하는 등 과거의 방식을 답습하였다. 1991년 이후 중소형 금융기관들의 경영위기가 계속되자 자금원조를 통한 구제합병방식이 일원화되었다.

금융정책 당국이 정점에 서서 호송선단방식에 의해 유지되던 은행지배구조의 장점이 상실됨으로써 금융정책당국의 역할이 축소되었다. 구 대장성과 일본은행이 신용질서유지와 금융시스템의 안정 등을 목표로 하여 일반적으로 적용되는 금융기관에 대한 감독 및 감시기능을 통해 금융기관을 실질적으로 지배하였다. 이러한 금융기관 지배구조를 가능하게 한 중요한 요소는 호송선단방식에 의한 금융기관 통제시스템이다. 그러나 금융자유화 및 국제화가 진전되면서 금융기관 간의 경쟁이 격화되고 이와 동시에 부실채권문제가 대두되면서 금융정책 당국의 통제기능이 상실되었다. 이러한 이유로 금융개혁을 통해 금융정책 당국이 시장에 대해 중립적인 입장을 견지함으로써 시장의 신뢰회복이 필요하다는 주장이 대두되었다.

2. 금융개혁 프로그램

(1) 금융시스템 개혁

1994년 12월 東京協和 신용조합과 安全신용조합 등 2개의 금융기관이 파산하게 되고, 이후 금융기관의 파산이 이어지자 일본정부는 자기책임원칙을 포기하고 본격적으로 부실금융기관처리와 부실채권 해결에 관여하였다. 이에 따라 1998년에 총 30조엔의 공적자금을 조성하고 이후 금융기관의 파산처리제도, 즉 금융재생법과 조기건전화법이 제정되었다. 이보다 앞서 1996년 일본정부는 일본의 금융시스템, 즉 1970년대 체제가 붕괴됨에 따라 일본금융시스템을 재구축하려는 목적으로 1996년 금융시스템개혁에 착수하였다.

1996년 일본정부는 일본의 금융시스템을 개혁하기 위해 금융개혁을 자유롭고 형평성에 맞으며 개방적으로(free, fair, global) 추진한다는 원칙하에 일본판 빅뱅을 추진하였다. 금융빅

뱅은 하시모토 수상이 제창한 6대 구조개혁(행정개혁, 재정구조개혁, 사회보장구조개혁, 경제구조개혁, 금융시스템개혁, 교육개혁)의 일환으로 1996년 6월 제정된 금융시스템개혁법의 출발점이다. 이에 따라 free, fair, global의 3대 원칙을 기초로 세계적 금융기관과의 경쟁에서 살아남을 수 있는 금융기관 만들기를 위한 금융시장개혁을 추진한다는 것이다. 이와 동시에 외환관리가 철폐됨으로써 국제간의 자본이동이 자유로워지면서 일본금융시장의 글로벌화가 진전되고 있다. 금융감독기능에 대한 개편의 일환으로 금융시스템 관련법이 제정되어 금융감독업무를 담당하는 금융청이 설립되고 적기시정조치가 도입되었다.

<표 7-1> 파산금융기관수 변화 추이

연도	은행	신용금고	신협	계
1991-94	1	2	5	8
1995	2	0	4	6
1996	1	0	4	5
1997	3	0	14	17
1998	5	0	25	30
1999	5	10	29	44
2000	0	2	12	14
2001	2	13	41	56
합계	19	27	134	180

자료: 日本預金保険機構, 『年次報告書』, 2002.

일본정부의 노력에도 불구하고 경기침체가 장기화됨에 따라 부실채권이 늘어나는 등 일본 금융시스템이 정상화되지 못하자 2002년에는 금융재생프로그램을 발표하였다. 금융기관의 부실채권 처리에도 불구하고 기업부문의 부실이 지속적으로 증가함에 따라 지금까지 금융기관의 부실기업에 대한 처리를 맡기던 방식에서 벗어나 정부의 직접적인 개입을 통해 금융부문과 기업부문의 동시 개혁을 추진하고 있다. 이러한 금융재생프로그램을 통해 일본정부는 2006년까지 현재의 부실채권규모를 반으로 줄임으로써 금융위기를 종식시킨다는 방침을 표명하였다.

(2) 2002년의 종합 대책

2002년 10월 일본 재무성은 디플레이션 극복과 금융·산업의 재생, 경제활성화의 실현을 위한 종합대응책을, 금융청은 주요은행에 대한 부실채권문제의 신속한 처리를 통한 경제재생을 도모하기 위한 금융재생프로그램을 동시에 발표하였다. 이 중 유효한 경영자원을 과잉채무로부터 분리하여 산업·기업의 조기회생을 실현하기 위한 대응책의 일환으로 산업재생기구를 창설한다는 것이다.

산업재생기구의 업무내용은 정리회수기구와 유사한 산업재생기구의 목적이 기업의 재생이라는 점에서 채권회수가 주요 업무인 정리회수기구와는 목적이 다르다. 정리회수기구는 파산한 구 住專(주택금융전문회사) 7사가 안고 있던 부실채권의 처리를 위해 설립되었다. 버블붕괴 이후 금융기관이 파산하게 되면서 파산금융기관의 부실채권인수와 함께 금융시스템의 안정을 위해 일반금융기관으로부터 재생가능성이 낮은 부실채권을 인수하는 것으로 되어 있다.

산업재생기구는 재무대신 및 경제산업대신의 허가에 의해 설립된 주식회사이며 예금보험기구의 자회사이다. 예금보험기구는 항상 발행주식의 1/2 이상을 보유하도록 되어 있어 자본의 대부분이 예금보험기구로부터 조달될 것으로 보이나 기본적으로는 민간부문에 자금지원을 요청할 수도 있다. 산업재생기구의 주요 업무는 ① 금융기관으로부터 채권을 매입하거나 대출채권신탁을 인수하고, ② 채무자에 대한 대출 및 출자, 금융기관이 채무자에 대해 행한 자금대출에 관련된 채무보증, ③ 매입채권 및 출자지분에 대한 관리 및 양도, 처분 등이다. 이러한 업무기준에 따라 산업재생기구는 원칙적으로 채권자인 금융기관이 요주의 거래처로 분류한 기업을 대상으로 재생가능성에 따라 지원여부를 판단한다.[3)]

Ⅳ. 금융통합과 재편 방향

1. 금융재편의 배경 및 목적

과거 일본의 버블경제기간(1980년대- 1990년대 중반)에 이루어진 금융기관들간의 인수합병은 경쟁제한적인 규제환경 하에서 단순히 자산규모의 확대를 통해 수익증대를 도모하고자 이루어진 측면이 강하다. 지난 1998년 금융시스템개혁법의 제정을 계기로 대두되기 시작한 일연의 대규모 인수합병은 금융기관들의 부실채권처리 문제에 적극 대처하는 한편 일본판 빅뱅(2001년)에 의해 조성된 경쟁적인 금융환경과 세계적인 금융통합 조류에 대응하

3) 이민환, 『일본금융시스템의 위기와 대응』, 예금보험공사, 2003

기 위한 경영전략으로 추진되었다.

최근 일본에서는 미쓰비시도쿄파이낸셜그룹(MTFG)과 UFJ홀딩스가 합병을 통해 자산규모면에서 세계 최대은행그룹인 미쓰비스UFJ파이낸셜그룹(MUFG)으로 탄생하였고, 미쓰이스미토모파이낸셜그룹(MSFG)과 다이와증권도 이업종간 합병을 통한 시너지효과를 극대화하기 위해 2006년에 경영통합을 추진하고 있다. 이 두건의 초대형 합병은 근래 미국이나 유럽 등에서 전개되었던 거대금융그룹화 내지 금융통합(conglomerate)현상에 대응하기 위한 목적이 있는 것으로 보인다.

이와 같이 세계금융시장에서 거대금융그룹화를 통한 금융통합현상이 나타나면서 일본금융기관들 입장에서도 동일 업종간의 합병을 통해 규모의 경제(economy of scale)를 추구함은 물론 이업종간 합병을 통해 범위의 경제(economy of scope)를 달성함으로써 글로벌 경쟁력을 강화할 필요성이 증대되었다.

이러한 차원에서 국내 자산규모가 각각 2위와 4위인 미쓰비시도쿄파이낸셜그룹(MTFG)과 UFJ홀딩스가 합병하여 자산규모면에서 약 1.8조달러로 미국의 Citigroup (1.5조 달러)을 제체고 세계 최대 거대금융그룹(MUFG)로 부상하였으며, 그 시가 총액에 있어서도 세계 10위권 이내로 진입하게 되었다.

2. 금융개혁프로그램의 금융재편 추진방향

일본의 거대금융그룹의 탄생은 지난 2004년 12월 금융청이 금융행정의 신지침으로 금융개혁프로그램을 공표할 때 대규모 금융통합을 위한 법제 마련에 나선다는 방침을 밝히면서 가시화되었다. 이 개혁프로그램은 소위 이토(伊藤)프로그램[4]으로 불리어지는 것으로 금후의 금융행정을 위한 지침으로 공표되었다.

이 프로그램은 ① 금융이용자 수요의 중시와 이용자 보호규정의 철저, ② IT의 전략적 활용 등에 의한 금융기관의 경쟁력 강화 및 금융시장 인프라 정비, ③ 국제적으로 개방된 금융시스템 구축 및 금융행정의 국제화, ④ 지역경제에 대한 기여도 증대, ⑤ 신뢰받는 금융행정의 확립 등을 금융서비스 입국실현을 위한 5대 정책과제로 제시하고 있다.

그러나 이러한 구상은 미국이나 유럽 주요국 등에서 나타나고 있는 금융통합 현상에 적극 대응할 필요성이 있다는 차원에서 이루어지고 있을 뿐이며, 유럽 주요국에서 추진되고 있는 유니버셜뱅킹과 같은 통합형태를 적극 도입하겠다는 정책표명은 아닌 것으로 인식되

4) 2002년 10월 발표된 금융재생프로그램이 법적 시한 만료됨에 따라 후속조치로 마련된 것임.

고 있다. 이러한 사실을 감안할 때 일본 금융청이 밝힌 금융통합에 대응한 금융법제의 정비검토는 글로벌 금융환경 변화에 대처하여 일본 금융기관들도 미국이나 유럽의 거대 금융그룹과 대등하게 경쟁할 수 있도록 금융환경을 정비하겠다는 의지의 표명으로 인식된다.

3. 금융통합의 구축형태

향후 거대금융그룹이 지향할 수 있는 금융통합의 구축형태로서 업종중심, 고객중심, 기능중심 등 세가지 유형이 지적될 수 있다. 먼저 업종중심의 금융통합은 현재 다수의 거대금융그룹이 채택하고 있는 것으로 은행과 신탁은행, 증권, 카드 등에 보험을 횡적으로 결합한 지주회사의 형태이다. 이러한 형태는 합병에 의한 조직간 충돌은 적으나 금융통합에 의한 시너지효과를 거두기는 쉽지 않은 측면이 있다. 둘째, 고객중심의 금융통합은 개인금융서비스, 중소기업금융이나 법인투자은행 등으로 구분하여 각 업종의 상품서비스를 고객부문별로 재편하는 형태이다. 개인금융부문은 은행예금·주택대출·카드·소비자금융에 증권의 투자신탁·채권, 신탁의 유언신탁·재산관리, 보험의 개인연금보험 등의 상품이 포함된 조직으로 편성된다. 기업금융부문은 은행의 법인금융과 국제금융에 증권의 인수업무와 딜링업무, 신탁의 증권화 업무, 인수합병 등이 포함된 조직으로 편성된다. 마지막으로 기능 중심의 금융통합은 금융서비스를 상품설계, 상품제조, 리스크 관리, 판매, 사무서비스 등의 기능에 따라 구분하여 서비스가 업종을 횡단하여 이루어지도록 조직을 재편하는 형태이다. 판매자회사는 은행과 증권의 점포가 동일하거나 인터넷 채널을 통해 영업을 전개하는 행태가 될 것이다. 사무서비스 기능은 외부의 시스템회사와 합자하여 아웃소싱회사로 처리하고 상품개발회사는 업종별로 혼재하는 형태가 될 수 있다.

제8장 중소기업

한 나라의 경제정책의 기본방량으로는 경제의 균형화, 고도화, 개방화를 들 수 있다. 이는 개방화시대에 국제경쟁에서 승리하기 위해서는 산업구조의 고도화와 함께 균형있는 국민경제의 구축이 선결요건임을 의미하는 것이다. 이때의 균형화는 양적인 기준에서의 경제부분간 균형뿐만 아니라 질적인 의미에서의 균형을 포함한다. 한 사회가 바람직한 발전을 하기 위해서는 각 부문의 균형있는 성장 및 발전이 필요하다. 이러한 측면에서 대기업과 중소기업도 상호 조화를 이루어 균형발전을 하는 것이 매우 중요하다.

어떤 산업의 경우 투자규모가 처음부터 대규모로 되지 않을 수 없는 특성이 있거나 또는 외국의 대기업과의 경쟁에서 승리하기 위한 국제경쟁력을 가지기 위해서는 대규모기업이 불가피하다. 반면에 어떤 분야에서는 소규모 경영이 비용상 보다 유리할 뿐만 아니라 주변여건변화에 신축적으로 적응할 수 있다는 장점이 있다. 이와 함께 대기업과 중소기업의 상호 의존적이고 상호보완적인 면이 많기 때문에 대기업의 발전을 위해서는 이와 관련된 중소기업의 건전한 육성이 필수적이다.

Ⅰ. 일본의 중소기업 정의

일본의 경우 「중소기업법」(1963년 제정, 2003년 개정) 제 2조에서 중소기업자의 범위가 다음과 같이 규정되어 있다.

① 자본액 또는 출자총액이 3억엔 이하의 회사이며, 상시 종업원수가 300인 이하의 회사 및 개인으로 제조업, 건설업, 운수업, 기타 업종에 속하는 사업을 주된 사업으로 운영하는 자.

② 자본액 또는 출자총액이 1억엔 이하의 회사이며, 상시 종업원수가 100인 이하의 회

사 및 개인으로서, 도매업에 속하는 사업을 주된 사업으로 영위하는 자

③ 자본액 또는 출자총액이 5천만엔 이하의 회사이며, 상시 종업원수가 100인 이하의 회사 및 개인으로서, 서비스업에 속하는 사업을 주된 사업으로 영위하는 자.

④ 자본액 또는 출자총액이 5천만엔 이하의 회사이며, 상시 종업원이 50인 이하의 회사 및 개인으로서, 소매업에 속하는 사업을 주된 사업으로 영위하는 자.

⑤ 또한 기본법 제8조에서는 시책면에서 배려해야 하는 '소규모기업'에 대하여 달리 규정하고 있다. 즉, '소규모 기업자에 대하여 중소기업에 대한 시책을 강구함에 있어서는 경영자원의 확보가 특히 곤란한 경우가 많은 소규모 기업자의 사정을 고려하고, 소규모 기업의 경영발달 및 개선을 위하여 노력하는 동시에 금융, 세제, 기타 사정에 대하여 소규모 기업의 경영상황에 적합하고 필요한 여러 가지를 고려해야 한다'고 규정하고 있다.

⑥ 그리고 중소기업 기본법 외에도 중소기업협동조합법(1949), 중소기업금융공고법(1953), 중소기업신용보험법(1950), 중소기업단체조직에 관한 법률(1957), 중소기업지원법(1963), 중소기업경영혁신지원법(1999), 신사업창출촉진법(1998), 산업활력재생특별조치법(1999) 등 시책시행상의 필요에 의해 '기본법'과는 달리 그 범위를 규정하고 있다. 다음의 표는 일본의 중소기업의 범위 기준을 나타낸 것이다.

<표 8-1> 일본 중소기업의 범위 기준

해당업종	중소기업 범위기준	소기업 범위기준
제조업, 건설업, 운수업	상시 종업원수 300인 이하 또는 자본금 3억엔 이하	상시 종업원 20인 미만
도매업	상시 종업원 100인 이하 또는 자본금 1억엔 이하	
소매업	상시 종업원 50인 이하 또는 자본금 5천만엔 이하	상시 종업원 5인 미만
서비스업	상시 종업원 100인 이하 또는 자본금 5천만엔 이하	

자료: 日本 中小企業法 2003년 7월 개정내용

Ⅱ. 중소기업의 비중과 역할

1. 중소기업의 비중

일본의 경우 2001년 기준으로 종업원수 1인 이상 300인 미만의 중소사업체수는 6,071천여개로 전체의 99.2%를 차지하고 있으며, 종업원수 역시 43,704천여명으로 79.9%의 비중을 차지하고 있다. 이 가운데 소규모 기업의 사업체수가 76.6%, 종업원수 28.3%의 비중을 차지하고 있다. 이러한 측면에서 중소기업은 일본경제에 매우 중요한 역할을 담당하고 있음을 알 수 있다.

또한, 일본의 중소제조업(통계상으로는 종업원수 4-299인)은 2003년의 경우 290천여사로 총사업체수의 98.9%를 차지하고 있으며, 고용, 출하액, 부가가치 등에서도 각각 72.7%, 50.5%, 56.8%를 차지하는 등 일본경제의 중추적인 역할을 담당하고 있다. 그리고 소규모기업(통계상으로는 종업원 4-19인)도 중요한 역할을 담당하고 있다. 총사업체수에서 소규모기업이 차지하는 비중도 각각 23.0%, 8.0%, 11.2%에 이르고 있다.

이와 같은 일본중소기업의 건실한 기반은 2차 세계대전 전부터 지역에 기반을 둔 지역산업과 전시 중 군수물자 조달을 위해 육성되었던 하도급 중소기업의 발달, 전후 재벌의 해체 등의 역사적 배경을 갖고 있다.

일본의 중소제조업체의 비중은 1990년대와 2000년대에 들어서면서 최근에 이르기까지 거의 모든 시기에 있어서 사업체수를 기준으로 약 99.0%, 종업원수 기준으로 약 72.0%, 출하액 및 부가가치 생산에서 51.0%-57.0% 수준을 지속적으로 유지해 왔으며, 질적인 측면에서도 많은 변화를 겪어 왔다. 즉, 대기업과의 설비투자 격차, 다시 말해 이중구조에도 불구하고 저임금 노동력에 의존하여 중소기업이 발전해 온 시기(발전기의 구조적 불균형 이용시기)와 설비투자를 본격화하여 중소기업과 대기업간 종업원 1인당 설비투자액의 격차를 축소시키면서 종업원수와 부가가치 생산에서 격차를 축소시켜 나간 시기(발전기의 중소기업 근대화 시기), 나아가 급변하는 기술과 대내외 환경변화에 대응하여 새로운 변화를 도모하는 시기(중소기업 성숙기의 지식집약화시기) 등으로 나누어 볼 수 있다.

이러한 일본 중소기업의 변화를 시기별로 보면 기계조립산업이 선도산업이 된 1960년대 중반 이후 설비투자가 본격화되었고, 1970년대부터는 임금상승, 인력부족, 국제화 및 개방화, 공해문제의 대두 등 대내외 환경변화에 대응하기 위해 주요기업과 대기업간 종업원 1인당 설비투자액 및 종업원 1인당 부가가치 생산 격차의 축소 뿐만 아니라 중견기업 및 벤처 비즈니스 등 새로운 형태의 기업이 출현하였으며, 지식집약적 산업으로의 산업구조 전환 등이 이루어졌다. 또한 1980년대에는 산업정책의 목표가 '기술입국론'으로 변화하였고, 자동차에 대한 관심이 급속도로 증대되어 메카트로닉스기기의 도입확대와 컴퓨터 도입 및 온라인화 등을 통해 정보화 사회에 대처하였다. 또한 자체기술개발이나 개발된 기술을 응용하여 첨단산업에 진출하고 있으며, 부족한 기술과 경영자원을 보충하기 위해 이업종교류를 확대하였고, 이 밖에도 사업전환의 확대, 벤처비즈니스의 활성화, 해외투자의 증대 등도 이루어졌다.

1990년대에는 경제 및 사회적 환경변화에 효율적으로 대처하기 위해 중소기업의 정보화 및 기술개발, 신사업분야의 개척, 신기술사업활동, 경영혁신 및 경영기반 강화 등 창조적 지식 기술집약적 산업으로의 전환 등이 이루어졌다. 이 밖에도 노동력 확보, 중소기업자의 업무효율화, 창조적 사업활동 촉진을 위한 금융지원, 창업촉진, 사업환경정비 등도 이루어졌다.

2000년대 들어서는 독립적인 중소기업의 다양하고 활력있는 성장 발전을 위해 공정경쟁여건정비, 중소기업의 자구노력 지원, 경제 사회적 환경변화에 대응하기 위한 안전망 및 제도정비가 이루어졌다. 이와 함께 경영혁신, 창업촉진, 경영기반 강화, 기술개발, 소규모 기업 지원 등이 강화되었는데, 이는 일본중소기업의 새로운 양상이라 할 수 있다.

2. 중소기업의 역할

(1) 시계열적으로 본 일본 중소기업의 역할

일본 중소기업법은 정부에 대해 중소기업의 실태를 조사하고 필요한 시책을 강구하기 위해 연차보고서를 국회에 제출하도록 하고 있는데 이것이 중소기업백서이며, 1963년 이후 매년 발표되고 있다. 이러한 중소기업백서에 나타난 중소기업의 역할을 시계열적으로 살펴보면 다음과 같다.

첫째, 최근까지 거의 일관적으로 지적되어 온 것은 자금수요자, 전문기술제공, 분업체제분담, 수출담당자, 창조적 혁신의 주체자로서의 역할 등이다.

둘째, 1960년대 중반부터 저하도급 단가, 대기업의 보완, 경기변동의 조절, 저가제품의 공급, 전통공예품 제공 등의 역할이다.

셋째, 1970년대 중반부터는 고용제공, 생산 및 서비스업의 역할 증대, 구조변화에 대한 적응성, 니즈에 대한 적합성, 기술개발, 소규모 조직의 효율성, 기동성, 기술혁신 담당자, 지역사회 담당자, 문화적 공헌, 지역활성화, 해외투자진출의 담당자, 국제협력의 촉진, 국제경쟁력 강화, 경제활력의 원천 등의 역할이다.

넷째, 1980년대 일본 중소기업은 규모간 이동 및 업종간 이동에 의해 산업구조의 원활한 변혁을 지탱하였고, 환경적응력을 발휘하여 존립분야를 확대시켰으며, 고도로 발달한 사회적 분업체제를 형성하여 경제의 유연성, 효율성 유지에 기여함으로써 중소기업을 경제사회의 활력원천으로 하는 등의 역할이다.

다섯째, 1990년대 일본 중소기업은 고용의 장소 창출과 제공, 경쟁촉진, 국민생활에 대한 기여, 창조적 도전장소의 제공 및 여유로운 생활을 주는 인간존중사회에 대한 공헌, 지적창조에의 공헌, 국제화 담당자, 기술혁신, 정보화의 담당자, 창조의 모체 등의 역할이다.

여섯째, 1990년대 장기불황으로 인해 침체된 경제상황을 타파하고 경제구조개혁을 추진하여 새로운 산업을 창출하기 위해서는 외적 환경변화에 대해 유연하게 대처하고 도전정신과 창조성을 가진 경제주체의 존재가 필요하게 되었으며, 중소기업은 약자가 아니라 기동성, 유연성, 창조성을 발휘하고 일본경제의 활력의 원천으로서 또는 자기실현을 가능하게 하는 고용기회 창출의 담당자로서 적극적인 역할이 기대되었다.

마지막으로 2000년 이후 일본 중소기업에 기대되는 역할은 사업기회의 제공, 신사업창출, 고용창출, 지역경제 활성화, 일본경제의 활력있는 성장의 담당자 등의 역할이다.

⑵ 일본 중소기업의 문제점

일본 중소기업의 문제점으로는 1960년대 중반부터는 고금리부담, 자금조달능력 부족, 생산분야 축소, 하도급의 비효율성, 저기술수준, 모기업으로부터의 손실전가 및 수단, 유통구조의 비효율성 등이 지적되었고, 1970년대 중반부터는 생산성 격차, 저기술수준, 하도급기업의 설비근대화 지연, 과당경쟁 등이 문제점으로 지적되었다. 1980년대 들어와서는 문제성의 지적보다는 역할론과 효율론이 중심으로 되어 갔으며, 인간적 가치의 실현, 창조의 모체로서의 중소기업, 국제사회에 대한 공헌 등이 주요 역할로 대두되었다. 1990년대 문제점으로는 대기업과의 임극격차, 열악한 노동조건, 노동자 및 기술자 부족, 국제경쟁력의 저하와 도산 및 경영의 불안정성 등이다.

1990년대 후반부터는 기존 시스템의 근본적인 문제점을 직시하고 투명, 공평, 공정성 확립 등을 통한 일본형 성숙사회를 구축하여 他者·他國·자연과의 공존, 성장·효율주의로의 전환으로 국제적으로 통용되는 '신일본형 경영의 창조'를 중심으로 하였으며, 경영의 글로벌화와 안정적인 고용관계 구축이 과제로 대두되었다.

2000년 이후 최근의 문제점으로는 근로자의 고령화, 업종간 이중구조의 심화, 기업간 격차의 확대, 중소기업 구조변화의 양극화, 생산과잉, 고용의 불안, 경영의 불안감 증대 등이다.

Ⅲ. 일본 중소기업정책의 전개과정과 정책이념

1. 일본 중소기업 정책의 형성과 역할

(1) 중소기업정책의 형성

전후 일본의 경우 경제발전의 각 단계마다 다양한 중소기업 문제가 발생하고, 중소기업정책은 이들 문제에 대한 해결책으로 전개되어 왔지만, 이러한 정책형성에는 각기 다른 두 가지 기점에서 볼 수 있다.

첫째, 중소기업 경영난 자체를 기점으로 중소기업정책이 형성되는 경우이다. 즉 자금난, 인력난, 기술난, 자재입수난, 경기변동, 대기업의 진입, 하도급 대금의 지불지연, 환율문제 등에 의해 중소기업의 경영이 일반적으로 악화되거나, 기업도산이 급격하게 증가하는 경우에 정부는 이에 대응할 수 있는 정책을 수립하게 된다.

둘째, 산업정책을 기점으로 중소기업 정책이 형성되는 경우이다. 경제부흥, 경제자립화 그리고 개방경제체제로의 전환에 의한 국제경쟁력 강화, 산업구조 고도화, 개발도상국의 추격 등에 대응하며, 국제분업을 위한 산업조정 등 정부가 국가시책을 전개함에 있어 중층적 하도급 구조를 갖는 일본의 산업구조하에서 산업정책은 중소기업정책과 연동하지 않을 수 없고, 산업정책을 기점으로 한 중소기업정책이 형성되게 한다.

(2) 중소기업정책의 역할

중소기업 정책의 역할도 이러한 정책형성의 기점과 관련하여 각양각색이지만, 일본의 경우 산업정책에 대한 보완적 역할, 중소기업의 적응조성 역할, 경쟁촉진적 역할, 경쟁제한적 역할로 대별할 수 있다.

1) 산업정책의 보완적 역할

전후 일본의 경제성장을 촉진한 요인의 하나로 효율적 산업정책의 역할을 들 수 있지만, 중소기업정책도 산업정책을 기점으로 한 정책전개가 주류를 이루어 왔다. 이러한 산업정책의 중심이 된 것은 산업구조정책이지만, 이 외에도 산업조정정책 및 산업기술정책이 있다. 산업기술정책은 산업구조조정정책의 한 부분으로 볼 수도 있다. 이들은 각각 정책목표가 다르지만, 중소기업정책측면에서 보면, ① 산업구조정책에 대한 것으로는 근대화 촉진정책 등이 있고, ② 산업조직정책으로서는 업종전환정책 등이 있으며, ③ 산업기술정책으로는 융화합정책 등이 있다. 이처럼 중소기업정책은 산업정책과 연계하여 이에 대한 보완적 역할을 수행하여 왔다.

2) 중소기업의 적응조성 역할

전후 부흥기에는 중소기업의 경영난에 대응하여 금융정책, 조직화대책, 하도급 보호대책 등이 강구되고, 고도성장기부터는 격차의 확대, 임금상승, 인력부족 그리고 산업구조의 변화 등에 대응하기 위해 수차례에 걸친 '근대화 촉진법'의 개정에 의한 정책전개가 행하여졌다. 또한 무역자유화, 석유위기, 개발도상국의 추격, 임금상승, 엔고 문제 등에 대응하여 산지대책도 강구되는 등의 중소기업 정책은 구조변화에 대한 중소기업의 적응을 조성하는 역할을 수행해 왔다.

3)경쟁촉진적 역할

하도급보호대책이나 대기업에 의한 우월적 지위남용과 불리시정정책은 중소기업을 독점에 대한 대항세력으로서 위치를 설정하는 산업조직정책이며, 단순한 보호정책이 아니고 독점금지정책의 일환으로 이루어지고 있다. 이러한 의미에서 중소기업정책은 객관적으로 활력있는 경쟁구조의 유지·촉진 역할을 담당하고 있다.

4) 경쟁제한적 역할

중소기업 카르텔은 '긴급피난적 조치'로서 독점금지법의 적용을 받지 않고 있지만, 일부 구조불황업종에 이것이 장기화하는 경향이 보였고, 비능률의 보존이라는 비판도 있었던 것이 사실이다. 또한 중소기업 분야에 대한 대기업의 진입에 있어서 중소기업자의 위기감이 증대하며, 이에 대한 중소기업자의 운동, 백화점법, 분야 조정법의 입법화를 촉진하게 되었지만, 이들은 정도의 차이는 있어도 경쟁제한적 역할을 수행한 것이었다.

이러한 다양한 중소기업정책의 역할을 중소기업 정책형성의 기점과 관련시켜 보면, 중소기업의 경영위기를 기점으로 중소기업정책이 형성되는 경우에는 중소기업 구제책이 취해지는 경우가 많고, 중소기업을 대기업의 대항세력으로 육성하는 경쟁촉진적 역할을 수행하는 경우도 있지만, 대부분의 경우는 경쟁제한적 역할을 수행하게 되었다. 이에 대해 중소기업정책이 산업정책을 기점으로 형성되는 경우는 중소기업의 적응을 조성하여 산업구조정책이나 산업조직정책의 일환으로서 산업정책의 보완적 역할을 수행하는 경우가 많았다.

5) 중소기업 정책 역할의 변천과정

전후 일본의 중소기업정책의 변천과 관련하여 그 역할을 보면, 전후 부흥기의 중소기업 정책은 발전기의 구조적 불균형을 이용한 발전방식을 취한 산업정책의 뒤를 이어 보호구제 정책으로서 출발하였고, 중소기업청의 설립에 의해 조직화대책, 금융대책, 경영진단사업 등 독점에 대한 대항세력으로서 중소기업 육성을 정책목표로 하는 경쟁촉진적 역할을 담당하였다.

그러나 고도성장기에 들어와 개방경제체제로 전환함에 따라 국제경쟁력의 강화가 국가시책으로서 등장하고, 중소기업정책은 산업구조 고도화를 목표로 하는 산업구조정책과 연동되어 보완적 역할을 점차 강화시켜 갔고, 조직화대책이나 금융대책도 이러한 구조정책의 수단으로서 그 역할이 강화되었다.

1963년 중소기업기본법이 성립하여 비로소 중소기업정책은 근대화정책으로 체계화되었고, 중소기업자의 자조노력을 전제로 하여 불리시정정책과 적응조정정책을 두 축으로 하여 전개되었다. 불리시정정책은 경쟁촉진적 역할을 수행하는 것이고, 적응조정정책은 산업정책에 대한 보완적 역할을 수행하는 것이었지만, 그 후의 중소기업정책은 근대화촉진법의 수차례 개정을 통해 전개되었으며, 산업구조정책에 대한 보완적 역할은 더욱 강화되었다. 1973년 석유위기를 계기로 안정성장기로 이행하고 나서 일본경제는 국제분업에 기초를 둔 산업조정을 하게 되고, 중소기업정책으로서는 전환정책이 점차 중심적 정책으로서 등장하게 되었다.

또한 1999년 중소기업법의 전면 개정과 함께 중소기업정책은 창조적 지식집약화 정책으로 보다 체계화되었고, 독립된 중소기업자의 자주적 노력을 조장하는 것을 전제로 하여 경영혁신 및 창업촉진, 경영기반 강화와 함께 경제적 사회적 환경변화에 대한 적응원활정책을 중심축으로 하여 기업의 경쟁력 향상에 중점을 두는 정책으로 전환되었다. 중소기업정책으로서는 창조적인 기업·창업활동의 촉진, 효율성이 높은 부문으로의 자원이동을 목표로 하는 재생정책, 건전기업의 일시적 자금난을 고려하는 중소기업 안전망 구축 등의 정책이 점차 중심적 정책으로 등장하게 되었으며, 산업구조정책에 대한 보완적 역할이 보다 강화되었다고 할 수 있다.

2. 일본 중소기업정책의 발전과정

전술한 바와 같이 경제발전의 진행을 경영자원(인적자원, 물적자원, 자본, 기술, 정보 등)

의 축적으로 정의하면, 경제발전단계와 중소기업문제의 발생은 밀접한 관계가 있다. 중소기업정책이란 중소기업문제의 예방 내지 해결에 의한 국민경제의 건전한 발전책으로서 등장하였기 때문에 경제발전 초기단계에는 '상대적 자본기술부족, 노동력 과잉'이라는 조건을 가지고 있다.

따라서 경공업을 중심으로 한 노동집약화 산업정책과 관련하여 중소기업정책도 '보호정책'이 주가 된다. 이어 중화학공업중심의 자본축적화가 산업정책으로 등장하는 발전단계에는 중소기업은 생산담당자로서의 역할을 수행하기 때문에 주로 '근대화정책'이 실시된다. 또한, 고가공도 조립산업이 국가의 선도산업이 되면 사회분업체제의 확립과 관련하여 중소기업의 '지식집약화, 경영현대화 정책'이 등장하고 정보화, 탈공업화, 융합화 등이 진전되므로 인해 중소기업의 창조활동과 혁신활동이 중심이 된 '창조적 지식집약화 정책'이 나타나며, 이어 '창조적 지식융화 정책'으로 발전되어 간다고 볼 수 있다. 이러한 관점에서 일본 중소기업정책의 전개과정에 대해 제 2차대전 이후를 중심으로 살펴보면 다음과 같은 특징이 있다.

① 보호정책은 중소기업의 금융기관의 설립, 중소기업의 조직화, 경영안전 등이 중심과제가 되고 있다. 이는 일본 중소기업청의 설립(1948), 국민공고법(1949), 중소기업신용보호법(1950), 특정 중소기업 안정에 관한 감시조치법(1952), 중소기업 금융공고법, 신용보호협회법, 중소기업안정법(1953), 하청대금지불지연 등 방지법(1956) 등에 의해 실시되었다.

② 근대화정책은 주로 1960년대에 실시된 중소기업정책이며, 중소기업기본법, 중소기업근대화촉진법(1963)의 제정, 중소기업진흥사업단의 설립(1967), 중소기업구조개선제도의 창설(1969), 하청중소기업진흥법의 제정(1970) 등에 의해 실시되어 왔다.

③ 지식집약화 정책은 1970년대의 일본중소기업정책이며, 국제화의 진전, 인간존중향상의 지향, 환경중시사회의 지향, 지식집약화와 다양화시대의 도래라는 환경변화에 대응하여 지식집약산업의 진흥과 산업전환 촉진이 정책과제가 되었다. 중소기업근대화촉진법의 개정(1973), 연구개발형기업육성센터(1975), 기술교류촉진사업창설(1975), 중소기업사업전환법의 제정(1976) 등이 이에 해당된다.

④ 창조적 지식집약화 정책은 1980년대의 통상비전정책에서 나타난 것이며, 기술개발촉진감시법의 제정(1985)과 융합화법 제정(1988) 등이 그 중심이다.

⑤ 창조적 지식융화정책은 1990년대의 중소기업정책으로서 창조모체로서의 중소기업,

구조변화에 도전하는 중소기업으로서 중소기업상이 인식되는 것을 주요 내용으로 하고 있다.

중소기업유통업무효율화촉진법(1992), 협동조직금융기관의 우선출자에 관한 법률(1993), 소규모사업자 지원에 관한 법률(1993), 중소기업의 창조적 사업활동촉진에 관한 임시조치법(1995), 특정산업 집적활성화에 관한 임시조치법(1997), 신사업창출촉진법(1998) 등이 그것이다.

1990년대의 중소기업정책의 특징은 첫째, 산업조정원조정책 기능의 강화, 둘째, 신규창업지원의 본격화, 셋째, 경쟁정책기조의 확대라고 할 수 있다. 그러나 21세기에 접어들면서 일본 경제환경이 급변함에 따라 중소기업 정책 전환의 필요성이 대두되었으며, 중소기업의 다양성도 점차 확대되어 가고 있어 대기업과 중소기업의 이중구조라는 획일적인 견해는 더 이상 타당하지 않게 되었다. 1990년대 장기불황으로 인해 침체된 경제상황을 타파하고 경제구조의 개혁을 추진하여 새로운 산업을 창출하기 위해서는 외적 환경변화에 대해 유연하게 대처하고, 도전정신과 창조성을 가진 경제주체의 존재가 필요하게 되었다. 1999년 기존의 중소기업기본법을 개정한 신중소기업기본법은 중소기업의 정책이념을 전환하는 계기가 되었다.

1999년 이전까지는 중소기업과 대기업간의 격차 시정책이 주요 정책의 목표였으나, 2000년부터는 일본의 중소기업정책은 중소기업을 하나의 계층으로 한 정책에서 개별기업·산업을 중심으로 한 정책으로 전환한 것이 특징이다.

새로운 산업과 고용을 창출하는 주체인 중소기업이 어려운 경영환경을 극복하고 활력있게 성장, 발전할 수 있도록 각 기업의 성장단계와 경영과제에 맞춘 다양한 시책이 전개되었으며, 중소기업정책의 핵심은 경쟁과 혁신을 유도하여 창업을 촉진하고 새로운 시장을 형성시켜 경제의 신진대사를 원활하게 하고, 중소기업이 통제할 수 없는 예측 불가능한 사태가 발생할 경우, 도산을 방지하기 위한 안전망 구축 등을 주요 내용으로 하고 있다. 중소기업 경영혁신지원법(1999), 산업활력재생특별조치법(1999), 독립행정법인 중소기업 기반정비 기구법(2002), 중소기업신사업활동촉진법(2004) 등이 이에 해당한다. 이른바 일본의 창조적 지식융합화정책이 지속되고 있는 것이다.

이처럼 일본의 중소기업정책은 경제발전단계에 따라 전개되어 왔지만, 이러한 시기적 구분은 명확한 것이 아니고 다양한 시책이 혼재하여 나타난 점도 인식할 필요가 있으며, 이와 관련하여 최근에는 자유시장 메커니즘에 입각한 기업창업 및 혁신기업의 창출, 공정경쟁여건의 정비, 중소기업의 다양성을 뒷받침하기 위한 정책을 강화하고 있는 등 21세기 일본 중소기업상을 새로운 패러다임에 재조명하기 시작하고 있다.

3. 일본 중소기업정책의 이념과 전개

(1) 정책형성을 중심으로 본 정책이념의 전개

정책이념은 다음과 같은 유형으로 나눌 수 있다. 첫째, 중소기업을 경제활력의 원천으로서의 역할을 갖는 것으로 평가하고, 이에 근거하여 중소기업정책은 중소기업의 이해에 구애받지 않는 국민경제의 건전성 유지를 위한 정책으로 전개되어야 한다는 유형이다. 둘째, 중소기업을 독점세력에 대한 대항세력으로 평가하고 이에 근거하여 경쟁적 질서 유지를 위한 중소기업육성이 필요하다는 것이다. 셋째, 중소기업이 대기업에 비해 능률이 떨어지는 경우 이를 정책적으로 보존하는 것은 국민경제 전체의 능률을 저하시키는 것이 되므로 중소기업정책을 규모에 의한 차별배제정책에 한정하려는 것이다. 넷째, 이에 대해 일본 중소기업 정책의 정책이념은 일본경제에 있어 중소기업 역할의 중요성에 근거를 두고 있다. 전전부터 전후 부흥기를 거쳐 고도성장기 전반까지는 섬유나 잡화를 중심으로 한 경공업분야의 중소기업 제품 수출이 일본산업의 중공업에 필요한 원료나 기계설비를 수입하기 위한 외화획득에 불가피하였다는 것으로 그 역할이 평가되어 정책전개의 근거로 되었으며, 고도성장기 후반기에 들어서는 주력수출품이 경공업분야의 중소기업제품을 대신하여 자동차·전기 등의 기계공업분야와 대기업 제품으로 전환되고 나서도 중소기업은 부품공급자로서의 간접수출의 역할이 평가되어 정책전개의 주요 근거로 되었다. 전전·전후를 통하여 일관된 정책이념은 국제경쟁력 강화에 초점을 맞추고 있는 것이다.

(2) 경제발전단계로 본 정책이념의 전개

경제발전단계, 즉 공업화의 단계별로 중소기업정책을 보면 보호정책, 근대화정책, 지식집약화정책, 창조적 지식집약화정책이 등장하였으며, 이에 따라 정책이념의 변화도 있었다.

1) 보호정책

전후 경제부흥기의 일본 중소기업정책은 시책면에서 보면, 전통적인 금융대책과 조직화대책이 취해졌고, 구제적 보호정책이라는 성격을 갖고 있다. 그러나 1948년 중소기업청이 설치되던 당시의 정책이념은 독점금지정책의 성격을 갖는 불리시정정책 중심이었다. '중소기업청 25년사(1973)에 의하면, 중소기업청 설치법 제 1조에 중소기업청은 '건전한 독립 중소기업이 국민경제를 건전하게 발전시켜 경제력 집중을 방지하고, 기업을 경영하는 자에 대해 공평한 사업활동을 영위하도록 중소기업을 육성·발전시켜 경영향상에 필요한 제정책을 확립하는 것'을 목적으로 하고 있으며, 단지 중소기업이라는 이유만으로는 특히 옹호되는 것이 아닌 전후개혁에 있어 반독점정책에 의한 경제민주화의 일환으로 중소기업을 육성하는 것으로 되어 있다. 이 시기는 중소기업정책이 산업조직정책적 정책이념을 가지고 있었다.

그러나 1950년대 후반부터 고도성장기까지 이러한 정책이념은 산업구조정책적인 적응조성정책 중심으로 전환하게 되었다. 대기업 중심의 급성장이 중소기업과의 격차를 확대시키고, 이중구조 문제가 제기되어 소비자물가의 상승, 청년노동력의 부족, 국민경쟁력 강화의 필요 등과 연계되어 중소기업의 근대화도 고도성장기에 대한 중소기업의 적응을 촉진하기 위한 정책적 대응을 요청받게 되었던 것이다.

2) 근대화 정책

근대화와 관련한 중소기업정책은 처음에는 국제경쟁력 강화와 산업구조 고도화에 필요한 업종을 선정하여 업종별로 중소기업을 육성하는 것을 목표로 하는 중소기업업종별진흥감시조치법(1960)이 제정되었고, 이것이 중소기업기본법이나 중소기업근대화촉진법(1963) 등 근대화 정책과 관련을 갖게 되었다.

중소기업 기본법 제1조에는 정책목표를 '국민경제의 성장발전에 적응하며, 중소기업의 경제적 사회적 제약에 의한 불리함을 시정함과 동시에 중소기업의 자주적인 노력을 조장하고 기업간의 생산성 등의 제격차가 시정되도록 중소기업의 생산성 및 거래조건이 향상되는 것을 목표로 중소기업의 성장발전을 도모하고 아울러 중소기업 종사자의 경제적 사회적 지위향상에 노력'하는데 두고 있다.

이는 불리시정정책과 격차시정을 위한 적응조성정책을 두 축으로 하여 중소기업시책이 체계화되었다는 것은 전술한 바와 같다. 그러나 그 후 정책의 구체적인 전개는 근대화 촉진법에 의한 적응조성정책이 정책의 주류가 되었다. 이러한 적응조성정책은 그 후 1969년 중소기업정책심의회의 '금후의 중소기업정책의 존재방식에 대해서'에 따르면, 중소기업정책의 기본적 방향을 "중소기업문제를 일본경제 전체의 문제로 포착하여 경제합리성을 실현하는 방향에서 중소기업 진흥을 도모하는 것"으로 하고, 보호정책을 비판하여 협업화, 기업집약화, 사업전환을 통해 물적생산성 향상을 목표로 하는 구조개선정책이 나타나게 되었다.

3) 지식집약화 정책

이러한 정책이념은 지식집약화 정책의 성격을 갖게 되었고 1972년 중소기업정책심의회의 의견 '70년대의 중소기업 존재방식과 중소기업 정책의 방향에 대해서'에서는 수정, 보완되었다.

이러한 의견제시는 일본경제의 국제화의 진전, 인간존중사회로의 지향, 환경문제의 심각화, 산업구조의 지식집약화라는 정세변화에 대응하여 중소기업정책이 '경제합리성이 가리키는 방향에 따라 중소기업의 진흥을 도모한다.'라는 기본적 방향을 일단 승계하면서 '경제합리성이 가리키는 방향으로서 규정되는 것이 아무 변화도 없이 70년대에도 계속 적용되는 것을 의미하는 것은 아니다'라고 하여 수정을 요구하고 있다.

중소기업정책의 이념과 관련하여 주목해야 할 것은 '중소기업의 다양성을 중시할 필요성'을 들고 있다는 점이다. '소위 중견기업으로의 발전도상에 있는 성장형 중규모 기업이라든가, 규모는 오히려 영세규모에 속하는 경우가 많은 소위 벤처비즈니스'가 종래의 인식과 맞지 않는 새로운 기업군으로서 등장하고 있지만, 다른 한편 소위 '생업적 영세기업의 정체층도 여전히 존재하고 있다'는 것을 지적하고, '각자의 성격에 맞추어 자세한 정책적 배려를 할 것'을 중시하고 있다. 이러한 정체층에의 정책적 배려의 중시는 중소기업정책의 경제정책에의 변화를 강조한 1969년 의견제시에 대한 중요한 수정이라고 할 수 있다.

이 외에도 수정할 점을 두가지 더 들고 있다. 하나는 '소프트면 대책'의 중시이다. 이는 1969년 의견제시에 따른 설비근대화에 의한 省力화나 기업의 집약화 등의 생산성 향상을 주안으로 한 구조개선정책이 규모의 경제와 물적생산성의 향상을 목표로 한 것에 대해 산업구조의 지식집약화에 대응한 중소기업의 지식집약화의 추진방향을 설정하고 있다. 다른 하나는 '중소기업정책의 지침적 역할'의 중시이며, 기업집약화에 의한 구조개선정책에 대해 '정부의 사기업에 대한 개입'을 자제할 것을 요구하고 있다.

4) 창조적 지식집약화 정책

1980년대에는 중소기업정책심의회의 의견제시 '1980년대 중소기업의 존재방식과 중소기업정책의 방향에 대해서'가 발표되어 정부의 기본자세가 변하게 되었다. 이 의견제시는 중소기업청,「중소기업의 재발견:80년대 중소기업비전」(통상산업조사회, 1980)에 수록되어 있다.

이 의견제시에서는 70년대 일본경제의 궤도수정 중에 중소기업은 전체로서는 양호한 기능을 나타내었고, 중소기업이 '쇠퇴운명의 존재가 아니고, 근대화 성격을 가진 합리적·적극적으로 발전하여 온, 또는 발전해 갈 수 있는 존재'라는 인식에서 출발한다.

이러한 인식하에 중소기업정책은 '활력있는 다수로서의 중소기업을 적극적으로 평가하여야 한다'고 하여 '중소기업이라는 활동은 오히려 시대에 적합한 면'을 가지고 있으며, '한쪽만 보아서 중소기업을 약자로 파악해서는 안 된다'라고 주장하고 있다. 또한 '중소기업의 다양성에 대한 인식'을 들고, '중소기업발전역사는 발전할 분야로의 전환의 역사였다'라고 하여 전환대책을 중시하고, 또 중소기업을 기업성을 가진 발전지향 그룹과 생업그룹으로 나누어 생업분야의 소영세기업을 주민의 대다수로 해야 한다고 언급하고 있다.

1969년의 의견제시에서는 중소기업정책이 경제정책으로의 순화를 강조한 것에 반해, 1972년의 의견제시는 중소기업의 다양성을 지적하여 생업적 영세기업에 대해 정책적 배려를 중시해야 한다고 하였다. 또한 1980년의 의견제시에서는 중소기업의 다양성을 지적하면서, 생업적 분야의 다수의 소영세기업군도 약자가 아니고 활력있는 다수로서 평가하게 되었다.

또한 1990년대에 중소기업의 창조적사업활동촉진에 관한 임시조치법(1995), 신사업창출촉진법(1998)이 제정되었고, 이것이 1999년 새로이 개정된 중소기업기본법이나 중소기업경영혁신지원법(1999), 산업활력재생특별조치법(1999) 등도 창조적 지식집약화정책과 관련을 갖게 된다.

중소기업기본법 제3조에서는 정책이념을 '중소기업은 다양한 사업분야에서 특색있는 사업활동을 영위하고, 다양한 취업기회를 제공하며, 개인이 그 능력을 발휘하면서 사업을 영위할 기회를 제공함으로써 우리나라(일본)의 경제기반을 형성하며, 특히 다수의 중소기업자가 창의적 연구를 바탕으로 경영향상을 도모하기 위한 사업활동을 전개함으로써 신산업을 창출하고, 취업의 기회를 증대시키며, 시장에서의 경쟁을 촉진하고, 지역경제의 활성화를 촉진시키는 등 우리(일본)경제의 활력유지 및 강화에 힘써야 할 중요한 사명을 지닌다는 점을 감안하여, 독립된 중소기업자의 자주적 노력을 조장하는 것을 취지로 하고, 그 경영혁신 및 창업을 촉진하고 경영기반을 강화하며, 아울러 경제적 사회적 환경변화에 대한 적응을 원활하게 함으로써 다양하고 활력있는 성장, 발전을 도모'하는데 두고 있다.

이러한 중소기업정책과 관련하여 주목해야 할 것은 경제환경의 변화가 중소기업의 능력을 발휘하기 쉬운 상황으로 변화되었다는 인식하에 가동성, 유연성, 신속성, 창조성을 갖는 중소기업이 국민경제의 건전한 발전과 국민생활향상의 주체로서 기능하기 위한 경영혁신 및 창업촉진, 경쟁조건의 정비, 안전망 구축 등 중소기업을 육성하는 것으로 되어 있다.

2000년대 들어서는 중소기업종합사업단법(2000), 독립행정법인중소기업기반정비기구법(2002), 산업활력재생특별조치법(20030, 소규모기업공제법(2003), 중소기업신사업활동촉집법

(2004) 등이 제정되었고, 이는 창조적 지식융합화 정책의 효율적 시행을 위한 보다 구체적 내용으로 볼 수 있다.

전술한 바와 같이 일본의 중소기업정책은 보호정책, 근대화정책, 지식집약화정책 그리고 창조적 지식집약화정책, 창조적 지식융합화 정책 등으로 발전되어 왔다. 중소기업정책은 중소기업의 자조노력을 전제로 하는 것이지만, 중소기업문제가 개별기업의 경영노력을 초월한 곳에 있으며, 그러한 문제의 정책적 대응이 중소기업정책이라고 하면, 정책이 중소기업의 활력에서 문제해결을 기대하는 방향을 나타내었다는 것은 문제를 내포하게 된다. 여기서 중소기업정책의 기본이념에 대한 재검토가 필요하게 되는 것이다.

정치적으로 보면, 중소기업층은 광범위한 저변을 형성하므로 중소기업정책이 보호정책에 빠지기 쉬운 경향은 언제나 있고, 이미 과보호라는 비판도 강하다. 불리시정정책, 적응조정정책에 대한 각각의 역할 내지 양자의 관계를 중심으로 한 중소기업정책 전체의 재검토와 재편성시기가 이미 도래하였다.

Ⅳ. 일본 중소기업정책의 체계

1. 중소기업 기본법상의 정책체계

일본의 중소기업정책의 체계화는 1963년 「중소기업기본법」의 제정에서 시작되었다. 개별 중소기업정책이 체계화되었다는 것은 이들 정책을 필요로 했던 개별 중소기업문제도 체계화되었다는 것을 의미한다. 다시 말해 기본법은 중소기업문제를 통일적으로 취급하고 있다. 이러한 중소기업정책을 체계화하는 목적은 정책문제의 분석, 정책의 종합, 정책방향의 제시에 그 목적이 있다.

일본 중소기업기본법에는 정책목표를 달성하기 위해 1999년 개정에서 ① 경영혁신, ② 창업촉진, ③ 창조적 사업활동촉진, ④ 경영자원 확보의 원활화, ⑤ 중소기업과 관련한 거래의 적정화, ⑥ 경영기반의 강화, ⑦ 경영안정 도모, ⑧ 사업전환, ⑨ 자금공급의 원활화, ⑩ 자기자본의 충실 등 10개 항목에 대해서 정부가 정책 전반에 걸쳐 필요한 시책을 종합적으로 강구하도록 하고 있다.

그리고 정부에서는 이와 같은 시책을 실시하기 위해 필요한 법제상, 재정상 및 금융상의 조치를 강구함과 동시에 중소기업의 실태를 조사하여 중소기업의 동향과 시책에 관한 연차보고(중소기업백서)를 국회에 제출하도록 하는 의무가 부여되어 있다. 또한 지방자치단체도 중소기업에 관해 국가와 적절한 역할분담을 바탕으로 그 지방자치단체 구역의 자연적·경제적·사회적 제반 조건에 적합한 시책을 책정하고 실시해야 한다고 되어 있다.

또한 중소기업의 성장, 발전을 도모하는 것은 국민경제의 균형있는 발전을 위해 전국민에게 부과된 과제이다. 그러므로 중소기업과 관계를 맺고 있는 중소기업자 이외의 자도 정부 또는 지방자치단체의 제시책 실시에 협조하도록 되어 있다. 이 밖에도 학식과 경험이 있는 자의 의견을 수렴하여 바람직한 결과를 채택할 수 있도록 중소기업정책심의회를 설치하고, 그 조직과 운영에 대해서도 규정하고 있으며, 경영안정 및 사업전환이나 중소기업자의 부당한 이익이 침해, 도산, 사업재건 및 폐지 등 필요한 경우 특별시책도 행해지고 있다.

2. 1990대 이전의 정책체계

중소기업정책의 시책체계는 중소기업청, 「중소기업시책개요」(각년도)에 잘 나타나고 있다. 시책체계는 매년 조금씩 변하고 있지만, 대체로 1986년도까지는 중소기업기본법 체계를 따르고 있으며, '중소기업의 근대화 및 고도화,' '경영의 안정,' '사업활동의 불리함 보정,' '소규모 기업대책'으로 4분류되어 왔다.

그러나 1987년도부터 체계가 변하기 시작하여 '중소기업구조전환의 지원,' '중소기업 경영자원의 충실,' '경영기반의 안정 및 효율화,' '소규모 기업대책,' '조사 및 홍보'라는 5부문으로 구성되어졌고, 1988년부터 이를 다시 4부문으로 하여 '엔고 및 구조전환대책,' '경영기반대책,' '소규모기업대책,' '기타'로 하였다. 여기서 중소기업의 '근대화 및 고도화'가 사라지고, 구조전환대책이 시책중심으로 된 것은 시대의 추이로 이해할 수 있지만, 기본법 체계의 중요 요소였던 '사업활동의 불리보정'이란 분류항목도 동시에 사라지고, '경영기반대책' 부문의 일부분이 '기타'로 격하되어 분류되어 있는 이념의 변화는 창조적 지식집약화 정책의 본격적 실시로 해석할 수 있어 주목할 만하다.

1990년도의 중소기업시책도 전년도에 비해 변화는 보이지 않지만, 1991년도 중소기업시책은 이제까지 제조업 중심에서 중소유통업 쪽으로 시책의 방향이 변화되었다. 다시 말해 중소기업정책은 중소기업의 활력과 창의성이 넘치는 활력을 과감히 전개할 수 있도록 자조노력의 발휘를 촉진하는 것이 중요하며, 구체적으로는 풍부하고 여유있는 국민생활의 실현, 노동력의 확보, 지역경제의 활력추진 등 일본의 중요한 과제에 대응해 가는 것이 필요하다고 주장하고 있다.

3. 1990년대 중소기업정책

(1) 중소기업정책의 중점

1) 소프트 경영자원의 충실

① 정보화 촉진

현재 중소기업의 정보네트워크화는 계속 진전되고 있지만, 특히 메이커 혹은 특정 소매상이 주재하는 제조업, 도매업, 소매업을 잇는 계열 네트워크에 참가하는 형태가 많이 보인다. 한편 계열 네트워크에 참가하는 기업 중 규모가 작은 중소기업도 다수 존재하고 있으며, 이러한 중소기업과 제휴를 도모하고 자주적으로 기업간 정보네트워크를 구축하는 것이 경영전략 수단의 하나로 유효하며, 이런 것을 적극 추진할 필요가 있다. 이러한 정보네트워크는 경영자원인 정보를 공유하면서 기업간 제휴를 꾀하는 것이며, 중소기업의 새로운 조직화의 한 형태로 주목된다.

중소기업에 있어서도 정보의 중요성이 점점 높아지고 있으며, 컴퓨터의 도입 등 정보화는 어느 정도 진전하고 있지만, 정보수집 분석이 개인의 경험에 의존하는 경향이 많고, 수집한 정보의 선별방법을 모르고 있으며, 또 정보가 경영에 실질적인 도움이 안 되는 경우가 많아 중소기업의 정보활용력은 반드시 충분하다고 말할 수는 없다. 따라서 중소기업의 정보수집, 선별, 가공, 분석 등의 능력을 강화 또는 보완할 필요가 있다.

② 기술력 향상

기술혁신의 진전, 소비자 니즈의 다양화 등의 환경변화 중에 제품의 고도화, 생산공정의 합리화에 의해 중소기업의 의욕은 강하고, 생산담당자로서의 기술력은 국제적으로도 높은 수준에 있다. 또 오랜 기간 기술개량을 통해 축적한 독자의 기술, 노하우를 활용한 신제품 개발 등 적극적인 전개도 보인다. 그러나 중소기업의 연구개발 활동은 대기업에 비하여 약체인 것은 부정할 수 없고, 그 격차는 확대경향을 보인다.

이러한 상황에서 중소기업에 있어서 마케팅에 의해 시장정보를 파악·분석하고 적절한 신제품을 개발하는 '기술과 마케팅의 융합' 추진이 요구되고 있다. 특히 고령자의 다양한 니즈에 부응한 상품개발 등 시장규모가 작은 분야에 있어서 중소기업의 기동성을 살려 기술시즈(seeds)와 국민니즈(needs)를 결부시켜 새로운 제품을 제공하는 국민생활 밀착형 기술개발에 임할 필요가 있다. 또 지역의 계승적, 개별적 발전을 위해서는 지역에 특색 있는 기술개발력을 행하고 장기적으로 경쟁력 있는 산업을 창출하여 가는 것이 중요하며 계승적, 창조적 지역기술의 담당자로서 중소기업을 지원할 필요가 있다.

③ 인적자원의 충실

1990년대는 청장년 노동력의 감소 때문에 노동력은 부족해지고, 중소기업에 있어 인재확보는 심각한 과제가 될 것으로 보았다. 그 때문에 매력 있는 중소기업을 만들지 않으면 안되고, 매력 있는 직장을 만들기 위해 중소기업자 자신이 적극적으로 노력해야 하며, 정부도 이를 지원할 필요가 있다. 특히 1990년대는 경제의 국제화, 정보화가 한층 진행되기 때문에 중소기업도 국내외를 통해 시장동향을 정확히 파악하고 필요한 정보를 취사선택하여 자신의 경영전략을 결정하는 것이 중요하기 때문에 이러한 인재를 양성해 가는 노력이 필요하다. 나아가 노동력의 양적 부족을 질적으로 커버한다는 관점에서 인재의 유효활용도 필요하며, 연수의 중요성은 점점 높아져 갈 것이다.

2) 적극적 전환대책 추진

일본의 주력산업인 자동차, 전기기계 등 조립산업은 하도급 분업체제라고 하는 대기업과 중소기업에 의한 광범위한 분업관계가 발달해 있다. 하도급 분업체계는 모기업과 하도급기업의 계속적인 거래관계에 기초를 둔 협력관계를 특징으로 하고, ① 수·발주에 관한 다양한 정보교환, ② 모기업의 하도급 기업에 대한 기술경영 지도, ③ 하도급기업의 장기적 관점에서는 기술향상 노력을 가능하게 하는 등 일반 상거래에서 얻을 수 없는 독자적 메리트를 가지고 있으며, 이러한 하도급 분업체제의 존재가 일본의 가공 조립산업이 전체적으로 보아 양호한 성과를 나타내는 요인으로 되어 있다.

반면 하도급거래에 있어서는 하도급기업의 과당경쟁 체질 등에서 모기업이 하도급기업에 대해 수요자 독점상태를 형성하기 쉽고, 그러한 경우 하도급기업의 생산성 향상의 성과가 적당히 하도급기업에 귀속되기 어렵게 되는 등의 문제도 발생하기 쉽다.

또 장기적인 협력관계에 과도하게 의존하게 되면 거래가 불투명한 것으로 되기 쉽다. 단지 최근들어 ① 모기업체에서 종래의 계열에 연연하지 않고 기술력 있는 하도급기업과 거래를 행하려는 움직임도 보이고, ② 하도급기업측도 모기업 이상의 기술력을 가지거나 혹은 모기업과 담합하는 움직임을 보이는 등 하도급 분업구조에 있어서도 서서히 종래와는 다른 양상이 나타나기 시작하고 있다. 이처럼 분업체제의 실태는 하도급이라는 하나의 용어로 설명하기 어려운 점이 많으며, 이러한 점을 반영하여 파트너라든가 협력기업이라는 새로운 용어도 만들어지고 있는 상황이다.

3) 개성과 매력 있는 지역건설

1980년대에 지역중소기업대책의 핵심은 지방산업대책과 구조불황지역 대책이었다. 이러한 대책은 지방산업을 활성화 하였고, 구조불황지역의 마찰을 경감시키는 효과를 가져 왔다.

그러나 지역중소기업에 의한 개성 있는 지역창조를 금후 중요한 정책과제로서 설정할 경우, 기존의 시책만으로는 불충분하며 새로운 시점에서 시책을 강구할 필요가 있다. 그 첫째로서는 각 지역의 중소기업이 주체적으로 지역에 존재하는 자원의 재인식, 재평가를 할 필요가 있고, 특히 지역중소기업이 이를 유용하게 활용할 수 있게 하는 시책을 강구할 필요가 있다. 두 번째는 지역중소기업 대책을 행함에 있어서 거리조성 관점을 고려한 대책을 강구할 필요가 있다.

4) 중소기업의 국제화 추진

중소기업은 범세계화의 흐름을 새로운 비즈니스의 기회로 적극적으로 포착하여 활용하는 것이 필요하다. 해외를 포함하여 적절한 지역에 거점을 설정하고, 사업을 전개한다고 하는 국제적 시야가 요구되고, 해외기업과의 교류도 물자와 자본 외에 기술, 노하우 등 다방면으로 교류할 필요가 있다.

한편 범세계화의 흐름 중에서 중소기업은 제품의 고부가가치와 신분야의 개척을 위한 사업의 다각화, 전환 등에 임할 필요가 있다. 중소기업이 이상과 같은 대응을 해 가기 위해서는 특히, 인재, 정보, 기술이라고 하는 소프트 경영자원의 충실에 노력할 필요가 있으며, 이를 지원하는 다음과 같은 정책이 필요하다.

5) 소규모 기업정책의 방향

1960년의 '상공회의소조직등에 관한 법률'의 제정을 계기로 소규모 기업정책은 중규모 이상의 기업과 격차 있는 소규모 기업자를 전체로써 부양시킬 필요가 있다는 생각에서 체질강화를 주목적으로 개별기업을 대상으로 한 근대적 경영관리기법의 보급, 자금조달의 원활화, 각종 제도의 인지·이용촉진을 위한 보급활동 등을 주대책 내용으로 하여 왔다.

그 후 1980년대 들어 소규모 기업의 활성화를 위해서는 지역경제 전체의 진흥이 불가피하다는 인식이 제고됨과 동시에 지역의 정합경제단체로서의 상공회, 상공회의소에는 경제분야 뿐만 아니라 사회일반의 복지증진에 현재 이상으로 공헌해야 한다는 기대가 높아져 갔다.

그간 일본경제의 고도성장 과정 특히, 안정성장과정에 있어서 소규모 기업도 그 이상 규모의 기업과 이윤격차가 있다고 하여도 전체로서는 순조롭게 환경에 대응해 왔다. 금후 소규모 기업을 둘러싼 환경을 보면, 기술혁신, 인력부족의 심각화, 고령화 등 1980년대 후반 이후 현저해진 경제사회의 변화가 더욱더 급격히 진행될 것으로 예상되며, 변화에 대응할 수 있는 소규모기업의 체질강화가 종전보다 더욱더 중요해질 것으로 보인다.

⑵ 중소기업 정책수단의 전개

1) 중소기업 금융정책의 방향

중소기업의 성장, 발전을 위해서는 개별기업의 사업특성, 성장단계에 대응한 효율적인 자금조달을 행하여 갈 필요가 있다. 특히, 장기설비투자를 행하는 기업, 창업하는 기업 등에 있어서는 장기자금의 안정적 조달이 매우 중요하다. 이 때문에 시장원리에 기초를 둔 민간금융을 보완하고 기본적으로 신용력이 약한 중소기업의 사업진흥을 도모해 감과 동시에 그때그때의 정책과제에 대응한 정책유도를 행하는 것이 정책금융 및 신용보완제도의 기본적 역할이다.

2) 중소기업 금융정책의 이념

기본적으로는 민간금융을 양적·질적으로 보완하는 것이 중요하다. 특히 금융자유화에 의해 융자면에서 차별화 등이 문제시되는 창업기업, 소규모 영세기업 등에 대해서는 상세한 배려가 필요하다. 또 중소기업자 자신도 금융자율화에 의한 메리트를 충분히 활용하면서 마이너스 면의 영향을 최소한으로 억제하는 것이 기업발전을 위해서도 매우 중요한 요인이라는 것을 충분히 인식할 필요가 있다.

나아가 1990년대는 새로운 정책과제에 대응하여 중소기업에 있어서 소프트 경영자원의 충실, 창업 신규사업 전개, 범세계화 등의 지원을 위한 수단으로서도 중소기업 금융정책을 적극적으로 활용하여야 할 것이다. 이러한 목적을 달성하기 위한 정책의 구체적 방향으로는 ① 소프트 경영자원의 충실, ② 창업·신규사업의 지원, ③ 중소기업의 범세계화 촉진, ④ 새로운 중소기업 네트워크에 대한 지원, ⑤ 금융자율화, 국제화, 경제환경의 변화 등에 대응하는 정책금융의 기능강화 등이 필요하다.

3) 중소기업에 개방된 자본시장의 정비

신기술의 기업화를 행하는 창업단계의 중소기업과 고도의 기술력을 가지고 성장성이 높은 중소기업에 있어서 경영상의 커다란 문제점의 하나는 창업과 신규사업 전개 등에 필요한 자금의 조달이다. 이러한 소위 위험자본에 대해서는 기술력 등 소프트 경영자원에 의하여 자본을 조달하지 않으면 안 되는 경우가 많다. 이러한 경우 일반적으로 민간은행으로부터 자본의 차입은 곤란한 점이 있으므로 이를 보완하는 수단으로서 자본시장으로부터 자금조달이 유리한 경우도 있다. 또 당해 기업이 업무내용, 성장성 등으로 보아 자본시장으로부터 높게 평가되고 액면보다 상당한 고액으로 주식을 인수할 수 있는 경우에 있어서는 자본시장으로부터 자금조달은 일반적인 금융기관으로부터의 차입에 비하여 저코스트로 된다.

그러나 중소기업에 있어서는 자본시장으로부터 자본조달은 반드시 일반적으로 행해지는 것이 아니므로 다음과 같은 정책지원을 행하는 것이 바람직하다. 즉, ① 중소기업투자육성주식회사의 활용, ② 공적기관으로부터 출자에 의한 창업, 신규사업 전개지원, ③ 주식점두시장의 확충, ④ 중소기업자의 자본시장에 대한 이해의 증진 등이다.

4) 고도화 융자사업의 전개

중소기업사업단의 고도화 융자사업은 중소기업이 갖는 규모의 과소성 등의 제약을 극복하기 위해 복수의 중소기업자가 서로 협력하고 사업의 공동화, 협업화, 집단화 등의 고도화사업을 행하는 경우에 장기저리융자 등에 의해 적극적으로 지원 조성을 행하는 것이며, 종래로부터의 중소기업정책의 중요한 수단의 하나로서 중요한 역할을 수행하여 왔다.

1990년대에 있어서도 중소기업 과소성에 기인하는 제약은 여전히 존재함과 동시에 중소기업을 둘러싸고 있는 환경변화에 대응해 가기 위해서는 정보화 추진, 기술개발, 인재양성, 개성 있는 지역 창조 등이 중요한 과제이고, 이 과정에서 고도화사업에 기대되는 역할은 크다.

이러한 고도화 사업에 대한 시책의 구체적 방향으로는 ① 새로운 니즈의 대응, ② 이업종 복합형 시설추진, ③ 중소기업의 소프트 경영자원의 충실에 대한 지원, ④ 토지가격의 급등에 대처, ⑤ 국제화의 대응 등을 들 수 있다.

또한 고도화의 융자는 통상의 융자와는 달리 진단·지도를 행하는 것에 의해 중소기업자가 장기적으로 보아 적절한 투자를 행하는 시스템으로 되어 있다. 그러나 경제사회의 변화의 템포가 급속하게 되어 중소기업이 신속 정확하게 대응하기 위해서는 중소기업자 중에는 가능한 빨리 융자를 받고 싶어 하며, 그러한 요망도 높다. 이 때문에 진단·지도를 포함해 융자수속의 간소화에 노력하고 나아가 민간진단사의 활용 등에 의해 중소기업의 계획설정을 지원하는 방안에 대해서도 검토할 필요가 있다. 또 중소기업의 고도화사업에 대한 이해를 깊게 함과 동시에 동 사업이 사용하기 쉽도록 융자를 행하는 측에서 적극적으로 사업내용의 홍보 및 보급에 노력할 필요가 있다.

4. 2000년대 일본 중소기업정책의 방향

일본의 중소기업정책은 1948년 중소기업청의 설치로 본격적으로 추진되었으며, '대기업과 중소기업의 격차시정'을 정책이념으로 하는 중소기업 기본법이 1963년 제정되었다. 그 후 1999년 12월에 중소기업정책의 기준이 되어 온 중소기업기본법의 전면적인 개정이 실행되었다. 이는 세계경제의 시장개방화, 경제의 글로벌화, 정보통신의 고도화라는 환경변화에 대한 정책적 대응이 문제되어 일본 중소기업정책의 대전환을 이루려는 것이며, 특히 중소기업정책은 그 존립과 존속을 어떻게 안정적으로 보증하고 세계적 경쟁의 메커니즘에 연동되어 가는지가 중요한 과제가 된다.

1990년대 들어 불확실성 증대에 대응하는 기업가정신의 중요성, 다양성과 창조성의 중요성이 부각됨에 따라 소프트 측면의 우위성이 기업활동의 부가가치 창조에 중요한 원천으로 되었고, 고령화의 진전, 환경에너지 문제의 증가가 기업활동의 새로운 여건으로 등장하였으며, 최근에는 정보화의 진전이 중소기업의 새로운 존립조건과 성장기회를 제공하는 등의 경제적·사회적 환경이 급속하게 변함에 따라 일본의 중소기업정책의 전환의 필요성이 대두되었고, 또한 중소기업의 다양성도 점차 확대되어 가고 있어 '대기업과 중소기업간'의 이중적 산업구조라는 그간의 획일적인 관점은 타당성을 상실하게 되었다.

1990년대의 장기불황으로 인해 침체된 경제상황을 타파하고 경제구조개혁을 추진하여 새로운 산업을 창출하기 위해서는 외적 환경변화에 대해 유연하게 대처하고 도전정신과 창조성을 가진 경제주체의 존재가 필요하게 되었다. 즉, 다양성을 전제로 개별기업의 성장, 발전을 향한 과제가 원활하게 극복되도록 중소기업정책을 재구축할 필요성이 대두된 것이다.

일본은 1999년 중소기업법을 전면적으로 개정하면서 중소기업정책의 기본이념을 전면적으로 전환하였다. 다시 말해 창업의 촉진과 벤처기업의 지원을 통해 중소기업의 진흥을 도모함으로써 신일본경제의 성장 발전을 지원하는 것을 중심으로 전환한 것이다.

다시 말해 과거 중소기업법이 지향하고 있는 정책목표는 중소기업의 경제적·사회적 제약에 의한 불리를 시정함과 동시에 중소기업의 자주적인 노력을 조장하며, 기업간 생산성

격차를 시정함으로써 중소기업의 생산성 및 거래조건을 향상하는 것이었으나, 동법이 개정되면서 일본경제의 활력유지 및 강화를 위하여 중소기업의 자주적인 노력을 기반으로 경영혁신 및 창업촉진을 통한 경영기반을 강화함으로써 경제적·사회적 변화에 원활하게 적응하고, 다양하면서 활력 있는 성장 발전을 지원하는 것을 중심으로 전환하였다.

이로써 일본 중소기업의 이념, 역할 및 중소기업 정책이 근본적으로 변화하였다. 이는 과거 대기업과의 생산성, 기업수익, 임금 등의 구조적 격차가 있는 문제로서의 중소기업이라는 기본시점에서 격차시정과 이중구조 해소가 정책이념이었으나, 이후의 일본 중소기업정책은 중소기업을 하나의 계층으로 한 정책에서 개별 중소기업의 경쟁력을 강화하는 방향으로 전환되었다.

구기본법으로부터의 신기본법은 ① 이중구조론 사상으로부터의 전환, ② 중소기업상의 전환, ③ 정책이념의 전환, ④ 정책목표의 전환, ⑤ 중소기업자 범위의 확대, ⑥ 소규모기업 정책의 배려와 방치, ⑦ 정부의 정책역할의 전환 등의 측면에서 중소기업정책의 내용이 변화하고 있는 점을 특징으로 한다.

이러한 신중소기업법은 새로운 중소기업정책 이념의 3가지 관점을 지적하고 있는데, 그 내용은 다음과 같다.

첫째, 이중구조의 격차시정이라는 정책이념이 경제실태와 괴리되고, 또 이념 자체가 중소기업에 대한 정책대응 폭을 좁히는 제약요인은 아닌가?

둘째, 과거에 효과가 있었던 정책이나 조직이 시대변화에 대응할 수 없는 채 계속되어 정책자원의 기동적·효과적인 배분을 방해하고 있지 않은가?

셋째, 시책이 복잡, 세분화되어 시책 이용자에게 이해하기 어렵고, 활용하기 어렵게 되어 있지 않은가?

기존의 일본 중소기업정책 이념은 기존의 다양하고 활력 있는 독립적인 중소기업을 육성하는 것인 반면, 21세기의 중소기업 정책 이념은 '다양하고 활력 있는 중소기업의 성장발전'을 도모하는 정책이념으로 전환한 것이다. 즉, 기존 기본법의 정책목표가 중소기업의 '보호 육성'에 의한 중소기업 전체의 저변 상승을 도모하는 것이었다면, 신기본법의 정책목표는 다양성에 의한 특정분야·특정개별기업의 '육성·경쟁'정책으로의 전환을 의미한다.

이러한 중소기업정책의 목표는 ① 불리시정, ② 생산성 및 거래조건 향상, ③ 중소기업 종사자의 경제적·사회적 지위향상의 3가지로 명시하고 있으며, 이에 정책목표를 달성하기 위한 정책수단으로 ① 설비근대화, ② 기술향상, ③ 경영관리 합리화, ④ 구조고도화(규모적정화, 사업의 공동화 및 집단화), ⑤ 거래조건의 불리함 보정, ⑥ 수요증진, ⑦ 사업활동의 조정, ⑧ 노동력 확보 등 중소기업의 다양성을 뒷받침하기 위한 정책을 강구하는 것으로 되어 있다.

그런데 이념(idea)은 정책목적의 기초를 이루는 근본적 사고방식으로 당연히 세계관 등 일정의 가치판단을 포함하며, 이른바 목적에 관한 궁극적 목적이 포함되어야 한다. 목적(aim)은 실현하려고 의도하는 사항이지만, 목표(objective)는 목적을 달성하기 위해 설정된 구체적 사실을 의미한다. 이런 의미에서 목표는 목적을 실현하기 위한 수단으로서 위치하며, 목적은 이념을 달성하기 위한 수단으로서 위치한다.

따라서 정책책정에는 이러한 이념 - 목적 - 목표 - 수단의 관계를 명확히 하고, 목적의 독립성, 목적에 대한 수단의 적합성 및 유효성을 확보하는 것, 그리고 목적간이나 수단 간의 대립관계를 만들지 않는 것이 중요하다.

최근에는 새로운 정책목표로 자유시장 메커니즘에 입각해 ① 기업창업과 경영혁신의 촉진, ② 공정경쟁 조건의 정비, ③ 안전망의 정비 등 중소기업의 다양성을 뒷받침하기 위한 정책들이 강화되고 있다. 또한 기본방침으로 ① 경영혁신 창업의 촉진, 창조적 사업활동 촉진, ② 경영기반 강화, ③ 경제적·사회적 환경변화에 대한 적응의 원활화, ④ 자금공급의 원활화와 자기자본의 충실 도모 등의 시책이 강화되고 있다.

5. 일본 중소기업정책의 특징

일본 중소기업정책의 주요 특징으로는 ① 정부 주도하의 적절한 정책조합 구사, ② 체계적인 지원체제 구축, ③ 정부와 지방자치단체간의 역할 분담, ④ 창업 활성화, ⑤ 대기업과 중소기업간의 경쟁 및 협력, ⑥ 지원시책의 다양성과 복잡성의 혼재 등을 들 수 있다.

(1) 정부주도의 적절한 정책조합의 구사

일본의 중소기업정책은 고정된 획일적인 정책을 견지해 오기보다는 정부주도 하의 경제환경 변화에 따라 유연하고 시의적절한 정책을 구사하는 것이 특징이다. 예컨대 과거 1950년대의 보호육성책, 60년대와 70년대의 불리시정책, 80년대의 창업활성화 대책, 90년대 이후의 경쟁 및 혁신, 안전망 구축 등의 시책들이 이에 해당된다.

(2) 체계적인 지원체제의 구축

일본의 중소기업지원체제는 정책을 총괄하는 중소기업청을 중심으로 지방자치단체, 지원기관(단체) 등이 상호 효율적으로 연계되어 중소기업을 지원한다. 또한 중소기업 기반정비기구와 중소기업대학교라는 독특한 기관이 존재하고 있다. 중소기업기반정비기구는 기존의 중소기업조합사업단을 중심으로 지역진흥정비공단, 산업기반정비기금을 통합하여 설립된 독립행정법인으로 사업활동에 필요한 조언, 연수, 자금지원, 시설정비, 공제제도 운영 등을 통해 중소기업의 활성화를 위한 기반정비를 목적으로 하고 있다. 또 중소기업대학교에서는 중소기업관련 단체를 중심으로 교육 및 연수를 실시하고 있으며, 운영예산의 80%를 정부에서 지원하고 있다.

⑶ 정부와 지방자치단체의 역할 분담

일본 정부는 중소기업정책을 추진함에 있어 시장의 원칙을 적용함으로써 자유경쟁을 유도하며, 또한 지방공공단체는 지역활력의 원천인 중소기업을 지역특성에 맞게 도모해 나가야 할 행정주체라는 인식하에 적절한 역할분담과 다양한 지원시책을 실시하고 있다.

⑷ 창업활성화

일본 중소기업정책의 주요 특징 중 하나는 창업활성화를 위한 각종 지원제도가 추진 및 강화되고 있다는 것을 들 수 있다. 신창업융자제도, 기업도전지원 무담보 무보증 대출제도, 창조적 중소기업 창업지원사업의 추진 등 창업활동을 촉진하기 위한 간접적인 제도정비와 함께 정책금융을 활용한 직접적인 창업지원이 강화되고 있다.

⑸ 대기업과 중소기업간 창업 및 협력

일본의 대기업은 협력 중소기업체가 자생력을 가질 수 있도록 '경쟁과 협력'을 병행하고 있으며, 또한 중소기업에 대한 자본참여로 실질적인 협력관계를 구축하고 있다.

⑹ 지원시책의 다양성과 복잡성의 혼재

일본의 중소기업 관련법규는 지원시책들이 다양하며, 또한 그 시책들의 다양성에 따라 복잡성이 혼재하고 있는 점이 특징이다. 일본의 중소기업 관련법규는 수적인 면에서 현재 40여종의 관련법규를 제정 및 시행하고 있으며, 또한 법규의 성격에 있어서도 모두 행정명령이나 시행에 따른 규정을 담고 있다. 일본 중소기업 관련법규가 이 같은 다양성과 복잡성을 띠게 된 것은 여러 가지 원인이 있겠지만, 일본의 중소기업정책이 중소기업 지원에 대한 규제나 직접적인 보호·육성보다는 경제환경의 변화에 대한 적응이라는 측면에서의 육성·경쟁이라는 직·간접적인 지원을 그 기본방향으로 삼고 있기 때문인 것으로 보인다.

제9장 고용관행의 변화

여기서는 일본의 경제성장 과정에서 나타난 고용의 변동과 지금까지의 연공서열, 종신고용과 같은 일본형 고용관행이 세계화·개방화시대에 어떻게 변모할 것인가에 대해 다룬다. 이를 위해서 먼저 일본의 고용과 실업의 현황을 살펴보고, 구조적 실업과 순환적 실업에 대해 검토한다. 두 번째로 일본경제에 나타난 노동의 이중구조, 즉, 노동력 부족과 고실업, 그리고 취업구조의 행태에 대해 살펴보며, 세 번째로 지금까지 일본형 고용관행에 대한 평가, 그리고 앞으로 일본형 고용관행은 어떻게 변화할 것인지에 대해 검토한다.

I. 고용확보의 중요성

일하고자 하는 사람이 능력에 맞는 일자리를 갖는 것은 가장 중요한 정책목표의 하나이다. 이것만 실현된다면, 그 이외의 경제문제는 다소 미흡한 점이 있더라도 용인될 수도 있다. 이처럼 고용이 중요한 이유는 다음과 같다.

첫째, 개별 가계에 있어서 고용은 소득을 얻기 위해 가장 유력한 수단이다. 가계의 돈버는 사람이 실업이 된다면, 가계는 공황상태에 이르게 된다. 고용이 안정되어 있다면, 사람들은 안심하고 일상생활을 영위할 수 있다.

둘째, 노동력은 경제에 있어서 가장 중요한 생산요소의 하나이다. 경제성장은 노동력, 자본, 기술과 같은 생산요소를 얼마나 효율적으로 사용하는가에 따라 결정된다. 일하고자 하는 사람이 있는데도 불구하고 그 사람에게 고용의 장이 마련되어 있지 않다는 것은 노동력이라는 생산요소가 충분히 활용되고 있지 않다는 것을 의미하며, 이는 사회적으로 귀중한 자원을 낭비하고 있는 것과 같다.

셋째, 약간 경제문제에서 벗어나기는 하지만, 고용은 개인과 사회를 연결하는 장이기도

하다. 대부분의 사람들은 고용을 통하여 사회에 참가하며, 자기실현을 도모하고 있다. 우리는 소득을 얻기 위해서만이 일을 하는 것은 아니다. 일이란 것은 고통을 의미하며, 여가만 있으면 만족할 수 있는 것도 아니다. '정말 바쁘다'고 하면서 빈틈없는 일정표를 보는 사람은 왠지 자랑스럽고, 정말로 시간이 많이 남아돌아가는 사람은 왠지 외로워 보인다. 이는 바쁜 사람은 자기의 모든 능력을 일하는 데 기울여 자아실현을 도모할 장소가 주어져 있는 경우가 많기 때문이다. 따라서 고용의 확보는 사회적 요청이다.

이처럼 고용이 갖는 중요성은 1990년대 전반까지는 일본의 경우 적어도 구미 제국보다는 의식되는 정도가 적었다. 고용이 안정되어 있었기 때문이다. 1955년부터 97년까지 일본의 실업률은 3% 이하에 머물렀다. 이는 때로는 10% 전후의 실업률을 기록하는 다른 선진공업국과 비교하면 매우 낮은 것이었다. 이 때문에 구미 제국에서는 이전부터 고용에 대한 관심이 매우 높았다. 예를 들면, 미국의 정부관계 문서를 보면, 무엇엔가 덧붙여 職(job)이라는 말이 튀어 나온다. 2002년도 미국 대통령 경제보고의 첫머리에 '과거 20년 이상 우리나라는 훌륭한 번영의 증진을 경험하였다. 3,500만개 이상의 일자리가 만들어지고, 실질소득은 거의 2배로 증가하여 선례가 없는 생활수준의 향상이 이루어졌다.'로 되어 있다.1) 무역문제에서도 '일본이 경상수지 흑자를 GDP 대비 1.5%까지 축소한다면 1백만명- 200만명의 고용을 증대시킬 수 있다'2) 는 것과 같이 강조되는 경우가 있다.

그러나 1990년대 후반 이후 경제침체가 이어지는 가운데 일본에서도 고용불안 문제가 자주 거론되었다. 최근 수년간 실업률의 상승이 두드러지게 나타나는 가운데 '기업의 리스트럭처링, 산업공동화 등에 의한 고실업시대의 도래', '일본형 고용관행이 붕괴가 지속되고 있다'는 등의 우려의 목소리가 높아지고 있기 때문이다. 이러한 우려를 파고 들어가 보면, 일본이 직면하고 있는 고용문제는 3가지가 있다. 그 첫 번째는 경기변동, 산업구조가 변화하는 가운데 단기적으로 실업, 임금 등의 고용정세가 어떻게 변화할 것인가의 문제이다. 두 번째는 장기적으로 고용구조(혹은 취업구조)가 어떻게 변화해 갈 것인가의 문제이다. 세 번째는 더욱이 장기적으로, 지금까지 유지해 왔던 '일본형 고용관행'이 어떻게 변질되어 갈 것인가의 문제이다.3) 따라서 아래에서는 이러한 문제에 대해 살펴보기로 한다.

---

1) エコノミスト社『エコノミスト』(臨時增刊), 2002. 6. 3.
2) 岡田任弘,『日本經濟興亡50年』日本經濟新聞社, 1994.
3) 小峰隆夫,『最新日本經濟入門』, 日本評論社, 2003, pp.81-101.

Ⅱ. 경기변동과 고용정세의 변화

단기적인 고용정세의 동향은 경기변동과 밀접한 관계가 있다. 노동력의 공급 면에서는 일하고자 하는 사람의 수(노동력인구)는 단기적으로는 그다지 변화가 없지만, 노동력에 대한 수요는 경기가 나빠지면 노동력에 대한 수요는 감소하고, 경기가 좋아지면 노동력 수요가 증가하는 형태로 경기에 따라 변화한다. 이렇게 단기적으로 발생하는 수요와 공급의 차를 조정하는 데는 두 가지 방법이 있다. 하나는 노동자의 수나 노동시간을 조정하는 것이고, 다른 하나는 임금을 조정하는 것이다. 전자가 수량에 의한 조정, 후자가 가격에 의한 조정이라고 할 수 있다.

1. 고용 및 실업의 현황

우선 수량에 의한 조정 면에서 생각해 보자. 논의에 앞서 현재 일본에서는 고용·실업의 정세가 어떻게 되어 있는가를 개관할 필요가 있다. 2002년 현재 일본의 인구는 12,744만명이고, 그 가운데 15세 이상 인구는 10,972만명이다. 15세 이상 인구 중 비노동력인구는 4,229만명, 노동력인구는 6,689만명으로 그 가운데 취업자는 6,330만명, 완전실업자는 359만명이다. 취업자 중 고용자는 5,331만명이다.

총인구 가운데 15세 이상의 인구가 생산가능인구에 속한다. 그 가운데 일할 의지를 갖고 있는 사람을 노동력인구라 하고, 일하려고 하지 않는 사람을 비노동력인구라고 한다. 비노동력인구에는 학생, 가정주부, 직장을 은퇴한 고령자 등이다.

노동력인구는 두 가지로 나누어지는데, 실제 일을 하고 있는 취업자와 일을 하고 싶지만 하지 못하고 있는 완전실업자로 나누어진다. 노동력인구에 차지하는 실업자 비율이 완전 실업률이다. 이는 일할 의사를 갖고 있는 사람 가운데 일자리를 갖지 못한 사람이 어느 정도인가를 나타내고 있으며, 고용의 상태를 나타내는 가장 중요한 지표이다. 경기가 좋아지고 생산 활동이 활발해지면 고용기회가 증대하므로 실업자수는 감소하고 실업률은 낮아진다.

일본의 완전 실업률은 1990년대 전반까지는 2%대 이하에 머물러, 일하려고 하는 사람은 거의 모두 일하고 있는 상태(완전고용)였다. 1990년대 후반 이후는 실업률이 점차 상승하여 2002년에는 5.4%까지 상승하였다. 2003년 1월에는 5.5%로 과거 최고를 기록하고 있다.

2. 경기변동과 고용조정

고용·실업정세가 경기변동과 함께 어떻게 변화하는가를 고려해 보자. 최근 고용관계지표의 움직임을 보면, 기업은 경기변동에 대응하여 고용량(노동자수×시간)을 조정하고 있는데, 이는 3단계에 걸쳐 이루지고 있다.

제1단계에서는 노동시간의 조정이다. 가령 경기가 나빠져서 생산량이 감소하면 기업은 우선 잔업시간(소정 외 노동시간)을 줄여서 대응한다. 제2단계에서는 파트 타이머 노동을 조정한다. 잔업시간 조정만으로는 대응할 수 없는 경우에는 인원수를 조정하게 된다. 가장 먼저 조정대상이 되는 것이 파트 타이머이다. 이 단계에 이르게 되면 기업으로부터의 구인수는 감소하고 구직자수는 증가하므로 유효구인배율(= 구인수/구직자수, 높을수록 노동시장에서 수급이 핍박하다는 것을 나타냄)이 낮아지기 시작한다. 제3단계에서는 장기고용자의 삭감이다. 경기후퇴가 한층 진전되어 기업이 설비투자의 억제나 사업구성을 재고하기 시작하게 되면, 장기적인 관점에서도 고용을 억제하게 된다. 이 단계에 이르면 실업자는 증가하기 때문에 실업률은 상승하게 된다.

이처럼 고용조정이 노동시간 → 파트타이머 → 상용고용자의 순번으로 진행되는 것은 앞으로 진행될수록 고용조정 코스트가 커지기 때문이다. 고용조정의 코스트로는 ① 채용·해고에 수반되는 연구, 퇴직금 등의 코스트, ② 예정보다 조기퇴직하게 되면, 이미 교육·훈련에 투자한 코스트를 회수할 수 없게 된다는 점, ③ 고용자의 근로의욕이 저하하여 기업 이미지를 떨어뜨려 우수한 인재가 모이지 않게 된다는 점 등을 들 수 있다. 노동시간을 조정할 경우에는 이러한 조정비용이 거의 필요하지 않지만, 파트 타이머에서 상용고용으로 진행되게 되면 이러한 코스트가 커지게 된다.

3. 실업률

일본의 실업률에 대해 중요한 논점은 두 가지가 있다. 하나는 실업률이 실업의 실상을 잘 나타내고 있는가, 다른 하나는 실업률 상승의 원인을 어떻게 이해할 것인가이다. 일본의 실업률은 최근 상승하여 과거 최고 수준이었던 2002년의 5.4%까지 상승하였지만, 이러한 실업률 수준은 생각하는 바에 따라서 그다지 나쁘지는 않다고 말할 수 있다. 예를 들면 2002년 시점에서 다른 여러 나라의 실업률을 보면, 미국 5.8%, 독일 9.8%, 프랑스 9.1% 등으로 나타나고 있다. 다만 영국은 3.1%로 일본보다 낮다. 1990년 이후 일본이 저성장, 디플레이션으로 고통을 받고 있는 것과 관련시켜 볼 때는 실업이 그다지 심각하지는 않다고 할 수 있다. 이 점에 대해서 일본의 실업의 실태는 실업률에서 나타나는 것보다 훨씬 나쁘다는 견해도 있다.

그 첫 번째가 기업 내 실업에 관한 논의이다. 일본의 경우 종신고용적 관행이 있기 때문에 경기가 후퇴하여도 남는 노동력이 기업 내에 머무는 경향이 있다. 이것이 기업 내 실업이라고 불리어지는 현상이다. 이것은 기업의 고용보장(labour hoarding)으로 생각할 수 있다. 요컨대 고용자수의 조정이 어려운 경우 노동시간만이 아니라 노동자의 가동률(일하는 밀도)이 변화한다. 경기확대기에는 한정된 노동력으로 많은 일을 하기 때문에 일하는 밀도가 상승하고, 역으로 경기가 나빠지면 많은 사람이 한정된 일을 하게 되기 때문에 일하는 밀도가 낮아진다.

요컨대 일하는 밀도가 변화하여 고용자수의 조정이 이루어지지 못하고 있다. 노동의 밀도가 변동하는 현상은 우리 주변에서도 잘 관찰된다. 시험날짜가 아직 남아 있는 경우와 시험날짜가 내일로 임박해 있는 경우에는 공부의 집중도가 다르다. 원고의 마감일이 가까워지면 필사적으로 책상위에서 작업을 하게 되므로 같은 시간 내에도 대량의 원고를 생산할 수 있게 된다. 어느 것이나 시간조정이 어렵기 때문에 일하는 밀도에 따른 조정이 행해지고 있는 것이다.

고용보장에 대해 가령 내각부가 2000년 6월 시점에서 101만명 정도로 추계하고 있다. 이와 같은 경우를 보면 곧 기업 내의 잠재실업자는 100만명이라고 할 수 있는데 이것은 그다지 주목할 만한 것은 아니다. 일본의 기업은 이러한 노동밀도의 변화를 당연히 전제로 하여 고용계획을 세우고 있기 때문이다. 불황기에 이와 같은 고용보장이 실업의 완충장치로 되고 있다는 것은 틀림없는 사실이다. 그러나 동시에 호황기에는 역의 메커니즘에 의해 잠재적 고용기회가 상실되는 것이 된다.

두 번째가 근로의욕상실자(discouraged worker)에 대한 논의이다. 예를 들면 경기가 악화되었을 때는 일반적으로 취업자 → 실업자와 같은 흐름이 생겨 실업률이 높아질 것으로 생각할 수 있다. 그러나 반드시 그렇게 되지는 않는다. 가령 파트 타이머로서 일하고 있던 주부가 경기악화로 지금까지 일이 없어졌다고 하자. 이 주부가 다시 일자리를 찾는다면 당연히 실업자가 된다. 그러나 경기가 너무 좋지 않을 때 아무리 일자리를 찾아도 제대로 된 일자리를 찾을 수 없다고 생각하여 단념하고 가정에만 틀어박혀 있을 수도 있다.

이러한 경우에는 실업자는 증가하지 않고 비노동인구가 증가하게 되므로 오히려 실업률은 낮아지게 된다. 때때로 이 같은 현상이 나타난다. 이와 같이 일하는 것을 단념하는 사람이 근로의욕상실자이다. 실업만을 본다고 한다면 이와 같은 부분은 포착하지 못할 수도 있다.

끝으로 세 번째가 실업자의 정의의 문제이다. 가끔 실업자라고 하는 것은 공공직업소개소에 일자리를 찾으러 가는 사람이라고 생각하지만, 이는 틀린 것이다. 매월 샘플조사를 행하여 일을 하고 있는가, 실업 중인가를 조사하고 있다. 그렇다면 어떤 사람을 실업자라고 정의하는가 하는 것은 매우 어렵고 나라에 따라 다르다는 것이다. 그렇다면 일본의 실업률은 미국의 기준으로 생각한다면 훨씬 높은 것은 아닌가라는 논의가 가끔 이루어지고 있다.

이러한 논의 중 일본과 미국의 비교에 대해서는 '2002년도 노동경제의 분석'(후생노동성)이 일본과 미국의 실업자의 대한 정의를 감안하여 비교하고 있다. 이에 따르면 ① 일본은 '과거 1주일간에 구직활동을 하였는가, 하지 않았는가의 여부'로 실업자를 정의하고 있는데 반해 미국은 그것이 2-3주간으로 되어 있어, 이 점에서는 미국의 정의가 실업자의 범위가 넓다. 그러나 ② 일본에서는 '구직활동의 결과를 기다리고 있는 사람'도 실업자로 간주하고 있는데 반해, 미국에서는 이를 비노동력인구로 간주하고 있어, 이 점에서는 일본의 범위가 넓다. 이 같은 사정을 감안한다면 결론적으로 미국의 정의를 적용한다면 일본의 실업률은 오히려 내려간다는 결론을 얻을 수 있다.

4. 구조적 실업과 순환적 실업

1990년대 들어서 일본경제는 수차례 경기순환을 경험하였지만, 실업률은 경기하강기에는 상승하고, 상승기에는 그다지 감소하지 않으면서 오히려 점차 상승하고 있다. 이는 경기 이외의 요인이 실업률에 영향을 미치고 있음을 나타내는 것이다. 이 점을 파악하기 위해서는 실업률을 경기순환에 수반하는 순환적 실업과 경기 이외의 요인에 의한 구조적 실업으로 나누어 생각할 필요가 있다.

구조적 실업이 증가하고 있는 것은 구인의 내용과 구직의 내용이 다르기 때문이다. 미스 매치 현상 때문이다. 미스 매치에는 연령의 미스 매치(기업은 젊은 노동자를 구하고 있지만, 구조조정으로 인해 일자리를 찾고 있는 것은 중고년 실업자임), 직능의 미스 매치(소프트 웨어 관계 일자리는 늘어나고 있으나, 인재공급은 부족함), 지역의 미스 매치(대도시권에는 구인이 증가하고 있으나, 지방에는 감소하고 있음), 산업의 미스 매치(IT산업은 고용이 늘어 나고 있으나, 건설업은 줄어들고 있음) 등이 있다.

구조적 요인에 의해 실업이 늘어났다고 하는 것은 경기만 좋아진다면 실업자가 줄어든다고 볼 수 없다는 것을 나타낸다. 경기를 회복시키는 것과 함께 가능한 한 미스 매치를 줄이기 위해 직업재훈련, 자기개발지원, 탄력적 고용시스템의 형성과 같은 고용정책을 강구할 필요가 있다.

5. 임금의 변동

고용의 수요와 공급을 조정하는 또 하나의 방법이 임금에 의한 조정이다. 경기가 나빠지면 기업은 수익악화에서 탈피하기 위해 임금상승을 억제하려고 한다. 이와 같은 경우에는 노동력의 여분이 존재할 때이므로 노동의 수급은 완화되며, 노동시장 면에서도 임금은 오르기 어렵게 된다. 이와 같이 임금상승률이 억제됨에 따라 기업은 사람을 지속적으로 고용할 수 있게 되고, 어느 정도 노동수급의 갭이 확대되는 것을 방지할 수 있게 된다. 가격에 의한 조정이 수량의 조정을 억제한다고 할 수 있다.

일본의 임금상승률은 ① 기업수익이 늘어나면 늘어날수록, ② 소비자물가 상승률이 높으면 높을수록, ③ 노동수급이 핍박하면 할수록 높아지는 경향이 있다. 1990년대 후반 이후는 경제침체가 지속되어 기업수익의 악화, 노동수급의 완화가 계속되고, 더욱이 물가가 내려가는 디플레이션 상태가 계속되었기 때문에 임금상승률은 과거에는 볼 수 없을 정도의 낮은 상태가 계속 유지되어왔다. 매년 행해지는 춘계임금교섭(이른바 춘투)에서 주요 기업의 임금상승률은 1990년대 전반에는 3-5%였지만, 후반에는 2%대로 떨어졌다. 1998년 이후에는 매년 과거 최저를 계속 갱신하여, 2002년의 임금상승률은 1.66%였다.

그리고 1998년에는 마침내 상여금과 잔업수당 등을 포함한 모든 임금(현금 급여총액)이 1.3% 감소로 나타났다. 2001년에도 1.1%, 2003년에도 2.3% 감소하였다. 명목임금이 감소한 것은 제2차대전 후 일본에서 처음 있는 일로서 주요 선진국 가운데도 거의 일본만의 현상이다. '임금의 하방경직성 때문에 명목임금상승률이 마이너스가 되지 않는다'는 것이 경제학의 상식이었지만, 그것이 번복된 것이다. 그만큼 일본경제, 일본의 고용사정이 심각하다는 것을 나타낸 것이다.[4)]

4) 상게서, pp.82-92.

Ⅲ. 고용구조

1. 노동력 부족 및 고실업의 이중구조

다음에는 장기적 관점에서 일본의 고용균형을 고려해 보자. 1986년 이후 엔고 불황 하에서 일본은 마침내 고실업시대에 진입할 것이라는 우려의 목소리가 컸다. ME(마이크로 일렉트로닉스) 기술혁신 과 일본기업의 해외진출이 고용기회를 빼앗아 고령사회로의 이행·산업구조의 변화에 따라 고용의 미스 매치가 강화될 것이라는 논의가 무성하였다. 그러나 1987년 이후 경기확대로 노동수급이 핍박해지면서 이번에는 '일본은 노동력 부족시대에 진입하였다'는 논의가 나오게 되었다. 금후 노동력인구의 증가는 둔화하고 기업은 필요인력을 충분히 확보할 수 없다는 논의였다.

그리고 1991년 이후 경기가 후퇴하여 고용정세가 악화되면서 다시 '고실업시대'론이 널리 퍼지게 되었다. 이와 같이 과거의 예를 보면, 최근 장기적 관점에서도 고용균형이 악화하는 상태가 지속될지도 모른다는 우려에는 경기후퇴에 의한 고용정세 악화를 그대로 장기적 경향으로 간주하는 측면이 상당히 작용하고 있다.

그러면 앞날을 장기적으로 전망하면 어떻게 되는 것일까. 우선 고용 불안론의 배경에는 ① 노동수요측면에서 노동력 증가율의 둔화 등에 의해 잠재성장률이 둔화하는 것은 아닐까라는 우려, ② 중국으로의 생산이전 등에 의한 산업공동화에 의해 국내의 고용기회가 줄어들 것이라는 우려가 있다.

그러나 잘 생각해 본다면, 이 두 가지 논의가 양립되지는 않는다. 전자는 노동력부족 상태를 상정하고 있고, 후자는 노동력 과잉상태를 상정하고 있기 때문이다. 노동력이 부족해진다면 어느 정도 공동화되지 않으면 국내 고용 밸런스는 유지되지 못한다. 노동력이 남아돌게 된다면 잠재성장력이 떨어질 우려는 없기 때문이다.

이와 같은 우려 가운데 공동화에 대해서는 그다지 우려하지 않아도 될 것으로 보인다. 반면 노동력 증가의 둔화는 틀림없이 발생할 것으로 보인다. 일본경제연구센터의 장기전망[5]에 따르면 금후의 노동인구의 증가를 보면, 1995- 2000년간에는 제2차 베이비 붐 세대가 노동시장에 진입해 들어오기 때문에 0.3% 정도의 증가로 나타난다. 그러나 2000년 이후에는 출생률의 저하에 의한 젊은 노동력의 감소 등에 의해 점차 감소하게 된다. 즉 2000-

5) 宮川努·日本經濟研究センター,『2025年日本經濟』, 日本經濟新聞社, 2002.

2005년에는 0.1% 증가, 2005- 2010년에는 0.5% 감소, 2010- 2015년에는 0.3% 감소로 나타난다. 장기적으로는 역시 노동력 부족문제를 염려하여야 할 것이다.

2. 취업구조

다음에는 일본의 취업구조에 대해 살펴보기로 하자. 일본에서 일하고 있는 사람이 어떻게 구성되어 있는가를 보기 위한 것이 취업구조이지만, 여기에는 '어떤 산업에서 일하고 있는가', '어떤 일을 하고 있는가', '어떤 성별, 연령의 사람들이 일하고 있는가'하는 세가지 견해가 있다.

우선 어떤 산업에서 일하고 있는가를 살펴보면(<표 9-1>), 2002년 시점에서 일본의 총인구는 1억 2,700만명, 취업자는 6,330만명이기 때문에 국민 전체의 약 절반이 어떤 직업에 종사하고 있음을 알 수 있다. 이들 취업자의 산업별 비율을 보면, 농림수산업의 제1차산업 종사자는 4.7%, 광업, 제조업·건설업의 제2차산업이 30.2%(그 중 제조업은 19.3%), 상업·금융·운수·통신·서비스 등 제3차산업이 65.3%로 되어 있다.

<표 9-1> 산업별 취업자의 구성

(단위: %)

	1970	1990	2002
제1차산업(농림수산업)	17.4	7.2	4.7
제2차산업(광업 · 제조업 · 건설업)	35.1	33.6	30.2
제조업	27.0	24.1	19.3
건설업	7.7	9.4	9.8
제3차산업	47.3	58.7	65.3
전기 · 가스 등	-	0.5	0.5
운수 · 통신	6.9	6.0	6.3
도 · 소매	22.5	22.6	22.7
금융 · 보험 · 부동산	-	4.1	3.8
서비스업	14.7	22.3	28.5
공무 외	3.2	3.1	3.4
합계	100.0	100.0	100.0

자료: 總務省, 『勞動力調査』, 各年

이 같은 취업구조에는 제1차 산업의 비율이 낮아지고, 제3차 산업의 비율이 높아지는 장기적인 흐름이 있다. 이는 산업구조 변화에 대응한 움직임이지만, 제3차 산업의 비율이 높아진다는 이른바 서비스화의 움직임은 취업구조가 산업구조보다 더 잘 나타내고 있다. 이는 제조업은 기계 도입 등에 의해 생산성이 높아지기 쉽지만, 제3차 산업은 어찌되었던 일손이 필요한 산업이기 때문이다. 다만 일본의 서비스화의 비율은 아직 구미제국보다는 낮은 수준이다. 제3차 산업에서 일하게 된다는 서비스화의 흐름은 금후에도 계속될 것임에 틀림없다. 두 번째는 '어떤 일을 하고 있는가'를 나타낸 것이 <표 9-2>이다. 2002년 시점에서 일본의 직업구성은 전문기술자가 14.1%, 관리사무가 22.4%, 판매·보안서비스가 26.1%, 기타 생산·노무 등의 노동자가 37.4%이다. 이 직업별 구성에 있어서는 전문기술, 관리사무의 노동자가 증가하고 생산, 노무관계의 노동자가 감소하는 경향이 있다. 소위 화이트 칼러화의 움직임이다.

앞으로 일본경제에 있어서 이와 같은 직업별 구조를 보는 것이 중요시된다. 어떤 사람이 어떤 일을 하고 있는가를 물을 때는 '어떤 기업체에 근무하고 있는가'하고 묻는 경우가 대부분이다. 그러나 가령 도요타 자동차에 근무하고 있다 하더라도 엔지니어, 법률가, 회계·인사 전문가, 자재조달 담당, 컴퓨터·정보처리 등 다양한 일이 있고, 다양한 사람들이 일하고 있다. 무슨 일을 하고 있는가를 묻기 위해서라면 원래 일의 알맹이, 즉 직업을 물어야 할 것이다.

지금까지 일본에서는 종신고용적인 관행이 강하였기 때문에 인재는 기업이라는 조직의 위를 수직으로 흘러갔기 때문에 기업이 개인의 속성의 중심이었다. 그러나 금후에는 인재의 유동화가 진전되면, 인재는 직업이라는 전문성 위를 수평으로 흘러가는 일이 많아질 것이다. 그렇게 된다면 기업·산업보다는 직업의 중요성이 높아지게 될 것이다.

<표 9-2> 직업별 취업자 구성

(단위: %)

	1970	1990	2002
전문기술자	5.8	11.0	14.1
관리 · 사무종사자	17.3	22.3	22.4
판매 · 보안 서비스 종사자	20.6	23.6	26.1
기타 생산 · 노무종사자	56.3	43.1	37.4
	100.0	100.0	100.0

자료: 總務省, 『勞動力調査』, 各年

세 번째로 '어떤 성별, 연령의 사람들이 일하고 있는가'를 본 것이 <표 9-3>의 성별 노동력인구, <표 9-4>의 연령별 노동력인구이다. 2002년 시점에서 일본의 노동력인구 중 성별로는 남성이 59.1%이고 여성이 40.9%이다. 연령별로는 10대가 1.9%, 20-40대가 61.5%, 50- 64세가 29.4%, 65세 이상이 7.3%로 되어 있다.

이 성별·연령별 구성은 ① 인구구성의 변화, ② 각 연령계층의 노동력률(노동시장으로의 진입비율)의 변화라는 두가지 조합에 의해 변동한다. 지금까지는 10대의 노동력인구는 감소하고 있고, 중고령자의 비율이 높아지는 흐름이 있다는 것을 알 수 있다.

금후 ① 인구구성의 변화는 젊은 층에서 진학률의 상승에 의한 감소, 여자는 노동시장으로의 참가가 높아지기 때문에 상승하고, 고령자는 복지의 충실 등에 의해 감소할 것이다. 그 결과 앞으로는 여자의 비율, 고령자의 비율이 특히 높아질 것이다.

<표 9-3> 성별 노동력인구

(단위: %)

성별	1970	1990	2002
남성	60.7	59.4	59.1
여성	39.3	40.6	40.9

자료: 總務省, 『勞動力調査』, 各年

<표 9-4> 연령별 노동력인구

(단위: %)

연령별	1970	1990	2002
15- 19	5.8	2.8	1.9
20- 29	28.2	20.3	20.4
30- 39	24.0	20.6	20.9
40- 49	20.4	25.8	20.2
50- 59	12.8	19.0	22.8
60- 64	4.3	5.8	6.6
65-	4.5	5.6	7.3
합계	100.0	100.0	100.0

자료: 總務省, 『勞動力調査』, 各年.

Ⅳ. 고용관행의 변화 전망

1. 고용관행의 현황

마지막으로 일본의 고용관행에 대해 생각해 보자. 일본형 고용관행으로 가끔 지적되는 것은 종신고용과 연공형 임금이다. 일본의 대표적인 기업에서는 종신고용제하에서 노동자는 신규 학졸자로서 채용되어 기본적으로는 정년까지 고용이 보장되고 있다. 연공서열제하에서 연령, 근속을 추가함에 따라 승진, 승급이 있다. 직장, 직종의 이동을 중복하면서 OJT(On the Job Training, 직장 내 훈련)에 의해 직무수행능력이 형성되고, 숙련이 기업 내에 축적되어진다. 노동자 측도 이와 같은 장기고용, 연공제를 전제로 생활설계를 행하는 것이 보통이다.

이 두 가지는 마치 일본의 전통적인 조직과도 같은 것이지만, 그처럼 확고한 제도적 존재는 아니다. 첫째, 제도적으로 기반이 확고하지는 않다. 양자 모두 노사 쌍방 간에 명문화된 계약을 교환하고 있는 것이 아니라 사실상 관행에 불과하다. 둘째, 역사적으로 보더라도 그처럼 오랫동안 계속되고 있는 것은 아니다. 양자 모두 전후 고도성장의 과정에서 일본에 뿌리내린 것으로 보고 있다. 셋째, 일본의 노동자 전체에 적용되는 것은 아니다. 종신고용, 연공임금의 색채가 강한 것은 대기업, 사무·기술계 노동자이다.

그렇다면 이러한 관행은 국제적으로 보아 어느 정도 일본만의 독특한 것일까. 종신고용(또는 장기고용)부터 살펴보기로 하자. 먼저 주요국의 남자의 근속연수를 비교하면, 일본은 13.1년인데 비하여 미국 7.9년, 독일 10.6년, 영국 8.9년, 프랑스 11년으로 나타나고 있다(일본, 미국은 1996년, 그 나머지는 95년). 틀림없이 일본은 다른 선진국보다 긴 편이지만, 눈에 띄게 긴 편은 아니다. 또 여자의 경우는 일본은 8.2년이고, 독일(8.5년), 프랑스(10.3년)보다 짧은 것으로 나타나고 있다.

2. 고용관행의 상호보완성

일본형 고용관행이 지금까지 안정적으로 존재하였던 것은 상호보완성(complementarity)이란 개념으로 설명할 수 있다. 예를 들면, 장기고용과 연공임금은 상호 보완성이 있다. 연공임금 하에서는 젊은 시기에는 실제 하는 일보다 실제 수입이 적고, 그 적은 부분은 고년기가 되어 일하는 데 비해 실제 수입을 많게 함으로써 젊은 시기의 부족분을 보충하게 한다. 그것이 가능한 것은 장기고용이라고 하는 전제가 있기 때문이다. 일하는 사람의 입장에서 보더라도 도중에 회사를 그만두게 되면, 원금도 제대로 챙기지 못하여 손해를 보기 때문에 어찌되었던 같은 기업에 머물러 있게 되는 것이다.

기업 내에서는 OJT와 장기고용도 보완성이 있다. 기업이 시간과 코스트를 지불하여 종업원을 훈련시키면, 종업원은 그 기업에 적절한 인재가 되어버린다(이를 기업 특수적 인재 형성이라고 부른다). 기업 측에서는 일부러 투자를 하였기 때문에 언제까지나 자기 회사에서 일하게 할 필요가 있다(그런 의미에서도 연공임금이 유효하다). 한편 기업 특수적 능력을 몸으로 익힌 종업원측은 그 기업에서 벗어나게 되면 자신의 가치가 낮아지기 때문에 언제까지나 같은 기업에 머물려고 하게 된다.

더욱이 일본형 고용관행은 장기적 기업 간 거래관계, 교육시스템(대학에서의 교육보다도 기업 내에서의 OJT의 중시 등)과 같은 주변의 경제사회 시스템 간에도 보완성을 공유하고 있다고 생각된다.

3. 고용관행의 평가

이와 같은 일본형 고용관행을 어떻게 평가하는가 하는 문제는 매우 어렵다. 일본형 시스템의 장점으로서는 다음과 같은 것이 있다. 첫째, 고용자는 안심하고 일할 수 있다. 한번 고용되면 해고되는 일은 없다. 또 연공임금이므로 결혼하고, 자녀를 갖게 되어, 주택을 구입하는 경우 돈이 필요하게 되는데, 대체로 그에 맞추어 소득이 증가한다. 퇴직하기 전에는 일정한 퇴직금을 받기 때문에 어느 정도 여유를 가지고 퇴직 후의 생활설계가 가능하다. 일본형 고용은 라이프 스테이지에 부응한 소득보장 시스템이기도 한 것이다.

둘째, 팀워크를 이루어 일을 하기에는 적당한 것이다. 종신고용 하에서는 기업에 대한 귀속의식이 강하고, 주위에는 오랫동안 함께 일하고 있는 동료뿐이므로 의사소통도 원활해진다. 선배로부터 후배에게로 기술이전도 원활히 진행되게 될 것이다. 신기술의 도입으로 노동자의 배치전환이 일어나더라도 어쨌든 같은 기업체에서 일하고 있는 것을 알고 있기 때문에 노동자들이 기술혁신에 반대하는 것도 적어질 것이다. 그러나 일본형에는 다음과 같은 결점도 있다.

첫째, 개성을 발휘하거나 여유를 가진 생활방법을 찾기 어렵다는 것이다. 우선 기업을 위해 구속된 시간이 길어진다. 기업에 있어서는 종업원수를 조정하기 어려워지기 때문에, 어좼든, 시간으로 조정하게 되기 때문에, 바쁠 때에는 생각지도 못했던 잔업의 부담을 피할 수 없게 된다. 보다 심할 경우에는 수당도 붙지 않는 잔업(소위 서비스 잔업)을 강요당하기도 한다. 또 직장과 장기적인 거래처와의 의사소통을 원활하게 하기 위해서 근무시간 이외에 만남(연회, 직장여행, 레크리에이션 대회 등)의 시간도 길어지기 쉽다. 일본에서는 단신부임이 많은 것도 기업과 공동운명체가 되어있기 때문에 어찌되었건 거절하지 못하게 된다.

둘째, 종신고용적인 관행에 지켜지고 있는 사람과 그렇지 않는 사람 간에는 큰 격차가 벌어지기 쉽다. 예를 들면, 종신고용적 관행 하에서는 남녀의 임금격차와 상근직과 파트 타이머의 격차가 크게 벌어지기 쉽다. 여성과 파트 타이머는 한 기업에 장기간 고용된다고 보기 어렵기 때문에 기업도 코스트를 들여서 훈련을 시키려 하지 않기 때문이다.

셋째, 변화에 대해 탄력적으로 대응하지 못하기 때문이다. 기업 측에서는 새로운 인재에 대한 수요가 발생하더라도 원만히 조달하기 어렵게 된다. 일하는 쪽도 기업특수적인 인재가 되기 때문에 전직이 어려워진다.

이처럼 장점과 단점은 서로 동전의 앙면과 같은 관계로 나타나기 때문에 그 평가도 매우 어렵다.

4. 고용관행의 변화방향

그렇다면 일본형 고용관행은 앞으로 어떻게 되어 갈 것인가. 고용환경을 둘러싼 경제사회 환경이 변화해 간다면, 현재 관행의 문제점이 명확히 드러나게 되어, 관행 그 자체도 변화해 갈 것이다. 고용관행을 둘러싼 경제사회의 제반 조건 가운데서 최근 커다란 변화가 보이고 있는 것은 다음과 같은 점들이다.

첫째, 고령화의 진전이다. 노동력의 고령화가 진전되는 가운데, 과거와 같이 연공형 임금을 유지하는 일은 어려워지게 되었다. 임금 코스트가 상승하기 때문이다. 연공형 임금이 지켜질 수 없다면, 그것과는 보완적 관계에 있는 장기고용도 붕괴될 것이다.

둘째, 기업경영의 글로벌화이다. 기업이 국경을 초월하여 경영활동을 영위하게 되면, 일본만의 독자적 시스템을 기업 내에 지속적으로 적용시켜 나가는 것이 어려워진다. 일본 이외에는 존재하지 않는 고용시스템은 마땅히 재고될 것이다.

셋째, 산업구조의 변화이다. 기술혁신의 진전, 엔고, 아시아제국과의 분업관계의 진전 등이 이루어지는 가운데 금후의 산업구조의 변화는 한층 더 가속화 될 것이므로 취업구조도 탄력적으로 변모하게 될 것이다. 변화의 속도가 빠를수록 같은 기업 내에서 고용조정은 곤란하게 되어, 어찌되었던 기업의 범위를 벗어난 노동이동이 요구되어질 것이다.

넷째, 사람들의 의식변화이다. 여성의 사회참가가 진전되어 보다 개성적이고 여유를 갖는 라이프스타일을 추구하는 사람들이 증가하게 되면, 기업과 공동운명체를 갖는 과거형의 고용관계를 싫어하는 사람이 늘어날 것이다.

이런 가운데 지금까지의 일본형 고용관행은 점차 변질되어 갈 것이다. 이미 변화는 상당히 진전된 상태이다. 예를 들면, 많은 기업은 임금의 결정, 승진, 승격의 결정에 있어서 점차 연공서열보다 능력을 중시하게 되었다. 또 신규분야에 대한 진출 등에 있어서도 중도채용, 외부자원의 이용 등을 권장하고 있다. 각각의 고용관행, 고용시스템과 주변시스템이 상호보완적이었다는 점을 고려한다면, 일부에서 발생한 문화는 주변으로 파급하고, 전체의 시스템이 점차 변화해 갈 것이다.[6]

6) 상게서, pp.96-101.

제10장 노사관계

1990년대 일본경제의 장기불황으로 인한 경제사정의 악화로 그간 일본의 노사관계의 특징으로 지적되어 온 종신고용제, 연공서열임금제, 기업별 노동조합에도 최근 들어 많은 변화가 나타나고 있다. 1991년 버블경제의 붕괴와 더불어 장기경제불황이 계속되면서 일본기업들의 리스트럭처링에 따른 합리화·효율화가 빠른 속도로 진행되고 있는 가운데 실업자가 2001년 10월 현재 완전실업률이 5.4%, 실업자도 357만명에 달하고 있다.

또한 능력주의, 성과주의가 강화되면서 연공서열에 의한 임금결정은 줄어들고 있고, 계약에 의한 성과급 내지는 연봉제와 같은 임금결정형태가 확산되어 가고 있다. 이는 집단적 노사관계에서 개별적 노사관계로의 변화를 의미하며, 노사간의 분쟁도 종래의 집단적 노사분쟁에서 개별적 노사분쟁으로 발생할 가능성이 점차 높아지고 있다.

그리고 일본적 노동조합의 형태인 기업별 조합도 노조조직률이 매년 줄어들면서 사회적인 존재의의가 점차 퇴색되어 가고 있다. 조직률의 저하만이 아니라 조합원의 조합이탈현상도 증가하고 있다. 이에 따라 기업별 조합의 노조활동의 한계성이 표면화 되고 있고, 노조조직의 재편 움직임도 나타나고 있다. 특히 일본의 임금교섭을 대표하는 春闘도 새로운 전환기를 맞이하면서 다양한 교섭형태가 등장하고 있다.

Ⅰ. 노사관계 환경변화

일본경제가 10년 이상에 걸친 장기침체 하에서 정부차원에서 다양한 경기대책을 세웠으며, 공공투자 등 정부지출을 확대하였으나 결국 재정악화만 대폭 증가하게 되었다. 일본의 경기침체의 요인으로서 1989년 버블경제 붕괴 후 진전되어 온 경제활동의 글로벌화, IT화 등에 따른 산업구조의 변화, 사회구조의 변화, 소자화·고령화의 진전, 환경문제 대한 관심의 고조 등 전례 없이 급변하는 환경변화에 일본의 대응이 소홀했기 때문으로 지적되고 있다. 특히 일본경제는 부실채권의 처리문제로 소비가 위축되고 설비투자가 장기간에 걸쳐 침체되었기 때문이다. 이러한 경제 사회적 환경변화에 따라 고용 및 실업문제가 사회적으로 커다란 문제로 대두되었다.

2001년 취업자수는 6,412만명으로 전년 대비 34만명이 감소하여 4년 연속 감소추세를 보이기도 하였다. 최근 수년간의 취업자의 동향을 보면, 1997년 6월을 피크로 하여 감소경향을 나타내고 있다. 연령별로는 남자가 15-24세, 35-44세, 55-59세 계층에서 전년도에 비해 각각 17만명, 10만명, 20만명으로 크게 감소하였다. 한편 여자도 15-24세, 55-59세 계층에서 14만명, 13만명이 각각 감소하여 남여 모두 젊은층과 고령층을 중심으로 대폭 감소하고 있다.

또한 2001년 11월 이후 비자발적 실업자가 자발적 실업자를 상회함으로써 경제상황의 심각성을 여실히 보여 주고 있다. 비자발적 실업자의 증가배경에는 기업의 경쟁력 제고를 위한 사업재구축에 따른 인원삭감이 증가하고 있기 때문이다. 일본의 고용조정방식은 과거에는 주로 잔업규제, 채용억제, 중도채용 삭감 및 중지, 비정규인력의 재계약 중지 등으로 대응해 왔으나, 최근의 경향을 보면, 희망퇴직이나 해고를 통한 직접적인 고용조정이 현저하게 나타나고 있다.

개별기업의 일반노동자와 파트타임 노동자의 고용증감에 대해 후생노동성의 「고용동향조사」를 보면, 일반노동자와 파트타임 노동자가 모두 기업규모가 클수록 고용을 감소한 기업이 많고, 특히 일반노동자의 경우 그러한 경향이 현저하게 나타난다. 종래 기업이 인원삭감을 할 때, 일반노동자보다 파트타임 노동자를 조정대상으로 하는 경우가 많았는데, 이상에서 언급한 결과는 그러한 경향이 사라지고 있음을 의미하는 것이다.

실업률 역시 남녀 모두 상승추세를 나타내고 있다. 버블시기에는 실업률이 낮았으나, 버블붕괴 후부터는 상승경향이 가속화되고 있으며, 특히 1998년 이후 실업률이 4%대를 유지해 오다가 2001년에는 5.0%로 5%대를 기록하게 되었다.

그 뿐만 아니라 버블붕괴 후 실업기간이 장기화 되고 장기실업자도 크게 증가하고 있다. 총무성통계국의 「노동력특별조사」(2002)를 보면, 실업기간 1년 이상의 완전실업자(장기실업자)는 최근 10년 동안 70만명 정도 증가해 약 4배로 늘어났다. 장기실업자의 속성을 보면, 남자가 71%를 차지하고 있고, 연령으로는 35세 이하 젊은층과 55세 이상 고령자가 65%를 차지하고 있다. 산업별로는 제조업이 가장 높다.

일본의 정치구조를 보면, 상징적으로 천황이 존재하고는 있으나, 실질적인 권한은 거의 없다고 해도 과언이 아니다. 일본은 총리대신(수상)을 중심으로 한 내각제 형태를 취하고 있다. 정당구조는 자민당, 공명당, 보수당의 3당이 여당을 구성하고 있는데, 자민당이 제1당을 차지하고 있다. 한편 야당으로는 민주당, 자유당, 사민당, 신사회당 등 소수 야당들이 많이 있으나, 민주당이 제2당으로서 정치적 영향력이 크다.

일본의 노동조합은 정치활동이 허용되어 있어 특정 정당을 지지할 수가 있고, 정책연대도 해 오고 있다. 聯合(렌고)는 야당 제1당인 민주당을 선거 등에서 지지해 오고 있다. 2000년 6월의 중의원 선거에서 민주당을 중심으로 270명의 후보를 추천하였는데, 결과적으로 135명만 당선되어 32개의 의석수를 늘려 127석을 확보했으나, 과반수에는 미치지 못하였다. 반면 자민당, 공명당, 보수당의 여당 3당은 65개 의석수가 줄어들기는 했으나, 271석의 안정다수를 유지하였다. 렌고 내에서 여당인 공명당을 지지하는 소수 세력도 존재하고 있다. 렌고가 결성된 후 매년 수차례에 걸쳐 렌고회장과 총리대신(수상)간의 회견이 이루어져 왔으나, 1999년 가을 임시국회에서 연금제정법 심의를 둘러싸고, 당시 렌고의 사무국장이 무단으로 자리를 퇴석한 것을 계기로 여당 내에서 비판이 고조되면서 노정간의 회견이 몇 년만에 중단된 바 있다.

이러한 가운데 2001년 4월에 신임총리로 취임한 코이즈미 수상은 구조개혁을 추진함에 있어서 각계각층의 중지를 모으는 것이 중요하다는 인식 하에 렌고의 노동절행사에 참석하였다. 노정간의 관계개선과 더불어 그동안 중단되어 왔던 노사정 고용대책회의도 재개되기에 이르렀다. 렌고회장과 수상간의 회견에서 렌고는 고용대책을 중심으로 긴급고용대책법을 제정하여 고용창출 등의 강력한 대책을 실시할 것과 긴급대책으로서 고용보험급부의 확충과 이의 실시를 위한 특별예산편성 등을 요청하였다.

렌고와는 달리 계급적 내셔널센터를 표방하며 결성된 전노련도 정치활동에 적극적이다. 전노련은 2001년 7월 정기대회에서 자본으로부터의 독립, 정당으로부터의 독립, 공동요구에 있어서의 행동의 통일을 기본으로 요구하면서 이를 실현하기 위한 투쟁을 전국민적 운동으로 발전시켜 나간다는 기본입장을 밝히면서 전노련은 경제투쟁과 정치투쟁을 결합해서 투쟁을 전개해 나가며, 특히 정치투쟁은 노동조합의 기본적 임무의 하나로 정치활동에 적극적으로 개입한다는 입장을 고수하며, 주로 공산당과 연대를 강화해 오고 있다.

또한 전노련이 표방하는 구체적인 정책과제는 고용확보, 행정개혁, 규제완화 반대, 사회보장 확충, 교육개혁, 식량과 농업 및 건강을 지키는 운동 등 렌고와 마찬가지로 다방면에 걸쳐 있고, 이러한 정책과제가 전노련운동에서 차지하는 비중이 커지면서 정치활동의 중요성도 높아지고 있다.

또한 전노련은 좌파세력의 대동단결을 목적으로 결성되었는데, 정당지지에 대해서는 명확하지는 않으나, 노동운동의 중심인 천황의 원수화 반대, 교육기본법의 개악, 애국가강제반대, 반핵·반안보 등의 과제는 사민당과 공통점이 많아 노동운동을 전개함에 있어서는 사민당과의 연대를 중시하고 있다. 이러한 일본의 정치구도 하에서 노동조합의 정치활동은 노사관계에도 적지 않은 영향을 미치고 있다.

Ⅱ. 노사관계 당사자

1. 노동조합

일본의 노동조합은 제2차 세계대전 후 민주적 개혁이 활발하게 이루어지면서 급속히 조직화가 진행, 발전되어 왔다. 일본의 노조는 산업별 연합체가 모여서 전국 레벨로 전국 중앙연합체(내셔널센터)가 결성되어 있는데 이는 산업별 조직의 이데올로기 대립에 기인하는 바가 크다. 내셔널센터는 1987년까지는 소위 노동 4단체로 불리는 總評, 同盟, 新産別, 中立勞連이 존재하고 있었다. 그러나 1980년대 들어 급속히 노동전선 통일에의 움직임이 활발해지면서 1987년에 민간노동조합을 중심으로 하고 있던 총평이 '렌고(連合)'와 합쳐 '신렌고(新連合)'가 결성되었다.

'신렌고'에는 78개 산업별 연합체가 가입되어 있다. 대표적인 산업별 연합체로는 전일본자동차산업노동조합총연합회(자동차총련), 전일본전기·전자·정보관련산업노동조합연합회(전기연합), 젠센(전국섬유산업노동조합)동맹, 전국생명보험노동조합연합회(생보노련) 등이 있다. 이러한 산업별 연합체를 일본에서는 單産이라고 부르고 있다. '신렌고'의 노동조합조합원수는 약720만명으로 전체 노동조합원수의 60%를 차지하고 있다. '신렌고'는 일본 최대의 전국중앙조직으로 현재는 일본노동조합총연합회(렌고)로 불리어지고 있다. 그러나 이데올로기 대립으로 렌고에 비판적인 좌파계 조합이 동시에 전국노동조합총연합회(全勞連)와 전국노동조합연락협의회(전노협)를 결성하여 현재 일본에는 3개의 전국 중앙조직이 존재하고 있다.

일본의 노동조합은 상부단체의 이데올로기 대립이 뚜렷하게 존재하고 있으나 연합의 결성으로 인해 노동자의 경제적 지위향상을 목적으로 하는 노동조합주의가 정착되어 있다고 할 수 있다. 또한 동일기업을 조직기반으로 하는 기업별 조합은 일본의 노동조합의 주역으로서 노사협력관계 유지의 요체로서의 역할을 다하고 있다. 기업레벨에서의 기업별 조합의 존재, 전국레벨에서의 노동조합주의의 정착이 일본의 노사관계협력과 안정의 구도를 만들어 가고 있다.

2. 사용자

노동조합이 노동자들의 집단적 이익을 유지·개선하기 위한 조직형태라고 한다면, 그에 대응하는 사용자조직으로서 사용자들의 각종 모임과 기구가 있다. 일본에서는 흔히 경제 4단체라고 불리는 경제단체연합회(經團連), 경제동우회(同友會), 일본상공회의소(日商)가 그것이다.

노동자들의 대표기구로서 렌고(연합)가 있듯이 사용자조직의 대표기구로서 최근까지 日經連이 존재하고 있었다. 그러나 2002년 5월에 경단련과 일경련이 통합해서 일본경제단체연합회(日本經團連)가 정식으로 발족되었다. 경제단체로서의 위상이 한층 강화되었다고 할 수 있다. 회원수는 2002년 7월 현재 1,514사에 달하고 있다. 구체적으로는 외자계 기업 71개사를 포함하여 일본의 대표적 기업 1,233개사, 제조업과 서비스업 등의 주요 업종별 전국단체 127개 단체, 지방별 경제단체 54개 단체 등으로 구성되어 있다.

일본 경단련이 발족되기까지의 과정을 간단히 살펴보면, 전후 1946년 8월에 일본경제의 재건·부흥을 목적으로 재계 총본산이라고 할 수 있는 경단련이 탄생하였다. 한편 건전한 노사관계의 확립을 목적으로 1948년 4월 업종별·지방별 경영자단체를 기반으로 해서 일경련이 발족되었다. 그 후 경단련은 무역자유화, 자유경쟁의 촉진, 행정·재정개혁의 추진, 환경문제, 민간경제외교의 추진 등 경제계가 직면한 대내외의 중요 과제의 해결과 자유주의 경제의 유지·활성화를 통해 일본 및 세계경제발전에 기여해 왔다. 한편 일경련은 '경영자들이여, 올바르게 강하라'라는 슬로건 하에 노동문제를 전문적으로 다루는 경영자단체로서 오로지 인간문제에 중점을 두고 춘계 노사교섭을 비롯해 임금교섭에 대한 대응 등 안정된 노사관계 구축에 공헌해 왔다.

이들 두 단체는 상호간의 연대를 하면서 각각의 역할을 해 왔으나, 전후 반세기 이상의 세월이 흐른 오늘날 경제문제와 노동문제는 서로 밀접한 관계에 놓여 있다는 점, 또한 소자화, 고령화, 국민의 의식, 가치관의 다양화가 진전되면서 사회보장제도의 개혁, 고용, 노동문제, 교육개혁 등은 기업경영에 있어서 현재보다 더 중요한 정책과제가 되고 있다는 점에서 경제계 전체가 하나가 되어 이에 대응해 나가지 않으면 안 되게 되었다. 이러한 시대적 요청에 부응하기 위해 2002년 5월 28일 경단련과 일경련이 통합하여 새로운 종합단체로서 ‘일본경단련’이 발족하게 된 것이다.

일본 경단련의 사명은 민간주도의 활력 있는 경제사회 실현을 위해 개인과 기업이 충분히 활력을 발휘할 수 있는 자유·공정·투명한 시장경제체제를 확립하여 일본경제 및 세계경제발전을 촉진하는데 있다. 이를 위해 일본 경단련은 경제·산업분야는 물론, 사회·노동분야에 이르기까지 경제계가 직면하고 있는 대내외적 중요 문제에 대해 경제계의 의견을 집약하여 신속하게 실현되도록 촉구하고 있다. 또한 정치, 행정, 노동조합, 시민을 포함한 관계자와 폭넓은 대화를 추진해 나가고 있다. 그리고 회원기업에 대해 기업행동헌장, 지구환경헌장을 준수하도록 촉구하여 기업에 대한 신뢰확립에 노력을 기울이고 있고, 각국의 정부 경제단체 및 국제기관과의 대화를 통해 국제적인 문제해결과 제외국과의 긴밀한 경제관계를 도모하고 있다.

3. 정부

정부의 노동관계에 있어서 입법과 행정은 노사관계 전반에 걸쳐 영향을 미치고 있다. 정부는 정부관계의 종업원과 노사관계 뿐만 아니라 영리, 비영리를 막론하고 민간부문의 노사관계에도 커다란 영향을 행사한다. 국민경제의 운영에 있어서 노사관계의 중요성은 점점 높아지고 있다. 특히 경제전체 속에서 공공부문의 비중이 확대되고 있는 가운데 정부의 노사관계에서의 역할이 주도적이 아닐 수 없다는 것이 현실이다. 이는 일본의 노동조합세력 가운데 공공부문의 노사관계를 대상으로 하는 국가 및 지방공기업노동관계법, 공무원법, 지방공무원법의 제법률을 적용받는 노동조합이 약 30% 정도의 비중을 차지하고 있으며, 더욱이 이들 노동조합의 대다수가 렌고에 가입된 거대조합이라는 점에서 중요한 의미를 갖는다. 이런 관점에서 볼 때, 노사관계에 있어서의 정부의 정책과 의사결정을 좌우하는 정부의 성격, 권력구조, 이데올로기 내지는 정책이 노사관계의 방향을 결정하는 중요한 요인으로 작용하고 있다.

경제사회의 발전에 따라 정부의 노사관계에 있어서의 역할은 매우 크다. 정부는 완전고용, 물가안정, 국가경쟁력 유지, 국제수지 균형, 환율안정, 국민복지 향상, 사회질서의 유지 등을 목적으로 노사관계 전체를 적정한 임금결정, 생산성 향상, 산업평화 등을 위해 유도하고 조정해 오고 있다.

일본의 노사관계는 후생노동성이 담당하고 있으며, 후생노동성은 안정된 노사관계를 형성하기 위해 다각적인 노력을 기울여 오고 있다. 그러나 최근 심각한 경제상황 속에서 기업조직의 재편과 기업의 인사관리의 개별화 등으로 해고나 노동조건의 악화, 성희롱 문제 등 여러 가지 분야에 걸쳐 노사간의 분쟁이 증가하고 있다. 이러한 분쟁을 처리하기 위해 일본에는 노동위원회를 설치해서 운영해 오고 있다.

노동위원회는 노동조합법에 따라 1946년에 설치되었다. 노동조합과 기업간의 분쟁해결을 위해 공익위원, 노동자위원, 사용자위원의 3자로 구성되어 있다. 노동위원회는 노동쟁의의 조정(알선, 조정, 중재)과 부당노동행위의 심사 그리고 노동조합의 자격심사를 주로 관할하고 있다. 노동위원회는 크게 중앙노동위원회와 지방노동위원회로 나누어져 있는데, 중앙노동위원회는 노동쟁의의 조정의 경우 전국적으로 중요한 사건에 대해서는 지방노동위원회에 우선하여 이를 관할하고, 부당노동행위 사건에 대해서는 지방노동위원회가 내린 명령에 불복한 경우 재심사를 하게 된다.

Ⅲ. 노동조합과 노동운동

1. 노동조합의 형태

일본의 노동조합의 큰 특징 중의 하나는 노동조합이 기업단위로 구성되어 있다는 점이다. 즉 기업별 조합을 특징으로 하고 있다. 노동조합의 조직형태를 보면, 1997년에는 조합수로서는 95.8%, 조합원수로서는 85.9%가 기업별 조합이며, 과거의 조사와 비교해 보더라도 큰 변화가 없는 기업별 조합이 지배적이다.

기업별 조합은 조직의 운영과 조합업무 수행에 있어서 완전한 자치권을 갖고 있을 뿐만 아니라 재정면에서도 자립원칙을 취하고 있는 것이 특징이다. 즉 기업별 조합의 대부분은 산업별·지역별로 노동조합연합에 가입되어 있으나, 이들 상부단체의 통제권한은 구미제국과 비교할 때 매우 약하고 의사결정이나 활동에 있어서도 상부단체로부터 제약을 받는 경우가 적다. 이 점에 관해 기업별 조합과 산업별 조합, 내셔널센터 등의 상부단체와의 관계를 기능면에서 본다면, 상부단체는 정책·제도 문제 등을 다루고, 개별 기업조합에서는 해결하기 어려운 문제나 공동조사, 교육, 선전활동 등을 다룸으로써 기업별 조합의 기능을 보완하면서 춘투 때의 각 기업별 조합의 투쟁전술과 방침을 지도·조정하는 역할을 하고 있다.

또한 일본의 기업별 조합은 동일 기업에서 근무하는 정규종업원만을 조합원으로 인정하며, 화이트 칼라와 블루칼라가 혼합된 조직형태를 특징으로 하고 있다는 것이다. 일본의 기업별 조합이 갖는 장점이 있는 반면에 조직단위가 작고, 노동운동의 효율성이 떨어진다는 단점도 지적되고 있다. 이에 따라 여러 가지 환경변화로 인해 기업 내만의 문제해결에는 한계가 있다는 인식하에 산업별 조직으로서의 기능강화의 필요성이 제기되고 있다.

노동계에서는 1989년 11월 렌고 발족과 더불어 산업별 조직의 재편 움직임을 보여 왔다. 이러한 상부단체의 움직임은 지방으로까지 파급되었고, 기업별 노사관계에도 적지 않은 영향이 예상되었다. 기업별 조합의 미래에 대한 조합원 리더를 대상으로 실시한 조사결과를 보면 앞으로도 기업별 조합이 중심이 되겠지만, 산업별 조합의 기능강화가 진전될 것으로 보는 견해가 많다. 기업별 조합이 노동조합 조직의 기반을 이루는 것이기는 하지만, 앞으로의 환경변화는 기업별 조합의 활동으로는 한계가 있다는 것이다. 기업별 조합의 경우 조직단위가 작고 노동운동에 있어서도 효율성이 떨어진다는 단점을 가지고 있기 때문에 기업별 조합의 장점을 살려가면서 산별 기능을 강화하는 방향으로 전개되어 갈 것으로 보인다.

2000년도 산별 대회에서는 산별조직의 통합, 재편에 대한 논의가 있었다. 이러한 각 산별 통합, 재편의 목적으로는 첫째, 통합으로 인한 규모의 확대로 경영측에 대한 교섭력과 정부에 대한 정책 제언력을 강화할 수 있고, 둘째는 지방조직 등의 정리·통합으로 재정적 악화에 대응해 나갈 수 있다는 것 등이 지적되고 있다.

2001년도 산별대회에서는 노조원수의 감소경향이 계속되면서 산별 기능강화와 재정기반의 확대 등을 이유로 산별 통합에 대한 활발한 움직임이 있었다. 상업노련, 체인스토아노동조합협의회, 백화점노조연락협의회가 조직을 통합한 일본서비스유통조합연합회의 결성대회가 동년 7월에 개최되었고, 철강노련, 조선중기노련, 비철연합에서는 2003년 9월에 새로운 산별노조를 결성한다는 결정을 한 바 있다. 또한 젠센동맹과 CGS연합은 2002년 9월에 통합을 목표로 통합위원회를 설치하기로 하였다.

그리고 私鐵노련은 운수노련, 교통노련, 全自交노련과의 조직통합을 목표로 우선은 렌고로의 가맹단위를 일원화하고 2003년 대회에서 조직통합을 한다는 일정을 표명하였으나 7월 정기대회에서 렌고로의 가입단위의 일원화가 부결되었다. 교통노련도 가입단위의 일원화가 부결되면서 앞으로도 계속해서 이 문제를 검토해 간다는 입장이다.

2. 노동조합 조직률 추이

전후 일본의 노동조합운동은 1940년대 말에는 노동조합조직률이 50%를 상회하는 급속한 발전을 보여 왔으나, 그 후 고도경제성장기에는 고용자수의 증가로 조직률이 35% 전후의 안정적인 추이를 보여 왔다. 그러나 1970년대에 들어서면서 석유위기 이후의 대규모의 고용조정과 산업로봇 등의 省力化 기술도입으로 인해 제조업에서는 고용자수의 증가가 둔화되는 반면, 산업구조의 변화로 제3차산업의 비중이 커짐에 따라 제3차산업에서의 고용자수의 대폭적인 증가가 이루어지게 되었다.

그리고 1980년대 이후에는 정보처리기술의 급속한 발달로 경제의 소프트화·서비스화가 빠른 속도로 진전되면서 다양한 사업내용을 지닌 신설기업의 급증과 파트타임노동, 계약노동 등의 다양한 고용형태가 나타나기 시작하였다.

노조조직률은 노동운동의 영향을 나타내는 척도라고 할 수 있는데 2001년의 조직률은 20.7%로 1978년부터 시작해 24년 연속 감소추세를 보이고 있다. 이러한 조직률의 감소경향은 구미 선진국에서도 공통적으로 나타나고 있는 현상이다. 노조조직률의 저하와 더불어 노동조합이 조직되어 있지 않은 무조합기업(non union company)도 증가하고 있다. 이처럼 일본의 조직률이 낮은 데는 몇 가지 요인이 지적되고 있다.

첫째는 기업의 고용조정과 도산이다. 불황으로 인한 인력감축이 조합원수를 감소시키고 있고, 기업도산이 잇따르면서 조합원자격을 상실한 노동자가 증가하고 있기 때문에 조합률이 저하되고 있는 것이다.

둘째는 기업 내 미조직층의 증대이다. 파트타임, 아르바이트, 임시공 등 비정규종업원이 증가하고 있음에도 불구하고 기업별 조합이 조직화를 위해 그들을 적극적으로 끌어들이지 못하기 때문에 조직률이 저하되고 있는 것이다.

셋째는 기업그룹 내의 인사이동이다. 일본의 기업은 자회사, 관련회사, 하청기업으로 구성된 기업그룹을 구성하고 있다. 그리고 종업원의 이동영역도 기업 내 노동시장을 초월해 기업그룹으로 확대되고 있는 실정이다. 이를 일본에서는 준기업 내 노동시장이라고 부르고 있다. 이러한 기업그룹 내 인사이동이 조직률을 저하시키는 가능성으로서는 두 가지 점이 지적되고 있다. 하나는 관련기업에의 출향자가 비조합원으로 취급되는 경우이다. 出向이란 이동되기 전의 기업에 적을 둔 상태에서 이동되기 전의 기업의 지휘·명령에 따라 일을 하는 취업형태이다. 이러한 정의에서 알 수 있듯이 출향자의 본적은 어디까지나 이동되기 전 기업에 있기 때문에 본래는 이동되기 전 기업의 노조에 가입되어 있었을 것이다. 그런데 출향자가 출향된 기업에서 전적해서 노동조합이 없는 경우이다. 조직률은 기업규모에 따라 차이가 있기 때문에 모기업의 기업별 조합이 관련기업의 노동자를 조직화 대상으로 삼지 않고 또한 전적된 기업에 조합이 없는 경우, 그들은 비조합원이 되지 않을 수가 없다는 것이다.

넷째는 노동조합이 노동자의 실질적인 요구를 충족시켜주지 못하고 있다. 즉 노동조합이 정말로 도움이 되는가 하는데 대해 의문을 갖고 있다는 것이다. 노동조합이 인기가 없어 젊은 층이 조합을 떠나는 현상이 나타나고 있는데 이를 설명하는 한 연구가 있다. 노동조합의 경제적 효과를 조합이 있는 기업과 없는 기업의 비교연구결과를 보변, 조합의 유무가 임금격차를 나타내지 못하고 있고, 조합이 있는 기업에서는 노조측의 발언력(교섭력)이 확실히 높기는 하지만, 그러한 발언력이 반드시 고임금으로 연결되지 못하고 있다는 것이다. 다만 임금 이외의 노동조건에서는 노조측의 발언력이 노동조건 향상에 기여하고 있는 것으로 나타났다. 이러한 결론은 이제까지 노동조합이 주력해 온 임금인상 성과에 대한 존재의의를 부정하는 것으로 이해할 수 있다. 이 조사는 임금인상을 중심으로 노동조합의 경제적 효과를 분석한 것인데, 한마디로 조합이 없는 것보다 있는 것이 낫다는 정도에 불과한 결론이다.

더욱이 최근에는 성과주의에 의한 처우가 강화되면서 집단적 인사관리에서 개별적 인사관리로 이행되고 있고, 획일적·일률적 임금인상을 요구하는 '춘투' 자체가 무의미하다는 지적도 있다. 예를 들면, 춘투에서 종업원 평균 3%의 임금인상률을 타결했다고 하더라도 그것은 어디까지나 총액인건비(임금재원) 수준에서 타결된 것이기 때문에 실제로 임금적용에 있어서는 종업원 개개인은 자신의 업무성과나 실적에 따라 10% 임금이 증가되는가 하면 반대로 10% 임금이 줄어들 수도 있다. 이는 춘투 결과와는 관계없이 종업원 개인의 임금이 업무실적에 따라 크게 변동되기 때문에 노동조합운동 자체에 의의나 매력을 느끼지 못한다는 것이다.

성과주의 임금의 대표적인 형태가 연봉제라고 할 수 있는데 현재 30% 이상의 기업에서는 연봉제를 도입하고 있다. 한국에서는 연봉제 도입시 노동조합의 동의를 요하거나 단체협약 등을 이유로 연봉제 도입에 어려움을 겪고 있으나, 일본에서는 연봉제 도입에 대해 노조가 반대를 하거나 하는 등의 문제는 발생하지 않고 있다. 일본기업의 연봉제는 기존의 집단주의적 임금에 성과나 업적을 반영하는 업적평가를 강화해서 개인별로 임금차등을 목적으로 한 것이기 때문에 크게 문제가 되지 않는다. 이는 일본기업의 대부분이 관리직을 대상으로 연봉제를 시행하고 있기 때문이지 모른다.

3. 노동쟁의의 추이

노동쟁의는 단체교섭관계를 전제로 발생하는 것으로 노사 모두 교섭을 유리하게 전개하기 위한 수단으로서 행사하는 것을 말한다. 노동쟁의는 단체교섭의 결과 노사가 타협을 보지 못한 경우 즉 단체교섭이 결렬되었거나 혹은 단체교섭관계의 형성과정에서 발생하게 되는데, 대개의 경우 이로 인하여 노동력 수급관계의 일시적 중단현상을 가져오게 된다. 이는 기업경영에 있어서 생산의 저하와 이윤의 감소를 초래하고 노동조합원의 입장에서는 임금의 감소를 가져와 노사 쌍방의 경제적 손실을 초래하게 된다.

또한 노동쟁의는 노사 분쟁당사자만의 손실뿐만 아니라 당사자 이외의 제3자에게도 영향을 미치게 된다. 오늘날과 같이 자본주의 경제가 고도로 발달하고 사회적 분업이 심화된 산업구조 하에서는 분쟁 당사자 이외에의 영향이 크다. 이에 따라 일본뿐만 아니라 세계 각국이 노사간의 분쟁처리 혹은 쟁의 조정제도를 설치해 놓고 있어 실력행사에 돌입하기 전에 제3자 기관에 의한 알선, 조정, 중재 등에 의해 분쟁이 해결되는 경우가 많다. 일본에서도 전후 노사관계조정법이 공포·시행되면서 중앙, 지방의 노동위원회제도를 설치해 노사의 분쟁처리제도로서 큰 역할을 해오고 있다.

전후 일본의 노동쟁의 발생현황을 보면, 노동쟁의 총발생건수는 연대별로 변화가 있기는 하지만, 매년 증가추세를 보이고 있다. 즉 제2차세계대전 직후에는 전후의 경제 사회의 혼란과 노동조합의 결성으로 노동운동이 활발해지면서 거의 연간 1,500건에 달하였으나, 1948년을 피크로 줄어들기 시작해 1950년대 전반에는 1,200건대의 추이를 나타내고 있다. 그러나 춘투가 시작된 1950년대 후반에 들어서면서 쟁의건수가 또다시 증가하기 시작하여 1960년에는 연간 2,000건대로 대폭 증가하였으며, 이러한 추세는 1980년대 중반까지 급격한 증가를 보이고 있다. 특히 고도성장기의 춘투성숙기라고 할 수 있는 1960년대에는 노동쟁의 발생건수가 현저하게 증가하였다. 1965년에는 3,000건대, 1969년에는 5,000건대까지 증가하였고, 1970년대 전반에는 1971년 6,800건, 석유위기가 있었던 1974년에는 10,000건을 넘을 정도로 급증하였다.

노동쟁의가 감소하기 시작한 것은 1980년대 중반부터로 버블경기가 붕괴된 1990년대 들어서는 노동쟁의건수가 대폭 줄어 제2차세계대전 직후의 1,000건 수준으로 감소하였으며, 2000년에는 958건을 보이고 있다. 노동쟁의를 쟁의행위를 수반한 쟁의건수와 작업정지를 수반한 쟁의건수에서 보면, 1970년대 석유위기를 전후해서 고도성장기에 쟁의발생건수가 급증하는 경향을 보이고 있으나, 1990년대 들어서는 크게 감소하는 추세를 나타내고 있다. 이상에서 보듯이 최근 일본의 노사관계는 매우 안정적인 모습을 보여주고 있다고 하겠다.

Ⅳ. 단체교섭의 특징과 변화

최근 고용사정이 악화되고 있는 상황을 감안하면 렌고는 고용유지·안정을 최우선으로 한다는 방침 하에 베이스 업의 통일요구 기준을 자제하는 대신, 고용의 유지·안정을 위해 심도 있는 노사협의회를 통해 고용유지협정 등의 체결에 강력히 대응한다는 투쟁방침을 정해 놓고 있다. 이에 따라 산업별 노동조합에도 변화가 나타나기 시작해 2001년부터 대규모의 고용조정, 전적에 따른 임금감액, 일시귀휴, 임금, 상여금의 삭감 등 기업의 고용코스트 합리화 대책이 본격적으로 실시되고 있는 가운데 대다수의 노조는 고용이냐, 임금이냐를 선택하지 않으면 안 되는 상황에 놓이게 되면서 주요 금속노협, 철강노련, 전기연합 등 업적부진이 현저한 산업에서는 베이스 업 요구를 단념하고, 고용안정협정 등의 체결을 기업측에 요구하는 고용춘투의 움직임을 보여 오고 있다.

한편 경영자측의 일경련은 종래부터 생산성기준원리를 주장해 오고 있는데, 경제성장률이 제로 내지는 마이너스를 기록하는 등 성장률이 저하되고 있는 가운데 세계 최고의 임금수준을 더 이상 인상할 여지가 없으며, 고비용체질 개선을 위해 총액인건비를 억제할 필요가 있다는 점을 강조해 왔다. 특히 2002년 노동문제연구위원회보고에서 일경련은 이제는 임금이냐, 고용이냐의 선택을 논의해서 끝날 상황이 아니라면서 어떻게 기업이 살아남을까, 그 속에서 고용을 어디까지 확보할 수 있을까에 역점을 두고 고용, 임금, 노동시간을 포함한 총액인건비 관점에서 심도 있는 논의가 이루어져야 한다면서 더 이상 총액인건비 증가는 있을 수 없다는 입장을 강력히 표명한 바 있다.

버블붕괴 후의 임금인상률의 추이를 보면, 1990년의 6.2%에서 2001년에는 2.1%로 크게 낮아졌다. 이는 일본경제의 장기침체로 기업의 경영상태가 악화되고 있음을 반영한 것으로 임금인상투쟁보다는 고용안정이 노사간의 주요 쟁점으로 부각되면서 임금인상을 자제해 온 결과라고 하겠다.

1. 평균임금 인상방식에서 개별임금 인상방식으로

최근 임금인상 방식에 있어서 요구, 타결 모두 개별임금방식으로 실시하는 노사가 증가하고 있다. 종래의 평균임금인상방식이란 조합원 1인당 임금인상액을 요구하는 방식을 말한다. 이 방식은 「인상액×조합원수」로 인건비의 증가액을 계산할 수 있다는 점에서 기업경영의 관점에서 볼 때 의의가 있는 방식이다. 그러나 노동조합의 입장에서 보면, 조합원 개

개인의 임금개정액이 불명확해 타결 후의 배분교섭에 의해 임금개정액을 알 수가 있다는 것과 동일한 임금인상액을 획득했다 하더라도 기업간의 임금제도나 노동자구성이 다를 경우, 같은 노동자라 하더라도 동일한 임금인상액이 된다는 보장이 없다는 약점을 지니고 있다.

반면, 개별임금방식이란 모델이 되는 노동자를 설정하여 해당 연령을 기준으로 임금인상을 요구하는 방식을 말한다. 임금인상 기준으로는 고졸 35세 근속 17년의 표준노동자를 설정하는 경우가 일반적이다. 이 방식은 특정조합원의 임금인상액을 정확하게 파악할 수가 있을 뿐만 아니라 기업간의 임금격차 실태를 파악할 수 잇다는 장점이 있다.

개별임금 인상요구는 역사적으로 볼 때, 이미 1960년대 일부 單産(산업별 연합체)에서 실시해왔다. 1963년에는 젠센동맹(全國纖維産業勞動組合同盟)이, 1971년에는 전기노련이, 1973년에는 철강노련이, 1975년에는 전력노련이 각각 개별임금요구를 해온 바 있다. 최근에 와서 개별임금인상방식에 대해 관심을 갖게 된 배경에는 1993년에 결정한 렌고의 임금정책에 의한 영향이 크다. 즉 렌고는 개별임금에 관해 평균임금 인상에 의한 요구·타결방식에서 개별임금에 의한 임금인상요구·타결방식으로 전환을 제창하였다. 이에 따라 동년 전기연합, 자동차총련 등이 개별임금인상요구방식을 위한 환경정비를 추진하게 되었다. 이러한 여러 가지 움직임을 반영하여 1994년 이후 점차 개별임금요구가 확산되기에 이르렀다.

1999년 춘투에서 렌고는 평균임금인상방식에서 개별임금인산방식으로 전환하여 「고졸 35세, 근속연수 17년, 표준노동자」의 임금을 320,100엔에서 323,300엔으로 임금을 인상할 것을 요구하였다. 각 單産(산업별 연합체)에서도 개별임금방식에 따른 요구를 하고 있으나, 거의 대부분의 단산에서는 개별임금인상요구와 더불어 종래의 평균임금인상방식에 의한 임금인상 요구기준을 제시하고 있다. 현재 개별임금방식으로만 요구하고 있는 곳은 전기연합, 철강노련, 상업노련 등 일부 단산에 불과하지만, 이러한 요구는 앞으로도 확산될 것으로 보인다.

개별임금방식에 대해 일경련은 1997년 노동문제연구위원회보고에서 지불능력을 무시한 일률적인 임금결정은 국제경쟁력을 떨어뜨리고, 지불능력을 초월한 임금인상은 경영파탄을 초래한다면서 기업의 지불능력에 따라 임금결정을 실시해야 한다고 주장하고 있어 개별임금인상방식에 부정적인 입장이다.

2. 단년도 교섭에서 복수년 교섭으로

최근 춘투에 대한 개혁논의가 활발하다. 춘투의 개혁논의의 배경에는 춘투가 발족된 후 반세기가 경과하여 이미 낡은 제도라는 점, 임금인상교섭에 편중되어 왔다는 점에 대한 반성 때문이다. 춘투개혁의 주요한 사안의 하나인 복수년 교섭이란 임금인상교섭을 매년 실시하는 것이 아니라 격년 혹은 수년에 걸쳐 한번 실시하는 임금교섭을 말한다. 복수년 협정이라고도 한다.

복수년 교섭은 철강노련이 1998년부터 요구해 오고 있다. 그 내용은 지금까지의 1년 주기의 조합운동을 2년 주기로 하되, 1년째를 「종합노동조건개선연도」로 정해 임금, 퇴직금, 노동시간 등의 기본적인 노동조건을 2년간분 협의·결정한다는 것이고, 2년째는 「개별노동조건개선연도」로 정해 업종별·관련 부문별로 노동조건 개선을 중점적으로 다루는 해로 정해 일시금이나 복리후생을 포함해 각 조합의 독자적 요구에 대해서는 매년 교섭을 행하는 것이다, 이러한 방식으로 철강노련이 교섭에 임하고 있는데, 산하조합은 복수년 협정에 제약을 받지 않고 각 조합의 사정에 맞게 실시하도록 하고 있다.

복수년협정은 춘계임금교섭에 중점을 둔 조합활동에서 탈피해 노동조건의 전반적인 것을 다루는 조합활동으로 이행함을 말해주고 있다. 그러나 경제와 업적이 크게 변동하는 환경 속에서 인건비의 고정화를 초래할 우려가 있다는 문제점도 지적되고 있다. 복수년 교섭에 대해 경영측은 오로지 임금인상에만 주력하는 노사교섭행태를 개선하려는 자세는 평가할 만하지만, 임금 등의 교섭은 개별기업의 노사가 각각의 실정에 따라 이루어져야 한다고 주장하고 있어 귀추가 주목된다.

3. 집단적 노사관계에서 개별적 노사관계로

최근 기업내 인사의 규제완화가 진행되고 있다. 직업소개사업의 자유화, 재량노동제도의 확대, 여성보호규정의 완화 등 노동시장에서 여러 가지 규제완화가 이루어져 왔으나, 이러한 규제완화가 기업내 인사에도 나타나고 있다. 인사노무담당 부문의 역할은 점차 축소되고, 인사처우면에서 외부노동시장과 마찬가지로 자기책임에 따르는 시장원리를 도입하려는 움직임이 높아지고 있다. 예를 들면, 성과주의가 확산되면서 상사와 부하가 목표관리에 의한 교섭을 통해 임금을 결정하는 연봉제가 그것이다.

종래의 노사관계의 기본은 인사노무관리담당 부문과 노동조합에 의한 집단적 노사관계였다. 이러한 집단적 노사관계가 성립된 것은 종업원간의 고용보장과 평등주의와 같은 공통의 이익이 존재하고 있어 그것을 노동조합이 대변해주고 있었기 때문이다. 그러나 인사노무관리담당부문과 노동조합의 관계를 대신해서 상사와 부하간의 교섭에 의해 임금과 고용이 결정된다고 하면, 앞으로는 개별적 노사관계의 중요성이 높아질 것이다. 왜냐하면, 상사와 부하간의 교섭이 중요해지는 것은 종업원의 이해가 집단적이 아니라 개별화되고 있기 때문이다. 집단적 노사관계 하에서는 임금이 인사노무관리담당부문과 노동조합과의 교섭의 결과인 임금테이블에 의해 결정되었다. 그러나 개별적 노사관계 하에서는 임금테이블의 중요성은 줄어들지 않을 수밖에 없다. 이에 따라 앞으로는 개별적 노사분쟁이 자주 발생할 가능성도 배제할 수 없다.

V. 최근 노사관계의 주요 현안과 대책

최근 일본의 노사관계에서 최대 이슈는 고용문제로 집약될 수 있을 것이다. 렌고는 2002년 춘계생활투쟁을 고용과 생활을 지키기 위한 투쟁으로 규정하고, 고용유지·안정과 임금커브의 유지에 전력을 다한다는 방침을 정해 놓고 있다. 이에 따라 렌고는 고용에 관한 노동협약을 정비하고, 경영자단체와의 고용안정선언 및 고용유지협정 등에 강력히 대처해 나간다는 방침이다. 경제기획청(2000)의 조사에 의하면, 과잉인력의 고용형태로서는 정규직이 98%, 연령별로는 50대가 76%로 가장 높다. 현재 많은 기업들이 인력감축을 실시하고 있고, 앞으로 실시할 계획이다. 경기회복이 불투명하고 대내외적으로 경쟁이 심화되고 있는 상황에서 기업의 선택은 인력감축을 통한 감량경영은 불가피할 것으로 보인다. 이처럼 고용불안이 확산되고 인력감축이 진행되고 있는 가운데 고용안정을 도모하고 신규고용 창출을 위한 노사정의 활발한 의견교환과 대책이 강구되고 있다. 아래에서는 고용문제를 중심으로 노사정의 움직임을 살펴보고자 한다.

1. 워크 세어링

일본에서 워크 세어링의 도입이 논의된 것은 1988년에 경제심의회가 발표한 경제운영5개년계획(세계와 더불어 살아가는 일본)에서 21세기를 향한 과제로서 현역세대에서 고령세대로 고용기회를 재분배하는 「일본형 워크 세어링」의 필요성을 지적한데서부터이다. 그 이듬해 노동성의 워크 세어링 정책에 관한 연구회가 보다 구체적인 정책제언으로서 장시간노동의 젊은층과 중년층의 시간단축을 촉진하여 고령자와 여성에게로 재분배하는 「연령간 워크 세어링」을 제안하였다.

그러나 최근 워크 세어링 도입론과는 달리 당시의 제도도입의 최대 목적은 무역마찰과 엔고에 따른 미국 등의 선진국으로부터의 비판을 받아 온 장시간노동을 개선하는데 있었다. 내수주도형 경제로의 전환을 통해 연간 총노동시간을 1800시간으로 단축한다는 것이다.

10여년 전의 워크 셰어링의 도입론은 단기적인 고용대책보다는 무역마찰을 회피하기 위한 중기적인 정부차원의 시간단축 촉진책이었다고 할 수 있다. 반면 최근의 도입론은 실업통계가 최악인 상황에서 고용유지책으로서 제기되고 있다는 점에서 차이가 있다. 노사 모두 해고 등의 중요한 고용문제의 발생을 회피하기 위한 기업차원에서의 긴급회피적인 제도를 상정하고 있다.

2000년 춘투에서는 워크 셰어링을 둘러싼 노사간의 주장이 엇갈렸다. 일경련은 노동문제연구위원회에서 근로자간에 고용, 임금, 노동시간을 다양하게 적절히 배분해서 고용의 유지·창출을 실현한다는 관점에서 유연한 워크 셰어링에 대해 여러 가지 구체적인 대책을 검토해 나가야 하고, 노동시간 단축에 따라 임금은 삭감되어야 한다고 주장해 왔다. 이에 대해 렌고는 워크 셰어링은 모든 대책을 강구한 다음 고용삭감이 불가피한 경우의 긴급피난조치라면서 이의 실시에 있어서는 전종업원을 대상으로 하고 반드시 임금삭감을 수반해서는 안된다는 주장을 해왔다. 즉 노동시간의 감소에 비례한 임금삭감에는 반대한다는 입장을 보였다. 이러한 논쟁이 계속되어 오다가 렌고는 최근의 심각한 고용사정을 감안하여 노동시간 단축분에 대한 임금삭감에 긍정적인 입장을 표명한 바 있다.

2. 고용사정에 대한 사회적 합의

일경련과 렌고는 최근의 심각한 고용정세를 타개하기 위해 노사가 최대한의 노력을 경주해 간다는 인식 하에 고용안정과 고용창출을 위해 각각 사회적 역할을 수행해 간다는 것을 확인하고, 1999년 10월에 고용안정에 관한 사회적 합의를 선언하였다.

〈고용에 관한 사회적 합의 추진선언〉

1. 고용의 유지 창출에 관한 사회합의의 추진

고용정세가 날로 심각해지고 있는 현 상황을 타개하기 위해 일경련과 렌고는 다음 사항에 대해 최대한의 노력을 경주함과 더불어 개별기업 노사에 대해 적극 동참해 줄 것을 호소하는데 합의한다.

(1) 당면시책으로서

- 경영측은 고용을 유지 · 창출하고 실업을 억제할 것.
- 노동측은 생산성 향상과 비용절감 등 경영기반 강화에 협력하며 동시에 임금인상에 있어서는 유연하게 대응할 것.

(2) 고용의 유지 · 창출을 실현하기 위해 일경련과 렌고는 다양한 노동형태와 워크 세어링을 위해 합의에 노력하고, 노사는 고용 · 임금 · 노동시간의 적절한 배분을 위한 노력을 경주할 것.

(3) 노사는 노동에 상응한 적절한 평가와 공정한 처우, 직업능력의 향상, 노동시간관리의 적정화, 노동형태의 개선 등에 적극 임할 것.

2. 정부에 대한 요청과 노사정에 의한 사회합의 형성의 추진

고용대책의 책정 · 실행에 있어서는 노사정의 긴밀한 협력이 불가피하다. 정부에 대해 이전에 결정한 종합고용대책을 보다 더 확충함과 더불어 노사의 합의실현을 지원하고, 고용의 유지 · 창출을 위해 다음 사항을 실시하도록 요청한다.

(1) 당면 시책으로서 일반재원으로 고용의 안전망 정비를 위해 한층 더 충실을 기할 것.
(2) 직업소개가 적절히 재취업으로 연결되도록 훈련내용의 개선과 직업소개기능의 충실을 기할 것.
(3) 세제와 규제개혁 등을 통해 주택, 정보통신, 환경, 복지, 의료 등의 분야를 비롯해 새로운 사업의 육성을 지원하고 새로운 고용기회를 창출함과 동시에 지역에서의 노사 및 노사정에 의한 고용창출 플랜의 실시를 적극 지원할 것.
(4) 노동형태의 선택 폭을 확대하기 위해 세제 · 사회보장제도의 조속한 개선을 함과 동시에 환경정비를 위해 노력할 것.

이상의 내용을 실현하기 위해 노사정 고용대책회의 등을 통해 노사정에 의한 사회합의 형성을 추진하며 아울러 일경련과 렌고는 제시책의 구체화를 도모하기 위한 검토의 장을 설치한다.

3. 정부 및 사용자의 고용대책

(1) 정부의 고용대책

고용문제가 심각한 사회적 이슈로 대두되면서 일본정부는 다각적인 고용대책을 추진해 오고 있다. 일본정부는 2001년 긴급경제대책에서 부실채권처리 등 구조개혁에 따른 고용정세의 변화에 탄력적으로 대응하기 위해 고용안전망의 정비를 최우선과제로 들고, 총리를 본부장으로 하는 「산업구조개혁·고용대책본부」를 설치하여 고용의 인프라 정비, 고용의 불균형 해소, 안전망의 정비 등 3가지를 축으로 하는 종합고용대책을 마련하였다. 그 주요 내용은 다음과 같다.

① 새로운 긴급지역 고용창출특별교부금의 창설을 통해 지역 니즈에 맞는 고용기회의 창출.
② 민간취업지원회사 등을 활용한 재취업지원을 위한 조성 등 민간활동에 의한 실업 없는 노동이동의 지원.
③ 5년간 5만명 정도를 목표로 한 커리어컨설턴트의 양성과 민간교육훈련기관 등을 활용한 중고령 화이트 칼라 이직자 등에 대한 직업능력개발에 의한 능력, 연령의 불균형 해소.
④ 고용보험의 훈련연장급부의 확충과 폐업한 자영업자 등 일정한 실업자에 대한 생활자금 대부제도의 창설에 의한 안전망의 정비.

이 가운데 즉시 추진해야 할 사항에 대해서는 특별예산을 활용해 집중적으로 실시를 하고 법적인 정비가 필요한 것에 대해서는 「고용대책임시특례법」에 따라 필요한 조치를 취한다는 것을 골자로 하고 있다.

(2) 사용자의 고용대책

사용자단체인 일경련도 2001년 8월에 긴급고용대책프로그램을 마련해서 고용창출과 고용안정을 위해 적극 대처해 오고 있다. 주요 내용을 부면, 먼저 고용창출에 있어서는 긴급지역고용특별기금을 3년간 7,000억엔 마련하여 3년간에 100만명의 단기고용을 실현한다는 것이다. 또한 신규고용창출을 위해 서비스부문의 고용확대책을 마련하고, 재택노동 및 SOHO 추진, 워크 세어링 추진, 학교교육과정에의 민간인의 활용, 노동법제의 규제개혁에 의한 고용창출(노동자파견제도의 규제 철폐, 유기노동계약기간을 5년으로 연장)을 추진해 간다는 것이다.

고용안정을 위해서는 긴급지역 고용특별교부금제도에 의한 고용창출 우수사례 PR, 개정 고용보험법, 고용대책법 등 개정법의 착실한 운용, 구인정보, 각종 고용관련 정보의 제공, 면밀한 취업면접 설명회 개최, 자기시장가치를 제고하기 위한 구직자 취업지원포럼 개최, 인턴십, 소개예정파견 등의 적극적인 전개 등을 추진해 간다는 것이다. 이 외에도 실업자대책과 개발능력, 재취업 지원 등 다양한 고용대책이 강구되고 있다.

제11장 소득분배

사회의 생산물이 사회구성원들 사이에 분배되는 메커니즘과 상태는 그 사회 경제구조의 가장 중요한 특징 중의 하나이다. 일찍이 고전학파의 리카도(D. Ricardo)는 생산물이 여러 계급 간에 분배되는 법칙을 규명하는 것이야말로 경제학의 중요한 과제라고 하였다. 사실 경제성장의 궁극적인 목표는 모든 사람들의 물질적인 생활조건을 균형 있게 개선시키는 데 있다. 이런 의미에서 보면, 소득분배문제는 경제학의 중심과제임에 틀림없다.

그럼에도 불구하고 경제학의 주류인 신고전파 경제학에서는 소득분배가 중요한 관심의 대상이 되지 못한다. 아담 스미스이래 한계혁명과 케인즈 혁명 등을 거쳐 경제학이 크게 발전해 왔음에도 불구하고 오늘날까지 분배이론이 큰 진전을 보이지 않는 것도 이러한 연유에 의해서이다. 최근까지도 소득분배이론은 물론이고 소득분배에 관한 실증적 연구도 미흡하다. 심지어 소득분배에 관한 실증적 연구를 위한 통계자료도 부족한 형편이다.

그러나 최근 들어 미국, 유럽을 비롯한 선진국에서 소득분배가 악화되면서 이 분야에 대한 관심이 고조되고 있으며, 학자들의 연구도 증가하는 추세이다.

소득분배 이론은 분배상태를 어느 각도에서 보느냐에 따라 보통 두 가지로 구분된다. 기능별 분배(functional distribution)와 인적 분배(personal distribution) 혹은 계층별 분배(size distribution)가 그것이다. 기능별 분배는 말 그대로 각 생산요소가 생산과정에서 발휘하는 기능에 따른 분배문제이다. 즉, 노동, 토지, 자본 등 각 요소에 귀속되는 임금, 지대, 이자의 크기가 결정되는 원리를 다루는 이론이다. 다소 넓은 의미에서 본다면, 고전학파 경제학을 비롯한 전통적인 분배이론은 모두 이 범주에 속한다.

이에 반해서 개인 혹은 가계를 중심으로 분배문제를 다루는 것은 인적분배이다. 개인이나 가계에 초점을 두면 결국 이들이 소득계층별로 어떻게 분배되어 있는가를 파악하는 것이 된다. 그래서 인적분배를 계층별 분배라고도 하는데 기능별 분배이론에 비해서 비교적 늦게 연구되기 시작하였다.

Ⅰ. 기능별 분배와 인적 분배

1. 기능별 분배이론

아담 스미스, 리카도 등의 고전학파를 비롯하여 마르크스와 신고전학파에 이르기까지 넓은 의미에서 모두 기능별 분배에 초점을 두고 있다. 물론 이들의 이론은 당시의 사회적 경제적 상황을 반영하여 모두 독특한 측면들을 가지고 있지만, 노동, 토지, 자본의 소유자에게 분배되는 과정을 설명한다는 의미에서 기능별 분배이론이다. 예컨대 고전학파의 분배이론을 완성시킨 리카도는 유명한 곡물법(Corn Law) 논쟁에서 보여지듯이 당시는 아직 농업이 여전히 중요한 시기였기에 지주와 자본가 사이의 분배에 관심을 가졌다. 반면에 마르크스는 지대를 거의 무시한 채 상호모순 관계에 있는 두 계급인 노동자와 자본가 사이의 분배에 관심을 두었다.

여기서는 주류경제학이라고 불리는 신고전학파의 이론을 중심으로 살펴본다. 신고전학파는 개별경제 주체의 합리적인 행동의 기준이 되는 한계개념에 기초해 있다. 분배이론도 예외는 아니어서 각 요소의 한계생산이 분배에 중요한 역할을 한다. 즉 완전경쟁시장에서 각 요소는 한계생산물의 가치만큼 분배받는다. 노동자의 소득인 임금은 노동의 한계생산물가치(=노동의 한계생산물×생산물의 가격)와 일치한다. 이윤률 역시 자본의 한계생산물가치(=자본의 한계생산물×생산물의 가격)와 일치한다. 그래서 신고전학파의 분배이론을 한계생산력설이라고 한다. 이 원리는 "각 요소는 생산에 기여한 것만큼 분배받는다"는 클라크(J. B. Clark)에 의해 먼저 제기되었다.

한편 이러한 신고전학파의 분배이론은 기업의 이윤극대화원리와 다르지 않다. 기업은 각 요소의 가격과 한계생산물가치가 일치하는 점에서 요소를 수요하면 이윤이 극대가 된다. 이 때문에 한계생산물가치를 나타내는 곡선이 곧 기업의 수요곡선이 된다. 이 요소수요곡선과 요소공급곡선이 만나는 점에서 균형고용량과 균형가격이 결정된다. 이 때 결정되는 요소의 균형가격은 한계생산물가치와 일치하며 이것이 요소에 대한 보수이다. 즉 기업의 이윤극대화행동이 신고전파 분배이론의 출발이다. 그러나 신고전학파의 분배이론은 사회적 역학관계를 전혀 고려하지 않은 채 오직 시장의 힘에 의해서 분배가 결정된다는 것에 비판이 집중되고 있다. 분배가 계급간의 힘에 의해 영향을 받는다는 마르크스의 이론과 좋은 대조를 보이고 있다. 현실의 분배는 시장의 힘, 계급간의 세력, 사회적 관습 등에 의해서 결정된다는 탄력적인 해석이 필요하다.

2. 계층별 분배이론

계층별 분배는 인적 분배와 완전히 무관하지는 않다. 계층별 분배는 가계를 중심으로 분배를 생각하는 것으로 단지 인적분배를 소득계층에 따라 나누어 본 것에 불과하다. 그런데 어떤 사회이든 빈부의 차이가 있다는 점에서 현실적으로 중요성을 갖는 것은 기능별 분배보다는 인적 분배이다. 계층간 소득격차가 발생하는 원인과 과정을 보면 대체로 다음과 같다.

(1) 능력설(ability theory)

소득격차가 개인의 능력 차이에서 생긴다는 능력설은 소득분배이론 중 가장 오래되었다. 사람마다 정신적 혹은 육체적 능력이 그 사람의 생산성을 결정하고 따라서 그 사람의 소득도 결정한다는 매우 소박한 이론이다. 어느 사회든 능력 있는 사람이 보다 많은 부와 소득을 차지하는 것은 일반적 현상이다. 다만 개인의 능력 차이로써 소득격차를 모두 설명할 수 없다는 점에서 많은 비판을 받는다. 또한 개인의 선천적 능력은 그 사람이 처한 사회경제적 환경에 크게 의존하기도 한다. 자칫 빈곤을 개인의 무능의 탓으로 돌리고 현실의 불평등을 당연시 하는 오류를 범할 가능성을 크게 지니는 것이 능력설이기도 하다.

(2) 확률설(stochastic theory)

이 이론은 개인간의 소득격차가 경제적 메커니즘이나 제도적 요인보다는 운과 같은 우연이나 확률적 요인에 의해서 결정된다고 본다. 따라서 이 이론은 이론적 설득력이 매우 빈약할 수밖에 없다. 그러나 이 이론에 의하면 소득불평등과 빈곤이 인간의 힘으로는 통제할 수 없는 자연 혹은 운명에 의해서 결정되는 것으로 합리화 시킬 가능성도 있다. 비록 사람이 살아가는 데 우연을 완전히 무시할 수는 없지만, 잘살고 못살고 하는 것을 개인의 팔자소관으로 돌릴 수는 없다.

(3) 개인선택설(individual choice theory)

이 이론에 의하면 소득격차는 개인의 합리적 선택의 결과로 설명될 수 있다고 한다. 프리드만에 의하면, 현재와 미래에 있어서 현금소득과 비금적적 이득을 가져오는 여러 기회들 간에 개인의 선택에 의해서 소득분포가 결정된다. 예컨대 금전적 수입은 높지만, 위험성이 높은 직종과 금전적 수입은 낮지만, 안정적인 직종 간의 선택에서 후자를 택하는 사람의 소득이 낮다면 이는 순전히 개인의 선택결과이다. 또한 현재소비와 미래소비 중 현재소비를 선택하는 사람은 미래소비를 위해서 현재 저축하는 사람에 비해 일정 시점 이후에는 소득이 낮을 것이고 이 역시 개인의 선택 결과이다.

이처럼 개인선택설은 주어진 상황에서 효용극대화를 추구하는 개인의 선택행위에서 빈부격차를 설명한다. 확실히 여가를 선택하는 사람은 노동을 선택하는 사람에 비해 소득이 작으며 이는 정당화될 수도 있다. 그러나 선택을 하는 개인의 초기조건은 다르다. 부자 부모와 가난한 부모를 만나는 것은 개인의 선택문제가 아니다. 빈곤을 개인의 탓으로 돌리는 다소 보수적인 성격을 지니는 이론으로 볼 수 있다.

(4) 유산상속설(inheritance theory)

지금까지 이론이 노동소득에 관한 것이지만, 유산상속설은 재산소득의 불평등 문제를 다룬다. 캠브리지 학파에 의하면, 자본가들은 자본 혹은 재산을 많이 가질수록 더 많이 저축하고 투자할 수 있으며, 따라서 보다 많은 이윤을 얻을 수 있다. 더 많은 이윤은 더 많은 자본이나 재산을 형성하고 그것은 다시 더 많은 이윤을 가져온다. 이른바 아무리 퍼내어도 줄지 않는 과부의 병(widow's cruse)과 같다. 이렇게 축적된 부는 다시 자손에게 상속되고 이들의 부 역시 같은 방법으로 증식된다. 반면에 재산이 없는 노동자들은 저축할 여유가 없고 부를 축적할 수 없으며 자손에 물려줄 재산도 없다. 즉 부와 빈곤은 대대로 상속된다.

경제성장과 함께 재산소득의 비중이 감소했지만, 여전히 개인소득의 중요한 부분이다. 더구나 재산은 소득에 비해서 상대적으로 불평등하게 분배되어 있어서 전체 소득분배에 미치는 영향은 상당히 크다. 또한 재산의 분배상태는 그 자체로 소득분배에 영향을 미치기도 하지만, 소득을 결정하는 다른 요인에도 영향을 미친다. 이런 점에서 재산의 분배는 소득분배를 결정하는 중요한 요인이다. 다만 노동소득에 비해서 재산소득의 비중이 점차 줄어들고 있어 유산상속설의 중요성이 점차 감소하고 있다.

(5) 인적 자본설(human capital theory)

기업이 돈을 들여 투자를 하면 자본이 증가하고 기업의 생산능력도 커진다. 마찬가지로 인간에게 돈을 들여서 교육도 시키고 훈련도 시키면 그 사람의 생산능력도 커질 것이다. 기업이 실물자본을 늘리기 위해서 투자를 많이 하는 것이나 인간에게 돈을 들여서 교육·훈련을 시키는 것이나 생산능력을 높이는 것은 동일하다. 이처럼 인간도 하나의 자본으로 생각하고 인간에게 투자를 하면 그 사람의 능력이 향상되므로 당연히 소득을 많이 받는다는 주장이 인적 자본이론이다. 즉 소득불평등의 원인을 인적 자본에 대한 투자량의 차이

즉, 교육·훈련수준의 차이, 경력의 차이 나아가서는 노동생산성의 차이에서 찾고 있다.

그러나 노동자의 능력 차이로는 완전히 설명되지 않는 노동소득의 차이, 즉 차별이 여전히 존재한다. 성별 차별, 학력별 차별 등이 그것이다. 인적자본이론에서는 완전경쟁적인 단일의 노동시장을 상정하고 있으나 현실의 노동시장은 성별 혹은 학력별로 분단되어 있다. 노동시장의 분단으로 인해서 생산성 차이 이상으로 노동소득의 차이가 존재한다.

Ⅱ. 소득불평등도의 측정

평등한 소득은 바람직한 사회가 되기 위한 중요한 조건이다. 따라서 한 사회의 소득이 얼마나 평등하게 혹은 불평등하게 분배되어 있는가를 파악하는 것은 이론적으로나 정책적으로 매우 중요하다. 또한 나라와 나라 간의 소득분배를 비교할 때도 무언가 척도가 있어야 한다. 이러한 목적으로 사용되는 도구를 '소득불평등지수'라고 한다.

1. 로렌츠 곡선과 지니계수

가장 널리 쓰이는 소득분배 표현방법은 로렌츠 곡선이다. 정사각형의 수평축은 소득이 낮은 순서에 따라서 가구를 배열하였을 때 가구 누적비를 나타낸다. 수직축에는 전체소득의 누적비를 잡는다. 대각선은 완전평등선이다. 따라서 로렌츠 곡선이 불평등 정도를 나타내는 불평등선이다. 소득이 평등할수록 로렌츠 곡선은 아래로 더욱 처져 있게 된다. 그래서 완전평등선과 로렌츠 곡선간의 면적의 크기가 클수록 불평등도가 큼을 알 수 있다. 즉, 로렌츠 곡선이 대각선에 가까울수록 혹은 대각선과의 면적이 작을수록 평등한 분배이다.

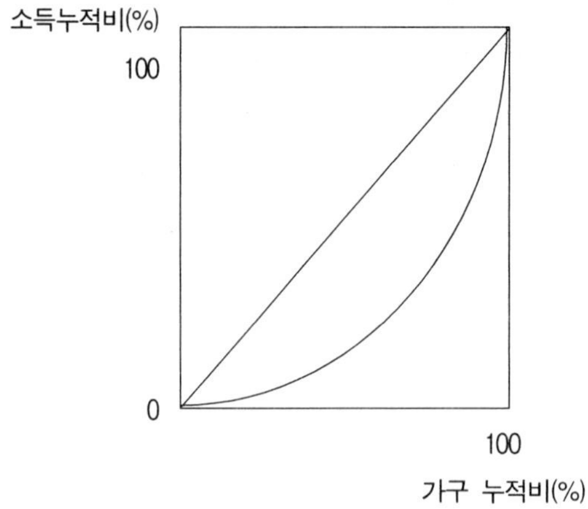

이 로렌츠 곡선을 이용하면 소득불평등 정도를 단일의 수치로도 표현할 수 있다. 즉, 지니계수(Gini coefficient)가 그것이다.

$$\text{지니계수} = \frac{\text{로렌츠곡선과 대각선간 면적}}{\text{대각선 아래 삼각형 면적}}$$

지니계수는 0과 1 사이의 값을 갖는데 소득이 불평등할수록 값이 크다. 완전평등이면 지니계수는 0의 값을 가지면, 완전불평등의 경우 그 값이 1이 된다. 그러나 현실적으로는 소득이 아주 불평등하더라도 0.6을 넘는 경우는 거의 없다. 또 소득이 아주 평등한 나라의 경우도 대체로 0.2-0.3의 값을 취하고 있다.

2. 10분위 분배율

좀 더 직관적으로 사용되는 불평등지수로 10분위 혹은 5분위 분배율이 있다. 모든 가구를 소득이 낮은 가구부터 차례로 배열하여 가령 소득이 낮은 20%의 가구가 전체소득의 몇 %를 점유하는가를 나타낸다. 혹은 소득이 높은 가구 10%가 몇 %의 소득을 점유하는가를 보이기도 한다. 이 때 가구를 20%씩 5개 그룹으로 구분한 것을 5분위 분배율이라 하며, 10%씩 10개 그룹으로 구분한 것을 10분위 분배율이라고 한다. 때로는 이들 그룹간의 소득점유율의 비율로도 분배상태를 나타내기도 한다. 가령 상위 20% 가구의 소득점유율의 비율에 대한 하위 40% 가구의 소득비중을 비율로 표시할 수도 있다. 이 비율이 점차 커지면 소득이 상대적으로 평등하다는 것을 의미한다.

$$10분위\ 분배율 = \frac{하위\ 40\%\ 계층의\ 소득비율}{상위\ 20\%\ 계층의\ 소득비율}$$

Ⅲ. 소득격차 확대 현황

일본에 있어서 1990년대 이후 벌어지기 시작한 소득격차가 1998년부터 급격히 확대되었다. 경상소득의 지니계수[1]가 1990년 0.433에서 2002년 0.498로 크게 상승하였다. 지니계수가 0.5라고 하는 것은 국민총소득의 3/4을 고소득층의 1/4이 차지하고 있음을 나타내는 것이다.

이는 기존의 평등국가적 소득분배에서 영미식 소득격차 양상으로 전환하였음을 의미하는 것이다. 사회보장에 의한 소득재분배 후의 지니계수는 일본이 0.322(2001년)로 미국 0.368(2000년)과 영국 0.345(1999년)에 근접하고 있는 상황이다.

<표 11-1> 일본의 소득격차 추이(소득지니계수의 추이)

	1967	1972	1975	1978	1981	1984	1987	1990	1993	1996	1999	2002
경상 소득	.3749	.3538	.3747	.3562	.3491	.3975	.4049	.4334	.4394	.4412	.4720	.4983
소득 재분배	.3276	.3136	.3455	.3381	.3143	.3426	.3382	.3643	.3645	.3606	.3814	.3812

자료: 厚生勞動省, 『平成14年度所得再分配調査』, 財務省, 稅制調査會 · 基礎問題調査會 資料

<표 11-2> 소득재분배 후 소득격차의 국제비교

	스웨덴 (2000년)	독일 (2000년)	프랑스 (1994년)	영국 (1999년)	미국 (2000년)	일본 (2001년)
지니계수	0.252	0.252	0.288	0.345	0.368	0.322

주: 일본은 등가재분배소득의 지니계수를 사용하였고, 그 외 국가들은 등가가처분소득의 지니계수를 사용하였음.
자료: 三浦田, 『下流社會 - 新たな階層集團の出現』, 光文社新書, 2005.

1) 지니계수(0-1)가 0에 가까우면 소득분배가 균등하고, 1에 가까우면 불균등함을 의미하며, 통상 0.4를 넘을 경우에는 상당히 불균등한 것으로 평가하고 있다.

소득양극화로 인해 패전 후의 일본사회를 지탱해 오던 거대 중산층이 해체되었다. 소득격차가 심화됨에 따라 패전 후의 일본을 지배하고 있던 '전국민이 중산층'이란 의미의 '1억 총중류' 의식이 최근들어 와해되는 추세를 보이고 있다. 자신을 중산층이라고 생각한 일본인의 비중이 1973년의 61.3%에서 2004년의 52.8%로 급격히 감소하고 있다.[2] 따라서 소득격차를 해소하지 않으면, 2010년에는 상위 15%, 중위 45%, 하위 40%의 사회가 도래할 것이라는 전망이 제시될 정도이다.

소득양극화는 사회전체의 중산층 비율을 축소시켜 다양한 계층을 조성[3]하고 있다. 저소득층에서는 '프리터(Freeter)족[4], 니트족(NEET: Not in Education, Employment or Training)[5]으로 불리는 신계층이 형성되고 있다.

부유층에서는 기업 내 경영엘리트로 불리는 고임금 노동자층이 형성되고 있다.

'1억 총중류의 시대'

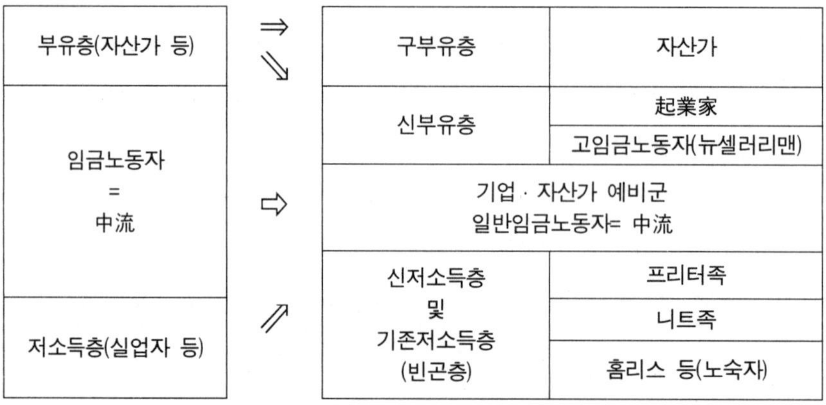

자료: Nikkei Business, 2005. 7. 18.

<그림 11-1> 일본 내 새로운 계층사회의 형성

2) 內閣部, 『國民生活世論調査』, 2004.
3) 최근 일본에는 지식인들 사이에 '일본의 1955년 체제는 중류화를, 2005년 체제는 계층화를 지향하고 있다는 지적이 성행하고 있다.
4) '프리터'란 Free(영어)와 Arbeit(독일어)의 합성으로 일하고 싶은 의욕은 가지고 있으나 정규직이 아닌 아르바이트나 파트타임으로 생계를 여위하고 있는 고용형태를 지칭한다.
5) 진학도, 취업도 하지 않고, 직업훈련도 받지 않으며, 구직활동조차 포기한 젊은이들을 지칭한다.

현재 소득양극화에 따른 계층간 격차의 심화는 사회통합을 저해하는 일본 내의 가장 심각한 문제로 대두되고 있다. 중류층이 해체됨으로써 심각한 빈곤문제가 전면적으로 대두되고 있다. OECD가 최근 발표한 각국의 소득분배와 빈곤현상에 관한 보고서에 의하면, 일본의 빈곤률[6]은 1995년 8%에서 2005년 15.3%로 급상승하였다.[7] 최저생활비 수급자가 1995년의 60만 세대에서 2005년의 100만 세대로 급증하였다.

1억 총중류사회를 이끌어 왔던 기존의 일본적 발전양식이 한계에 봉착하였고, 격차에 의한 사회 불안정성이 증폭됨으로써 사회통합의 문제가 대두되고 있다. 사회 전체가 소득격차 심화현상을 사회통합의 가장 큰 걸림돌로 인식하고 있다. 현재 일본에서는 소득양극화로 인한 최근의 사회분열의 위기를 '또 다른 분단국가의 탄생' 또는 '격차사회, 일본'이라고 표현할 정도이다.

Ⅳ. 소득양극화의 배경 및 특징

1. 장기불황에 따른 고실업

장기불황으로 인한 지속적인 실업률 증가가 빈곤층을 양산하였다.[8] 1995년 이후부터 일본의 실업률은 상승하기 시작하여(3% 초과), 1998년의 4%, 2003년의 5%(최고수준)까지 상승하였다. 구직의욕을 상실한 실망실업자를 포함한 일본의 잠재실업률은 10%이다. 장기불황을 겪으면서 청년층 및 노년층의 실업자수가 큰 폭으로 증가하였다. 특히 청년실업률(15-24세)은 기업이 신입사원의 채용을 억제하기 시작한 1998년부터 급상승하여 2005년 현재 14%를 기록하고 있다. 청년실업률이 높으면, 숙련축적의 기회를 상실함과 동시에 실업보험제도의 혜택을 받지 못하는 청년층이 양산되어 대량의 빈곤층이 재생산됨으로써 소득격차는 더욱 심화된다.

일본의 연령별 경제활동참가율을 <표 11-3>에서 1993년과 2004년을 비교해 보면, 2004

---

6) '빈곤률'은 전세대 연간수입의 중간치(국민을 소득순으로 정렬하였을 때 그 중간에 위치하는 소득액)의 절반 이하 수입으로 생활을 영위하는 인구비율.

7) OECD국가 중 선진국 내에서는 일본이 3위, 참고로 미국과 덴마크의 빈곤률은 각각 17%, 4.3%이다.

8) 일본의 소득양극화를 초래한 가장 근본적인 원인으로 장기불황을 거론하는 것은 국내의 일반적 통론이다. 특히 TIME(July 18, 2005)지는 '일본은 자신을 하나의 거대한 중산층 사회라고 생각해 왔겠지만, 장기불황은 그들을 가진 사람과 가지지 못한 사람의 두 계층으로 나누고 있다'고 언급하고 있다.

년도의 경제활동참가율은 1993년에 비해 전반적으로 저조하지만, 특히 20-24세, 60-64세, 65세 이상의 경제활동참가율의 격차가 크게 나타나고 있다.

<표 11-3> 일본의 연령별 경제활동참가율(남성노동자) 현황

(단위: %)

연령별	15-19	20-24	25-29	30-34	35-39	40-44	45-49	50-54	55-59	60-64	65-
1993년	19.0	75.2	96.5	98.0	98.3	98.3	97.9	97.2	94.1	75.6	37.7
2004년	16.3	68.5	94.0	96.6	96.8	97.2	97.0	95.7	93.2	70.7	29.2

자료: 總務省統計局, 『勞動力調査』, 1994, 2005.

2. 임금격차의 확대

임금노동자간 임금격차의 확대가 저소득층의 양산화를 초래하였다. '잃어버린 10년'을 극복하기 위한 기업의 구조조정과 시장주의에 입각한 정부의 노동시장 유연화정책은 저임금 비정규직노동자를 양산하였다. 전체 고용자 중 청년(20-24세) 비정규직 노동자의 비중이 급증하였다. 고용이 불안정한 청년층에서 프리터족 등 대량의 신저소득층이 양산되었다. 15-34세 노동인구 중 프리터족의 비중이 2001년 21%에서 2004년 25%로 확대되었다. 이 때문에 프리터족은 최근 3년 연속 200만명을 넘어서고 있다. 프리터족의 평균 연간소득은 100- 200만엔으로 이는 정규직의 1/4 수준에 불과하다.

저소득층이 재생산됨으로써 소득격차는 더욱 심화되고 있다. 청년 저소득층은 자녀교육에 많은 투자를 할 수 없기 때문에 소득격차가 대물림될 수 있는 가능성이 상존하고 있다. 20대의 저축 비소유세대 비중은 1995년까지 15%를 초과하지 않았으나, 2002년에는 33.1%까지 확대되었다. 후생노동성의 추계에 의하면, 프리터족이 정규직이 되지 못함으로써 소실되는 소득이 2004년도 기준으로 연간 12조엔으로 추정하고 있다.

정규직과 비정규직 노동자 사이의 임금격차는 점차 확대되고 있다. 특히 남성노동자의 임금격차가 현저하다. 기업이 비정규직 노동자의 고용을 선호함으로써 정규직과 비정규직 노동자 간의 임금격차 확대가 고착화되고 있다. 최저임금과 정규직 노동자의 임금간 격차는 커지고 있으나, 비정규직 노동자의 임금과의 격차는 거의 변하지 않고 있는 추세이다. 기업은 비정규직 노동자의 고용을 선호하고 있다. 대체로 최저임금이 인상되면, 정규직과 비정규직 사이의 임금격차가 줄기 때문에 비정규직 노동자의 비율은 낮아진다. 따라서 고용형태에 의한 임금격차 문제는 최저임금 문제와 연관시켜 생각할 필요가 있다.

3. 신자유주의적 경제정책

신자유주의적 시장중심 경제정책은 저소득층의 소득을 상대적으로 감소시킴으로써 소득격차를 확대시킨다. 1998년 이후부터 본격화된 일본정부의 재정건전화 정책으로 사회보장비가 삭감되고 소비세율이 인상됨으로써 저소득층의 소득이 감소하였다. 정부의 사회보장비 삭감(예를 들면, 국민의료비 지출의 국고부담비율은 1980년 30.4%에서 1999년 24.9%로 크게 하락하였음)은 저소득층의 실질임금 삭감을 초래한다. 또한 1997년에 소비세율을 3%에서 5%로 인상시킨 것도 저소득층에 큰 타격을 주었다.

경기부양을 위한 상속세 감면조치와 고소득자에 대한 소득세율 인하 등의 정부조치는 고소득자의 실질소득을 증가시키는 결과를 초래하였다. 소득계층별 소득세율의 추이를 보면, 1986년에는 최고세율이 70%까지 달하였으나, 현재(1999년 이후)는 37%까지 하락하였다.

이전의 소득세율은 15개 계급으로 세분하여 적용되었으나 현재는 10%, 20%, 30%, 37%로 계급수가 급감하여 소득세의 누진도 저하를 초래하였다.

저소득층 증가가 초래한 소비의 양극화현상을 살펴보면, 소득격차의 확대는 소비양극화와 동시에 저소득층의 소비심리위축 등을 초래하였다. 현재 일본사회의 양극화 세태를 묘사하는 표현으로서, 최고급 명품과 초저가 제품의 판매가 동시에 증가한다는 '루이비통과 100엔 숍의 사회'라는 유행어가 있을 정도이다. 루이비통은 2004년 일본에서 1,500억엔의 매출을 올렸고, 100엔 숍은 2,400여 점포에서 1일 매출이 약 8억엔에 달하는 실정이다.

4. 고령화의 급진전

고령화 현상과 중·노년층 내 빈부격차의 확대도 소득격차의 확대를 조장하였다. 고령화의 급속한 진전으로 인해 65세 이상의 노년층 내에서 빈부격차가 확대되고 있다. 독거생활을 하는 저소득층 노인수가 증가했을 뿐만 아니라 상당한 부를 축적한 노년층의 수도 증가했기 때문이다. 최근 OECD의 조사에 의하면, 66-75세의 노년층의 빈곤률은 19.5%, 76세 이상의 빈곤률이 23.8%로 전체 빈곤률을 크게 상회하고 있다. 참고로 18-25세 청년층의 빈곤률은 16.6%이다. 후생노동성의 「임금구조기본통계조사」에 의하면, 2004년 현재 50대 후반의 10분위분산계수[9]는 0.5, 60대 후반은 0.9이다.

1998년 이후 50-60대 고임금 종업원 중심의 임금삭감과 명예퇴직을 통한 고용조정이 중·노년층 내 소득격차 확대를 초래하였다. 이와 대조적으로 1997년 이전까지는 중·노년층 노동자의 소득격차가 대체로 종사하고 있는 기업의 규모격차에 따라 좌우되었다. 35-49세 사이의 연령계층의 지니계수는 1997년에서 2002년 사이에 평균 4.2% 증가하였음에 반해, 50세 이상은 6.1% 증가하였다. 특히 50세 이상의 연령계층 내 비정규직 노동자의 지니계수는 1997년에서 2002년 사이에 11%나 증가하였다. 참고로 35-49세 사이의 비정규직 노동자의 지니계수는 9% 증가하였다.

9) 10분위분산계수란 고소득노동자와 저소득노동자 사이의 격차가 어느 정도인지 측정하는 지표로, 지니계수와 같이 계수(0-1)가 0에 가까우면 소득분배가 균등, 1에 가까우면 불균등함을 의미한다.

제12장 소자화·고령화

일본의 총인구는 급속한 고령화 진전 및 자녀를 적게 낳는 이른바 소자화 경향에 기인하여 2006년 정점에 달한 후 2007년부터 인구감소로 반전할 것으로 전망된다. 이에 대비하여 일본정부는 1990년대 중반부터 본격적으로 각종 저출산 및 고령화 대책을 수립·추진 중이다.

Ⅰ. 인구동향 및 전망

1. 인구동향 및 특징

일본의 총인구는 1872년 3,480만명에서 1967년 1억명을 넘어섰으며, 2004년 10월 현재 1억 2,769만명을 기록하고 있다. <표 12-1>에서 보듯이 1950년대 중반까지는 거의 매년 15% 이상 증가하였고, 1970년대 들어설 때까지도 연 1% 수준의 증가를 지속하였으나, 제2차 베이붐 시기(1971-74년 중 평균 1.38%) 이후 인구증가율이 큰 폭으로 낮아져 2004년에는 0.05%에 불과하다.

<표 12-1> 일본의 인구추이

(단위; 만명, %)

	1872	1930	1950	1960	1970	1980	1990	2000	2004
총인구	3,480	6,445	8,320	9,342	10,372	11,706	12,361	12,693	12,769
인구 증가율	-	1.56	1.75	0.84	1.15	0.78	0.33	0.19	0.05

자료: 總務省統計局

(1) 소자화(decrease in child birth) 현상

자녀를 적게 낳는 풍조에 기인하여 출생자수가 1970년대 중반 이후 감소추세를 지속하고 있다. 출생자수가 제1차 베이붐 시기(1947-49년)에는 연평균 약 270만명, 제2차 베이붐 시기(1971-74년)에는 연평균 약 200만명에 달하기도 하였지만, 1975년 200만명 이하로 떨어진 후 계속 감소하여 2004년에는 111만명에 그치고 있다.

출생자수의 감소는 유년인구(15세 미만)의 감소를 초래하여 1997년 이후 유년인구가 고령자(65세 이상) 인구를 하회하기 시작하였다. 유년인구는 2004년 10월 현재 1,773만명, 총인구 대비 13.9%로 과거 최저수준이다. 합계출생률(total fertility rate)[1]을 보면, 1970년대 중반 이후 치환수준(replacement level)[2]을 하회하고 있으며, 2003년에는 1.29로 전후 최저수준을 기록하였다.

1950년대 중반부터 1970년대 중반까지의 20년 동안은 합계출산률이 대체로 치환수준에 머물렀으나, 1970년대 중반을 지나면서 치환수준 이하로 떨어진 후 지속적으로 하락하고 있다. 저출산 또는 소자화를 합계출산률이 인구치환수준보다 낮아지는 상태라고 정의할 때, 일본의 소자화 현상은 이미 1974년부터 시작되어 30년 이상 지속되어 왔다.

(2) 고령화의 급진전

일본은 1994년 65세 이상 노인, 즉 고령자 인구의 전체 인구에 대한 비율이 14%를 초과하여 고령사회에 진입하였으며, 2004년 10월 현재 19.5%까지 상승하였다. UN은 전체인구에 대한 65세 이상 인구비율이 7%인 사회를 고령화사회(aging society), 14% 이상인 사회를 고령사회(aged society), 20% 이상인 사회를 초고령사회(super-aged society)로 정의하고 있다. 2004년 10월 현재 고령자 인구는 2,488만명이며, 그 중 후기고령자 또는 old- old로 불리는 75세 이상 노인인구도 1,107만명으로 전체인구의 8.7%를 차지하고 있다.

평균수명 연장에 따른 고령화현상은 일본뿐만 아니라 전세계적으로 나타나고 있는 현상[3] 이지만, 일본의 경우 전후 여타 선진국에 비해 매우 빠른 속도로 고령화가 진행되고 있다.

1) 합계출생률이란 15-49세 여성의 연령별 출산률을 합계한 것으로 여성 1명이 평생 출산하는 자녀수의 평균을 의미함.

2) 인구의 置換水準이란 인구가 일정한 수준으로 유지되는데 필요한 출산률로 당시 사망률에 따라 달라지게 됨. 사망률의 추세적인 하락에 따라 인구의 치환수준도 점차 낮아져 오다가 현재는 2.1 수준에서 안정되고 있으며, 이는 남녀 2명이 아이를 2명 정도 낳으면 당시의 인구수준이 유지될 수 있는 것으로 해석할 수 있음.

3) 구미 선진국의 경우 이미 고령사회에 진입하였으며, UN 발표에 의하면, 2000년 세계 전체인구 중 65세 이상 노인인구가 6.9%에 달하여 세계 전체가 이미 고령사회에 진입한 것으로 파악하고 있다.

고령화사회에서 고령사회로 이행하는데 소요된 기간을 보면, 프랑스 115년(1864-1979), 영국 47년(1929-1976), 독일 40년(1932-1972)인데 비해 일본은 24년(1970-1994)에 불과하다. 한편 일본은 2006년 세계에서 가장 먼저 초고령사회에 진입할 것으로 전망되어, 고령사회에서 초고령사회로 진입하는데 불과 12년 소요되는 셈이 된다.

⑶ 일본 특유의 인구구조

일본은 1946-49년 중 제1차베이붐 직후 출생자가 급격히 감소한 이후 1970년대 초반에 제2차 베이붐이 나타나는 특이한 인구구조를 갖고 있다. 이는 1948년 인공 임신중절을 인정하는 優性保護法(1996년 母體保護法으로 명칭변경)의 제정을 계기로 1950년대에 들면서 임신중절에 의한 산아제한이 적극적으로 행해졌기 때문이다. 베이비붐이 십수년간 지속된 여타 선진국과는 달리 일본은 전후 첫 번째로 베이붐 기간이 3-4년 남짓으로 극히 조기에 종결되었기 때문이다. 이로 인해 연령계급별 인구분포를 보면 제1차 및 제2차 베이비붐을 나타내는 두 개의 봉우리 사이에 산아제한의 영향으로 출생자수가 급격히 줄어드는 모습이 확연히 나타난다.

향후 일본의 고령화는 지금과 같이 평균수명이 상승할 뿐만 아니라 일본특유의 인구구조에 기인하여 더욱 빠른 속도로 진행될 전망이다. 연령계층별 인구분포에서 첫 번째 봉우리에 속하는 연령층인 제1차 베이붐 세대가 2010년대 중반 65세에 달하게 되는데 첫 번째 봉우리 이후 급격한 골짜기, 즉 제1차 베이붐 이후의 급격한 출생자수의 감소로 인해 이 시기에 일본의 고령화율이 급속히 상승할 것으로 보인다. 그 이후 고령화 속도는 다소 완화되겠지만, 2030년대에 들어서면 일본에 특징적으로 존재하는 제2차 베이비붐 세대가 65세에 달함에 따라 고령화가 다시 속도를 높여 진행될 것으로 예상된다.

2. 인구전망

일본은 총인구가 2006년에 정점에 달한 후 2007년부터 감소로 반전하게 되면서 초고령·인구감소사회라는 새로운 도전에 직면할 것으로 예상된다. 국립사회보장·인구문제연구소의 추계에 의하면(2002.1), 일본의 총인구가 2007년부터 감소세로 반전하여 2050년에는 2004년 현재 인구(1억 2,769만명)보다 2,710만명 줄어들어 1억 59만명이 될 것으로 전망하고 있다. 유년인구는 저출산의 경향으로 계속 줄어들어 전체인구에서 차지하는 비중이 2004년의 13.9%에서 2050년에는 10.8%로 낮아지는 반면, 고령자 인구의 비중은 2004년의 19.5%에서

2050년에는 35.7%까지 상승하여 전체 인구에서 3명 중 1명이 65세 이상 노인이 될 전망이다. 생산가능인구(15-64세)도 전체 인구에서 차지하는 비율이 2004년 66.6%에서 2050년에는 53.6%로 낮아질 전망이다.

Ⅱ. 소자화 및 고령화 진전의 배경과 영향

1. 소자화의 배경

(1) 출산력 저하 및 만혼화 · 미혼화 경향

1960년대 이후 출생한 세대의 경우 출산이 아직 완결되지는 않았으나 과거에 비해 부부출산력이 크게 저하하고 있다. 1940년대 중반부터 1950년대 말까지 출생한 세대의 경우 약 2.2명 수준을 유지해 왔으나, 1990년 전후에 결혼한 부부(1960년대 출생한 세대)의 경우 1.6명 수준이다.

970년대부터 만혼화 경향이 나타나고 만혼화에 따라 출생연령이 높아지면서 출생률 하락으로 이어지고 있다. 평균 초혼연령이 2003년의 경우 남자 29.4세, 여자 27.6세로 1980년의 남성 27.8세, 여성 25.2세에 비해 2년 정도 늦어졌다. 이는 만혼화로 연결되어 첫째 아이 출산시의 여성 평균연령이 1975년 25.7세에서 2003년 28.3세로 상승하였다.

1980년대 이후 미혼률이 상승한 것도 출산률 저하를 초래하였다. 연령계급별 미혼률을 보면, 1980- 2000년 기간중 25- 29세에서는 남성이 55.1%에서 69.3%, 여성이 24.0%에서 54.0%로, 30- 34세에서는 남성이 21.5%에서 42.9%, 여성이 9.1%에서 26.6%로 나타나는 등 결혼 적령기 인구의 미혼률이 대폭 상승하였다.

(2) 육아의 경제적 부담 증가

육아의 경제적 부담감 증대, 일과 육아를 양립하기 어려운 환경, 여성의 고학력화에 따른 육아의 기회비용 증가, 결혼과 자녀출산에 대한 가치관의 변화 등이 이러한 출산률 저하경향의 주요 원인으로 작용하였다.

1980년대 이후 일하는 여성이 늘어나고 특히 젊은 여성의 노동시장 참가가 확대된 반면 일과 육아를 양립할 수 있는 환경정비는 미흡하다. 현실적으로 자녀양육에 있어 여성의 부담이 무거운데다 취업과 출산· 육아를 양립하기 어려운 사회적 환경이 지속되고 있다.

1990년대 이후에는 경제의 장기침체로 인하여 젊은 세대가 자립하기 어려운 상황이 되면서 결혼 및 자녀출산에 영향을 초래하였다. 2003년 현재 프리터(freeter)[4]의 수가 217만명에 달해 15-34세 인구 중 10%를 점하고 있으며, 니트(NEET)족[5]도 52만명에 달하는 등 젊은 층의 실업률이 높은 상황이다. 이상적이라고 생각하는 자녀수보다 실제 자녀수가 적게 되는 가장 큰 이유로서 자녀 양육비용 증대가 지적되고 있다.[6]

또한 여성의 고학력화, 남여 임금격차의 축소 등으로 육아에 수반되는 기회비용[7]이 높아지면서 여성의 만혼화 경향으로 연결되었다. 이 외에 결혼과 출산에 대한 가치관도 변하여 결혼이나 자녀출산이 인생에 필수적인 것은 아니라고 생각하는 젊은 층도 증가하고 있다.

2. 급속한 고령화의 배경

인구의 고령화는 근본적으로 현대의학의 발달, 식생활의 개선 등에 힘입어 평균수명이 연장되고 사망률이 감소하게 되면서 자연히 진전되는 세계적으로 공통된 현상이다. 일본의 경우 2차 세계대전 후 고령화가 매우 급속하게 진행되었는데 이는 고도경제성장을 바탕으로 식량사정 및 생활환경의 개선, 의료시설 확충 등에 힘입어 평균수명이 대폭 향상되었기 때문이다. 평균수명이 1947년 남자 50.1세, 여자 54.0세에서 1970년 남자 69.3세, 여자 74.7세로 전후 23년 동안 약 20세 상승하였다. 최근 일본인의 평균수명(2002년 기준)은 남자 78.4세, 여자 85.3세로 세계에서 가장 높은 수준이다.

지속적인 출산률 하락도 고령화를 급속하게 하는 요인으로 작용하였다. 평균수명이 상승하는 가운데 저출산 경향으로 출생자수가 줄어듦에 따라 고령자 인구가 전체인구에서 차지하는 비중이 급상승하였다. 특히 산아제한정책으로 제1차 베이비붐 직후 출산률이 급속히 하락한 것도 급속한 고령화의 한 요인이다.

---

4) 프리터란 학생과 주부를 제외한 15-34세의 임시직 노동자와 일할 의욕이 있는 무직자로 정의 된다.
5) 니트족이란 고용되지 않고, 취업을 위한 교육과 훈련도 받지 않는 사람들을 지칭하며, 취업에 대한 의지나 일에 대한 의욕이 상실되어 있는 사람들을 말한다.
6) 2001년판 內閣部 『國民生活白書』에 의하면 교육관련비가 소비지출에 점하는 비율이 최근 30년간 2배로 증가하였다.
7) 2003년도 경제재정백서에 따르면, 대졸 여성이 28세에 출산하면서 퇴직을 하고 아이가 초등학교에 입학한 후 34세에 재취업하여 60세까지 근무할 경우와 비교하여 총 8,500만엔의 소득 차이가 나는 것으로 분석하고 있다.

3. 저출산 및 고령화가 경제에 미치는 영향

(1) 경제성장 둔화

일반적으로 경제성장은 노동투입의 증가, 자본투입의 증가, 생산성 증가 등으로 그 요인을 나누어볼 수 있는데, 인구감소·고령화 사회가 되면, 노동공급이 감소하는데다 저축률 하락으로 투자가 위축됨으로써 경제성장이 크게 둔화될 가능성이 있다. 고령화 진전에 따라 생산가능인구(15-64세)가 전체인구에서 차지하는 비중이 점차 줄어들게 되어 고령자 취업률을 높이더라도 전체적으로는 경제활동참가율이 하락할 것으로 예상된다. 일본의 장래 인구추계에 따르면, 일본의 생산가능인구는 2004년 8,508만명에서 2010년 8,167만명으로 4% 감소할 것으로 예측하고 있는데, 이는 동 기간 중 인구감소율 0.2%보다 더욱 큰 폭으로 감소함을 의미한다.

자본시장에서는 저축성향이 상대적으로 낮은 노년층의 비중이 증가하면서 총저축률이 감소하고 이에 따라 투자가 위축될 가능성이 높다. 라이프 사이클 이론에 의하면, 근로를 통해 소득을 창출하고 소비하고 남는 부분을 노후를 위해 저축하는 청·장년기와는 달리, 소득이 없는 노년기에는 기존의 저축을 소비로 전환하기 때문에 저축성향이 하락한다. 또한 의료·요양 등 고령자 지원에 상당한 자원이 소요되는 데다 감소추세에 있게 되는 노동력의 일부도 노년층을 돌보는데 투입되어야 하기 때문에 생산적인 부문에의 자원투입이 줄어드는 점도 경제성장률을 낮추는 요인이다.

노동과 자본투입의 감소를 상쇄하기 위해서는 생산성이 향상되어야 하는데 노동력이 고령화되고,[8] 자본투입이 줄어드는 상황 하에서 큰 폭의 생산성 향상을 기대하기 어렵다. 고령화로 기업의 생산성이 둔화될 가능성을 배제할 수 없는 것은 고령화 정도가 높을수록 젊은 층이 줄어드는 만큼 신기술의 수요나 창조성 발휘가 제약을 받기 때문이다. 경력이 쌓일수록 기술축적 등을 통해 생산성이 계속 향상되는 일부 직종을 제외하고는 취업구조의 고령화는 인건비 등 비용상승으로 연결된다.

한편 인구감소·고령화사회가 되더라도 경제성장에 반드시 負의 영향이 나타나는 것은 아니라는 주장[9]도 일부 제기되고 있으나, 이 주장의 타당성에 대해서는 회의적인 견해가 지배적이다.

---

8) 고령화가 진전되면 노동공급이 감소할 뿐만 아니라 감소된 노동력 자체 내에서도 젊은 계층의 취업자 비중이 줄어들어 전체 노동력 구조가 고령화된다.

9) 여성 및 고령자의 취업 촉진, 외국인 노동자의 활용, 생산성 제고 등을 통해 노동력 인구감소효과를 상쇄할 수 있으며, 저축률 하락에 따른 국내 투자재원 부족시에는 해외자본 유입을 통해 자본스톡 축적이 가능하다.

⑵ 사회보장제도의 지속가능성 약화

저출산 및 고령화의 진전으로 인해 당면하게 되는 보다 직접적인 문제는 사회보장에 대한 개인과 국가의 부담증대이다. 고령사회에 진입한 선진국의 경우 복지서비스에 대한 정부지출이 높아지는 추세인데, 일본의 경우 연금, 의료보험 등 정부의 사회보장지출이 1973년 6조엔에서 2002년 84조엔으로 급증하여 GDP대비 사회보장지출 비중이 6.5%에서 23.0%로 급상승하였다.[10)]

또한 1970년 24.9%였던 일본의 잠재적 국민부담률[11)]이 2003년에는 47.1%로 상승하였는데 이와 같은 국민의 부담증가는 공적 부문의 재정적 건전성 유지를 위협하고 있다. 일본의 고령인구 부양비율(65세 이상 인구/15-64세 인구)은 2000년 25.5%에서 2010년 35.2%, 2020년 46.4%로 상승할 것으로 예측되는데 이는 생산가능인구의 노인부양부담이 커지는 것을 의미한다. 2000년에는 생산가능인구 약 4명이 고령자 1명의 부양을 부담하던 것을 2010년에는 약 3명, 2020년에는 약 2명이 고령자 1명을 부양해야 한다.

일본은 현역세대가 소득의 일정부분을 갹출해 앞 세대의 노동자인 현재 노령층에게 연금을 지급하는 부과식 연금제도를 운영하고 있다. 일본의 공적연금제도에는 만 20세 이상 60세 미만의 모든 국민이 가입하는 국민연금(기초연금) 외에 민간 봉급생활자가 가입하는 후생연금, 공무원 등이 가입하는 공제조합연금이 있으며, 실제 연금의 급부는 현역세대로부터 보험료 수입 외에 적립금 운용수입 및 국고부담분으로 이루어진다.

이와 같은 연금제도 하에서 노인인구증가에 따른 연금수혜자의 증가는 현역세대의 부담증대를 초래하며 나아가서는 연금제도의 붕괴로 이어질 가능성이 있다. 후생연금의 경우 경기침체에 다른 고용자 보수 감소, 생산가능인구 감소 등의 영향으로 보험료 수입이 1998년 이후 감소추세인 반면, 수급자수는 계속 증가하여 2001년 수지가 적자로 반전되었다.

한편 노인의 경우 상대적으로 유병률이 높고, 만성질환환자가 많은 점을 고려할 때 고령인구가 늘어나게 되면, 노인을 위한 의료비가 큰 폭으로 상승하여 의료보험체계에도 위기가 초래될 가능성이 있다. 정부가 관장하고 있는 건강보험의 경우 2002년에는 과거 최대적자를 기록하면서 적립금이 고갈되는 상태에 봉착하였다. 1992년 이후 국민소득에서 국민의료비[12)]가 차지하는 비중이 계속 상승하고 있는데 이러한 국민의료비 증가는 고령화 진전

---

10) 2002년 사회보장지출의 내역을 보면, 연금지급(44조엔) 및 의료보험(26조엔)이 대부분을 차지하고 있는데 1990년대 이후 연평균 5.5% 및 3.5%의 급증세를 지속하고 있다.

11) 잠재적 국민부담률이란 통상의 국민부담률에 재정적자까지 고려한 것으로 (조세부담 + 사회보장부담 + 일반정부 재정적자)/국민소득(NI)로 정의된다.

12) 국민의료비는 건강보험이 적용된 의료비 외에 생활보호 등 공적 의료부담, 노동자재해보상보험료, 전

에 따른 노인의료비 증가에 주로 기인한다.[13)]

(3) 기업경영환경 및 산업구조 변화

인구감소경제에 진입할 경우 기업경영에 있어서는 생산설비의 합리적 축소조정이 매우 중요하다. 인구가 감소하면 수요가 축소하므로 생산능력을 현수준으로 유지하더라도 유휴설비가 발생한다. 더욱이 인구감소로 고용인력이 줄어들므로 수요 및 노동력 축소에 맞추어 생산능력을 적정하게 조정해야 하기 때문에 지금보다 훨씬 정교한 투자계획 및 생산관리가 필요하다.

인구의 고령화 및 감소에 따라 투자가 계속 위축되면 소비주도경제로 이행할 가능성이 크며, 이에 따라 소비재 및 서비스산업의 비중이 커지는 등 산업구조에도 변화가 있을 것으로 예상된다. 일본의 경우 투자재산업을 정점으로 하는 현재의 피라미드형 산업구조가 향후 소비재 및 서비스산업이 확대됨에 따라 독립적이고 병렬적인 산업구조로 변할 가능성이 있다.

(4) 도시 · 지방간 경제력 격차축소 가능성

인구의 감소·고령화 진전은 장기적으로 지역별 노동력 구조의 변화를 초래하여 대도시권과 지방간의 경제력 격차를 축소시키는 요인으로 작용할 가능이 있다. 이는 생산가능인구의 감소 및 노동력의 고령화 정도에 따라 지역별로 경제 및 주민생활 수준에 미치는 영향이 상이하게 나타나는 가운데 대도시권이 지방에 비해 노동력 구조변화로 인한 경제위축 정도가 심할 것이기 때문이다. 대도시권의 경우 젊은 세대의 인구비중이 상대적으로 높은 만큼 향후 저출산 및 고령화의 영향이 집중적으로 나타날 것이며, 이에 따라 대도시권이 현재와 같은 노동력구조를 계속 유지하기는 거의 불가능하다.

대도시권의 경제위축 등으로 인해 도시재정 및 사회보장여건이 악화되면 대도시에 밀집되었던 인구가 지방으로 이동하는 경향이 나타날 것으로 예상된다. 또한 지금까지는 기업이 있는 곳으로 노동력이 이동함으로써 대도시권의 인구과밀 및 지방의 노동력 부족현상이 발생하였으나, 향후 인구감소·고령화사회에서는 노동력 부족현상이 대도시권에서 두드러지게 나타날 것이므로 대도시권 기업들이 노동력을 찾아 지방으로 이전할 가능성이 있다.

액 자비부담 진료비 등을 포함한다.

13) 2001년의 경우 전체 국민의료비 중 37%를 70세 이상 노인, 절반 가량을 65세 이상 노인의 진료비가 차지한다.

대도시권에서 인구밀집현상이 완화되는 가운데 생산가능인구가 줄고 고령인구가 늘어나 인구구조면에서 대도시권과 지방이 비슷해지는 상황에서는 향후 확대될 것으로 예상되는 소비재 및 서비스산업이 지역적으로 분산될 가능성이 있다. 지방의 취업기회가 확대되고 지방의 인구유출현상이 완화됨으로써 현재 인구유출이 심한 지역의 경우 경제 및 생활수준이 크게 나아질 것으로 기대되고 있다.

Ⅲ. 정책적 대응

1. 고령화 대책추진 경위 및 주요 내용

(1) 추진경위

일본은 1980년대 중반 이후 노인인구 특히 75세 이상의 후기고령자가 급속히 늘어나는 문제점을 인식하고 이에 대처하여 1989년 일명 골드 플랜(Gold Plan)이라 불리는 '고령자 보건복지 10개년 추진전략'을 수립하여 추진하였다. 동 추진전략은 전반적인 고령사회 대책이라기보다는 노인을 위한 보건복지서비스 제공에 필요한 각종 인프라를 확충하는데 중점을 둔 것이다.

1995년에는 고령사회대책기본법을 제정하고 동 법에 의거 내각부에 고령사회대책회의를 상설기구로 설치하여 추진체제를 강화하였다. 총리를 회장으로 하여 관계 행정기관의 장이 위원으로 구성되는 고령사회대책회의에서는 고령사회대책에 관한 주요 사항의 심의, 관련 행정기관간의 의견조정, 시책의 실시 등을 수행하도록 하였다. 아울러 국가가 대책을 강구해야 할 분야로서 취업·소득, 건강·복지, 학습·사회참여, 생활환경, 조사연구 등 5개 분야를 명시하였다.

일본정부는 동 법에 의거 고령사회대책의 기본적이고 종합적인 지침으로서 2001년 12월 고령사회대책대강을 수립하였다. 고령사회대책대강에서는 고령사회대책기본법에서 규정한 5개 분야에 대하여 기본시책을 제시함과 아울러 전분야에 걸쳐 횡단적으로 추진해야 할 과제도 제시하였다.

(2) 고령자대책의 주요내용

일본의 고령화대책의 근간인 고령사회대책대강(2001년 12월 각의결정)에서는 대책을 추진함에 있어 모든 사회구성원이 입각해야 할 기본적 자세를 다음과 같이 제시하고 있다.

- 종래의 획일적인 高齢者像에 대한 재검토(고령자가 건강면이나 경제면에서 예전처럼 어렵지 않음을 인식)
- 예방 및 준비를 중시(국민들이 청년기부터 노후를 대비하도록 지원)
- 지역사회 기능의 활성화
- 남여 공동참여의 시점에서 시책을 추진
- 의료·복지, 정보통신 등과 관련된 과학기술의 활용

고령화대책의 주요 추진내용을 고령화대책기본법이 규정하고 있는 5개 분야별로 살펴보면 다음과 같다.

1) 취업 및 소득분야

① 고령자의 고용 및 취업기회의 확보

- 정년연장, 계속 고용제도의 도입 등을 통한 65세까지 고용확보, 고령자의 재취업 등을 위한 법률개정 추진
- 정년연장, 계속고용제도 도입을 실시한 사업주에 대해 계속 고용정착금 지급
- 2003년부터 실버 인재센터를 통해 고령자에 사회참가·공헌기회 제고

② 공적연금제도의 안정적 운영

- 재직노령연금제도의 개선, 차세대 육성지원의 확충, 이혼시 후생연금의 분할 등을 내용으로 하는 법률개정 추진
- '공적연금제도의 일원화 추진에 대하여'(2001. 3 각의결정)에 의거하여 국가 및 지방공무원 공제조합의 재정일원화 추진

③ 자조노력에 의한 고령기의 소득확보 지원

- 저소득 고령자 세대에 대해 소유 부동산을 담보로 생활자금을 대출하는 장기생활자금지원대출제도 마련

2) 건강 및 복지

① 국민의 건강증진을 위한 종합적인 시책강구

- 건강증진 및 질병예방을 국가차원에서 적극 추진하기 위한 법적 기반으로서 건강증진법을 제정·시행(2003. 5).

② 개호보험제도의 착실한 실시

- 도입(2000. 4) 이후 순조롭게 실시되고 있는 개호보험제도에 대하여 주택중시, 자립지원, 서비스향상 차원의 개선추진

③ 고령자 의료제도의 개혁

- 65세 이상 75세 미만의 전기고령자와 75세 이상의 후기고령자 각각의 특성을 감안한 새로운 고령자 의료제도 마련을 위한 기본방침 결정

3) 학습 및 사회참가

① 평생학습기회를 제공하는 사회구축

- 1990년에 제정된 '평생학습진흥을 위한 시책추진체제 정비에 관한 법률'에 의거하여 평생학습사회 형성을 지속적으로 추진

② 자원봉사활동 등 고령자의 사회활동 참가 촉진 등

- 1998년 제정된 특정 비영리활동 촉진법에 의거하여 자원봉사 등 비영리단체(NPO) 활동을 촉진하기 위한 환경정비추진
- 2003년 4월 NPO 인정요건 완화 등을 통해 NPO활성화 도모

4) 생활환경

① 고령자의 안정적 주거생활 확보

- 고령자의 토지자산을 활용하여 양질의 임대주택을 공급함과 더불어 고령자의 안정적 수입원 확보에 도움이 되도록 주택금융공고에 의한 실버임대주택 융자를 실시

② 고령자 배려를 위한 공공시설정비 촉진

- 고령자의 이동을 원활하게 하기 위한 역, 공항 등 공공교통시설의 정비추진
- 고령자, 신체장애자 등이 원활하게 이용할 수 있는 특정 건축물 건축촉진을 위한 지원조치 확대

③ 교통사고, 범죄, 재해 등으로부터의 고령자 보호 등

5) 조사연구

① 고령화에 수반되는 각종 과제를 해결하기 위한 조사연구 및 이에 필요한 기반정비

- 장수과학종합연구사업 추진을 통해 치매, 암 등 고령기에 걸리기 쉬운 질환의 진단, 치료, 예방에 관하여 연구
- 2004년 3월 국립장수의료센터 개설

2004년도 고령화대책 관련 예산규모는 총 12조 3,910억엔으로 일반회계 총예산의 15.1% 수준이며, 분야별로는 건강·복지분야(51%), 취업·소득분야(48%)가 대부분을 차지하고 있다.

2. 소자화 대책 추진경위 및 주요 내용

(1) 추진경위

1989년 합계출산률 수치가 당시로서는 사상 최저치인 1.57을 기록하여 사회에 큰 충격을 주었으며, 이를 계기로 저출산현상에 관심을 두기 시작하였으나, 당시에는 대체로 출산률 저하를 일시적 경향으로 파악하는 분위기였다. 이후 출산률 하락이 지속되자 1994년 엔젤 프로그램을 수립하면서 저출산에 대한 정책대응이 이루어지기 시작하였다.

1994년 보육서비스의 양적 확대 및 다양화에 초점을 맞춘 '금후의 육아지원시책의 기본적 방향에 대하여'(일명 엔젤 프로그램)을 수립하였다. 1990년대에는 대체로 육아와 일을 양립할 수 있는 환경을 정비하고 지원하는데 주안점을 두고 정책을 추진하였다. 1999년 5월부터 소자화대책추진각료회의를 개최하기 시작하였고, 동년 11월 소자화대책추진기본방침을 기초로 '중점적으로 추진해야 할 소자화대책의 구체적 실시계획에 대하여'(일명 신엔

젤 프로그램)을 수립하였다.

신엔젤 프로그램에서는 2004년까지 달성해야 할 목표를 제시하였으며, 종전의 보육서비스 외에 고용, 모자보건, 상담, 교육 등과 관련한 시책을 추가하였다.

<표 12-2> 신엔젤 프로그램의 목표치 개요

주요시책	1999	2004년도 목표치
연장보육의 추진	7,000개소	10,000개소
휴일보육의 추진	100개소	300개소
다기능 보육소 등의 정비	88개소	2,000개소
지역자녀양육지우너센터 정비	1,500개소	3,000개소
재취직희망등록자 지원사업의 정비	22도도부현	47도도부현
아동구급의료지원사업의 추진	118개 지구	360개 지구
불임전문상담센터 정비	24개소	47개소

2000년대 들어서도 저출산현상이 심각해지는 가운데 그 주요 원인으로 만혼화 외에 부부출산력의 저하라는 새로운 경향이 지적됨에 따라 저출산 대책을 보다 충실화하기 위해 2002년 9월 '소자화대책 플러스원'을 수립하였다. 중점과제로 종전의 '육아와 일의 양립지원' 외에 '남성을 포함한 근무방식의 개선', '지역의 육아지원', '사회보장에 있어서 차세대 지원', '어린이의 사회성 향상 및 자립촉진' 등 4개 과제를 추가하였다.

2003년 3월에는 육아가정을 정부, 지방공공단체, 기업 등 사회전체가 지원하는 체제를 확립하는 한편 어린이의 성장환경정비를 위해 '차세대육성지원에 관한 당면 대처방침'을 수립하였다. 2004년까지 2년간을 차세대육성지원대책 기반조성기간으로 정하여 관련 법제정비를 추진하였다. 이에 따라 2003년 7월 차세대육성대책지원대책추진법을 제정하였으며, 차세대 지원을 위한 국가, 지방공공단체, 사업주 각각의 의무[14)]를 동법에 규정하였다.

2003년 9월 소자화사회대책기본법을 제정·시행함으로써 소자화대책을 보다 종합적이고 효과적으로 추진하기 위한 제도적 기반을 확충하였다. 동법에서는 소자화사회대책대강 작성 및 국회에 대한 연차보고의무를 부과하고 내각부에 소지화사회대책회의를 설치할 것을

14) 주무장관은 지방공공단체 및 사업주의 행동계획 수립시 근거가 되는 지침을 책정하고 지방공공단체와 사업주(300인이하 사업체에 대해서는 노력의무만 부과)는 동 지침에 의거하여 목표 및 목표달성을 위해 강구할 조치 내용을 담은 행동계획을 수립한다는 것이다.

규정하였다. 2004년 동법의 규정에 따라 저출산대책의 종합지침으로 소자화사회대책대강을 책정한 데 이어 동년 12월 동 대강에 제시된 4개 중점과제의 구체적인 실시계획을 수립하였다. 大綱에서는 '젊은이의 자립 및 강인한 어린이로의 성장', '일과 가정의 양립지원 및 근무방식의 재검토', '생명과 가정의 중요함 등에 관한 이해 제고' 및 '새로운 육아 상호지원과 연대'를 중점과제로 설정하였다.

현재 일본정부는 앞뒤세대에 비해 상대적으로 인구가 많은 제2차 베이붐 세대에 시책의 초점을 맞춘다는 측면에서 지금부터 2010년까지 5년 동안을 저출산대책추진의 호기로 인식하고 있다. 2005년부터 5년간은 인구가 감소하기 시작하는 전환기이지만, 제2차 베이붐 세대를 중심으로 한 20대 후반- 30대 전반의 인구수가 800- 900만 정도로 앞뒤 세대에 비해 상대적으로 인구가 많은 점을 중시하였다.

(2) 소자화 정책의 주요내용

1) 지금까지 추진되어 온 소자화의 주요 내용

① 근무방식개선 및 다양한 근무형태 실현

- 출산 및 육아를 위한 환경조성차원에서 육아기간 중 잔업시간 감축, 시간외 근무 및 심야근무 제한, 출산시 부친의 휴가사용 촉진 등을 지속적으로 추진.
- 파트 타임 노동자의 정규직으로의 전환조건 정비 등 단시간 노동자 고용관리의 개선 추진

② 일과 육아의 양립 추진

- 차세대육성지원대책추진법에 의거 상용근로자 300인 이상 사업체에 대해 일과 육아의 양립을 뒷받침할 수 있는 고용환경정비 행동계획 수립의무 부과.
- 각종 보조금[15] 지급을 통해 고용환경정비에 임하는 사업체 지원

③ 보육서비스 충실화

- 일과 육아의 양립지원책(2001. 7. 각의결정)에 의해 보육서비스 대기아동 제로작전

15) 육아휴업촉진취득장려금, 육아휴업대체요원확보등조성금, 육아·개호휴업자직장복귀프로그램실시장려금, 육아양립지원장려금, 사업소내탁아시설조성금, 육아·개호비용조성금 등.

실시, 탁아소의 정원 탄력화, 탁아소 인가관련 규제완화 등의 추진

- 부모 취업형태의 다양화 등을 고려하여 주 2-3일, 또는 오전·오후를 선택하여 보육서비스를 이용할 수 있는 특정 보육사업을 2003년 신설,
- 주간 보호자가 없는 가정의 10세 미만 초등학생에 대하여 방과 후 적정한 놀이 및 생활공간을 제공하는 방과 후 아동건전육성사업실시.
- 1998년부터 시설공유, 자격상호취득촉진 등을 통해 유치원과 탁아소의 제휴 도모.

④ 지역의 육아지원서비스 충실화

- 1993년부터 지역내 육아가정에 대한 상담지도, 육아서클지원 등의 역할을 수행하는 지역육아지원센터사업 실시.
- 2002년부터 3세 미만 자녀를 둔 부모들이 모여 상담, 정보교환, 교류할 수 있는 모임의 활성화 지원.
- 모자가정 급증추세를 고려하여 2002년 11월 모자 및 과부복지법 개정, 2003년 7월 모자가정 모친취업지원에 관한 특별조치법 제정 등을 통해 육아·생활지원, 취업지원, 양육비 확보, 경제적 지원(아동부양수당 지급) 등 모자가정의 자립을 종합적으로 지원.

⑤ 사회보장 차원의 차세대 지원

- 국민연금법 등의 개정을 통해 2005년 4월부터 육아휴업 중 보험료 면제조치를 자녀가 3세 도달시 까지 연장.
- 2004년 4월부터 아동수당법의 개정을 통해 아동수당[16] 지급대상 연령을 의무교육 취학 전에서 초등학교 3학년까지로 상향 조정.
- 일본학생지원기구의 장학금사업을 지속적으로 확충(2004년 중 전년 대비 약 10만명 늘어난 96만 5천명에게 무이자 또는 유이자 장학금 지원).

⑥ 젊은이의 안정적 취업 및 자립촉진

- 프리터, 대졸 미취업자 등 청년실업자를 대상으로 상용고용으로의 이행을 위해 단기간 시험적으로 고용하는 청년 시험적 고용사업을 2001년 12월부터 실시.
- 2003년 6월부터 도입한 '젊은이 자립·도전 플랜'의 핵심시책으로 지방공공단체, 산

16) 첫째 및 둘째 자녀는 월 5,000엔, 셋째 자녀부터는 월 10,000엔 지급.

업계, 학교 등이 제휴하여 젊은이에게 고용관련 서비스를 제공하는 '젊은이를 위한 원스톱 서비스센터'를 운영.

- 중고생의 직장견학, 인턴십(취업체험) 등을 지원함과 더불어 그 경험을 다른 학생들에게도 알리는 '중고생의 일체험 지원사업'을 2003년부터 실시.

⑦ 재취업 촉진

- 2001년부터 전국에 전문상담원을 배치하여 노동자 및 구직자에게 취업관련 정보 제공.
- 직업훈련기회가 늘어나도록 주말 및 야간시간을 활용한 직업훈련코스를 추가 설정.

⑧ 차세대 부모가 되기 위한 준비

- 2004년부터 중고생을 대상으로 육아이해강좌 개설
- 2003년부터 아동과의 만남 촉진사업을 실시하여 육아를 체험하도록 함으로써 육아에 대한 불안을 막는 동시에 아동학대 예방효과도 기대.

2) 新新엔젤 프로그램

2004년 12월에 수립된 新新엔젤 프로그램에서는 2009년까지 향후 5년간 추진할 구체적인 시책과 목표를 다음과 같이 설정하였다(<표 12-3>참조).

<표 12-3> 중점과제별 추진시책 및 구체적 실시계획 및 목표

4개 중점과제별 추진시책	구체적 실시계획 및 목표
1. 젊은이의 자립 및 강인한 아이로의 성장 -젊은이의 취업지원충실화 -장학금사업의 충실화 -시험활동을 통한 풍부한 인간성 육성 -어린이 학습지원	-시험적 고용활성화: 2006년 상용고용이행률 80%
2. 일과 가정의 양립지원 및 근무방식재검토 -기업 등에 있어서 대책강화 -육아휴업제도 등에 대한 대책추진 -남성의 육아참가 촉진 -일과 생활을 조화시키는 근무방식실현 -안심하고 임신 · 출산하는 직장환경정비 -재취업 촉진	-육아휴업제도 정착: 2002년 61% → 100% -연차휴가취득 촉진: 취득률 2003년 47% → 55% 이상 -구인연령상한 완화:연령제한을 두지 않는 구인비율 2003년 15% → 30%
3. 생명과 가정의 중요함 등에 관한 이해제고	-보육소, 아동관 등에서 중고교생이 어린이와 어울리는 기회 확대 등
4. 새로운 육아 상호지원과 연대 -세밀한 지역육아지원전개 ·육아지원거점 정비 ·취학전 교육 및 보육의 충실화 ·지역주민에 의한 육아지원촉진 -육아가정을 위한 보육지원 충실화 ·대기아동 제로작전 전개 ·방과후 아동대책 충실화 ·다양한 보육요구에의 대응 -가정교육지원의 충실화 -특별지원이 필요한 아이와 가정지원 ·아동확대 방지대책 추진 ·편모 또는 편부가정 지원추진 ·장애아 등 지원추진 -소아 · 모자 보건의료체제 정비 ·적절한 소아질환 대응체제 정비 ·어린이의 건강한 성장촉진 ·어린이 신체 및 정신문제에의 대응 ·임신 · 출산의 안전과 안심확보 ·불임 고민에 대한 지원 ·육아의료의 추진 -안심하고 육아가능한 안전한 생활 및 마을조성 ·육아에 적당한 주택확보지원 ·barrier free(공공시설계단해소 등)추진 ·어린이의 안전확보 -경제적 부담경감	-지역육아거점 지원확충: 3천개소 → 6천개소 -가정지원센터 확충: 368개소 → 710개소 -보육소 수용아동수 확대: 203만명 → 215만명 -야간보육추진: 66개소 → 140개소 -학대방지 네트워크: 1,243시정촌 → 전시정촌 -장애지원센터 확충: 21개지역 → 2007년 60개 지역 -소아구급의료지역 확충: 221개 지구 → 404개 지구 -출산관련 의료네트워크: 28 도도부현 → 전국 -불임전문상담센터 확충: 51개 지역 → 95개 지역

2004년도 소자화 관련 예산규모는 총 1조 6,387억엔으로 일반회계 총예산의 2% 수준이며, 시책별로는 보육서비스 충실화 등 육아관련 지원이 절반 이상을 차지한다.

<표 12-4> 소자화 대책관련 예산개요

분야별 항목	2003	2004
-일하면서 육아를 하고 있는 사람에 대한 지원		
·근무방식개선 등	34	29
·일과 육아의 양립추진	34	32
·보육서비스의 충실화	4,813	3,463
-육아중인 가정에 대한 지원		
·지역육아지원 서비스의 충실화 등	3,189	3,773
·육아지원을 위한 생활환경정비	1,483	1,415
·재취업 촉진	57	48
·교육관련 경제적 부담 경감	2,096	3,157
-차세대를 육성하는 부모가 되도록 하기 위한 지원		
·어린이의 생활력 육성 및 육아관련 이해촉진	2,664	2,491
·젊은이의 안정적 취업 및 자립촉진	375	1,912
합　　계	14,772	16,387

자료: 內閣部,『少子化社會白書』2004.

제13장 미래산업 육성전략

「e-Japan 전략」은 일본의 범정부적인 IT산업 육성전략으로 당초 IT기반정비에서 IT의 이용·활용의 단계로 점차 이행하고 있다. 2000년 11월 고도정보통신네트워크사회형성기본법(소위 IT기본법)의 제정 이후 수상을 본부장으로 한 고도정보통신네트워크사회추진전략본부(소위 IT전략본부)의 설치 및 이를 중심으로 전개되고 있다.

Ⅰ. 일본의 IT산업육성전략

2001년 1월 발표된 e-Japan전략은 'e- Japan 중점계획 2002'(2002.6)에 이르러 정부추진시책을 정한 구체적 시책을 정한 구체적 계획으로 책정 발표되었다. 이후 IT전략본부의 주관하에 「e-Japan 전략 Ⅱ[1]」(2003.7) 및 「e-Japan 전략 Ⅱ 가속화 패키지[2]」(2004. 2)가 발표되었고, 2005년 「IT정책 패키지 2005」의 발표에 이르고 있다.

일본은 e-Japan전략 추진으로 다양한 성과를 거두었는데, 세계적 수준의 고속 인터넷(ADSL 등)의 통신요금 저렴화 및 인터넷 인구의 비약적 향상, 세계에서 가장 빠르고 안전한 인터넷, 전자상거래 시장에서 미국에 이은 2위 규모를 달성하였다. 또한 전자상거래 관련제도 개정, 행정절차의 온라인화에 관한 법률 및 법령의 정비, 정보통신기반의 정비 등을 달성하였다.

그러나 e-Japan전략은 이러한 괄목할만한 성과에 만족하지 않고, 전자정부, 의료, 교육분

---

1) IT전략본부에서는 ① IT의 이용, 활용의 관점, ② 산업재생, 국가경쟁력강화, ③ 정보 가전 등의 일본 독자적인 장점을 살리는 관점에서 가미한 21세기의 IT국가전략으로서 2003년 7월 e-Japan전략 Ⅱ를 결정하고, 이에 따라 정부추진 366개 시책을 "e-Japan 중점계획 2003"으로 책정함.

2) e-Japan 전략Ⅱ의 가속화 패키지에서는 다음의 6가지 분야에 대한 정부중점시책을 명확히 하였다. 즉, 아시아 등 IT분야의 국제전략, Security(안전, 안심) 정책의 강화, 콘텐츠정책의 추진, IT규제개혁의 추진, 전자정부, 전자지자체의 추진 등이다.

야 등 IT이용측면에 있어서 국민이 안심하고 진지하게 IT이용의 편의성을 실감나도록 하기 위한 과제는 남아 있다고 판단하고 있다. 이에 IT전략본부에서는 e-Japan전략의 최종년도인 2005를 맞아, 이용자관점에서 마지막으로 최선을 다하고 그간의 성과를 계속 유지시킬 필요가 있다는 전제하에 「IT정책 패키지 2005」를 책정하였다.

「IT정책 패키지 2005」의 주요 내용은 총 6개 분야에 대한 주요 시책으로 구성되어 있으며, 행정서비스, 의료, 교육 등 국민의 신변분야를 중심으로 한 IT의 기능강화 및 IT의 역기능에 대한 문제점을 극복하고자 하는 것이다.

<표 13-1> 「IT정책 패키지 2005」주요 분야 및 시책

주요 분야	주요 시책 (각 시책별로 주관부처를 선정하여 추진)
행정서비스	0 전자정부 추진 0 전자자치제 추진 0 전자정부, 전자자치제의 공통 이용기반의 이용, 활용추진
의료	0 의료 IT화 촉진 0 의료기관 및 심사기관 간/심사기간 및 보험자 간의 전산화 및 온라인화추진
교육, 인재	0 학교교육의 정보화 추진 0 고도 IT인재의 육성(OSS활용 인재육성) 0 생애학습 추진
생활	0 안전, 안심의 확보 0 이동, 교통의 편리성 및 안전성 확보 0 가정 내 전력선의 고속통신 활용
전자상거래	0 사업활동에 있어 IT활동 방해요인의 제거
정보보호 개인정보보호	0 정보보호에 대한 정부의 역할, 기능 재인식 0 개인정보보호의 추진 0 지방공공단체의 개인정보보호
국제정책	0 아시아를 중심으로 한 IT국제정책의 대상분야, 대상국을 중점화
연구개발	0 모바일, 무선, 광, 디바이스, 소프트웨어 엔지니어링, 전자테그 등 기반 기술의 연구개발

Ⅱ. 일본의 미래산업 육성전략

e-Japan전략의 추진을 통한 IT산업의 발전에 따라 각 산업부문 및 미시·거시적 경제파급효과가 높아지고 있어 일본의 경제구조개혁을 위한 "경제구조개혁을 위한 신행동계획"에

따라 경제산업성은 「신산업창조전략」을 총무성은 「u-Japan전략」을 각각 책정하게 되었다.

1. 신산업창조전략

IT산업의 고도화에 따라 일본 내 산업구조의 변화는 필수불가결한 요소가 되었다. IT산업의 경제적 효과는 기업에 있어서 서비화 등 구조변화의 진전, 신규사업과 관련된 설비투자의 활성화, 디지털가전의 혁신에 의한 신규수요 창출 등 밝은 전망을 가능하게 하였다. 이러한 경제의 변화를 촉진하기 위해서는 강한 제조업의 부활, 고용을 창출하는 각종 서비스산업의 성장에 따른 역동적인 산업구조 전환은 필수불가결한 요소로 인식되었다.

이에 경제산업성에서는 「Innovation과 수요의 선순환」[3])형성을 목적으로 미시적인 선순환관계, 半 미시적 선순환관계 및 거시적 선순환관계를 형성하였는데, 그 내용을 간추려 보면 다음과 같다.

(1) 미시적 선순환관계 형성

1990년대 후반 이후 경영자원 또는 기업의 구조조정[4])을 추진하지 않으면 안 되는 필요성에 따라 개별기업이 선택과 집중을 추진하고, 채산성이 낮은 부문의 잉여자원을 제거하는 한편, 핵심사업에 대한 투자를 활성화하는 것으로, 튼튼한 기업체질을 가지고 이익률이 높은 기업군이 탄생함과 동시에 신사업으로 새로운 투자나 벤처기업이 배출되는 계기를 마련한다.

(2) 半 미시적 선순환관계 형성

이러한 미시적인 선순환관계가 동력이 되어 산업구조 전체적으로 강한 제조업의 부활과 생산성이 높은 서비스업이 창출되고 역동적인 산업구조 전환이 실현된다.

(3) 거시적인 선순환관계 형성

고수익기업의 연구개발·사업화로의 진출이 신상품·신서비스라는 이노베이션의 창출 및 소비자의 잠재수요를 환기시키고 고용 및 국민소득이 증가하여 민간수요 주도의 지속적인 경제성장 궤도를 그리게 된다.

---

3) 이노베이션이 잠재수요를 발생시키고, 이에 의한 설비투자의 촉진과 개인소비의 확대가 개인소득의 향상과 나아가 한단계 높은 수요를 창출하는 관계임.

4) 일본기업의 3대 과잉(설비, 고용, 채무) 고민으로 경영자원을 유효하게 활용할 수 없던 실태에서 벗어나기 위한 과정임.

이상과 같은 경제의 선순환관계의 형성을 위해 강한 제조업을 부활시키고 고용을 창출하는 다양한 서비스업을 조성하여 역동적 산업구조로 전환하고자하는 것이 이 전략의 목적이다. 이 전략의 특징은 통계수치에만 의존하지 않고 철저한 현장주의로 사실에 입각한 분석과 정책수립으로 산업의 최전선에 선 기업인이나 지역관계자가 실감하고 있는 장점과 과제를 도출하고 최전선에서 일어나고 있는 사실에 기초한 분석을 실시하였다.

경제산업성에는 신산업창조전략의 책정 이후 전략 7개 분야별로 프로젝트팀을 설치하고 follow up 체제를 확립하였으며, 2005년 신산업 창조전략 관련 예산으로 일반회계에서 약 873억엔을 편성하는 한편, 세제 및 법률개정 등을 통한 구체적인 정책을 추진하고 있다.

<표 13-2> 신산업창조전략의 7대분야별 중점과제

7대 분야	중점과제
연료전지	o 새로운 개발 · 도입 시나리오에 입각한 연구개발 가속화 o 수소 스테이션 정비 등, 조기 실용화를 위한 도입촉진 o 실용화 · 상용화에 필요한 규제완화를 확실히 실시 o 국제적인 협력의 틀 구축
정보가전	o 사업화 시나리오에 입각한 상 · 중 · 하류사업의 수직연계 강화, 연구개발 중점화 o 표준화 과제의 정리 및 국제표준화 주도권 확보 o 임베디드 소프트 개발을 담당할 고도인재 육성 o 사업재편 · 재구축 촉진
로봇	o 관공서 수요를 비롯한 선진user에 의한 선행적 모델용도 개발 o 기반적인 요소기술 및 공통기반적 기술개발 o 안전성 확보, 제조물 책임법상의 취급, 각종 보험제도 등 제도정비
컨텐츠	o 컨텐츠산업의 국제전개의 촉진 등에 의한 프론티어 확대 o 디지털 시네마 보급촉진 o 유통사업자와 제작사업자간의 공정한 거래환경확립 o 제작사업자에 의한 자금조달환경정비
건강복지 기기 · 서비스	o 건강시니어 입국을 위한 건강서비스산업 종합적 육성 o e-Japan 중점계획에 입각한 전자의료 기록부 보급 정보화 o 바이오 테크놀로지를 활용한 테일러 메이드 의료 및 예방의료, 재생의료 실현 보급 o 일본의 뛰어난 제조기술을 활용한 의료 · 복지기기 개발 · 보급
환경에너지 기기 · 서비스	o 환경 · 에너지 분야의 기술혁신 가속화 o 규칙정비, 정보공개, 정부조달 등에 의한 시장창출 · 확대 o 국제적인 비즈니스 전개 · 시장 확대를 위한 환경정비
비즈니스 지원서비스	o 직종별 숙련 표준정비 등을 통한 인재육성 강화 o 공적부부문으로부터 외부위탁을 추진하여 새로운 시장 창출

2. u-Japan 전략

e-Japan 전략의 추진을 통해 이룩한 브로드 밴드 유비쿼터스 네트워크의 개발을 통한 IT 이용환경의 고도화를 위해 지속적인 네트워크 인프라 정비, 단말기의 개발, 디지털 플랫폼 정비, 컨텐츠의 개발과 유통촉진, 다양한 기기의 개발과 상호접속성 및 상호운용성 확보, 서비스 솔루션의 개발 등 다양한 시책의 추진이 요구되고 있다.

따라서 이를 위해 총무성은 2003년 중장기 비전인 '일본 신 IT사회를 목표[5]로'라는 보고서에서 유비커터스 네트워크 시대의 개막을 선언하고 제2기 IT혁명추진을 위한 정부의 보다 적극적인 차세대 전략으로서 「u-Japan 전략」[6]을 제시하였다.

이는 지금까지의 정보통신기술을 가리키는 IT(Information Technology)정책에서 유비쿼터스 시대의 인간과 인간, 인간과 사물, 사물과 사물간의 커뮤니케이션을 실현하는 ICT(Information Communication Technology)정책으로의 전환을 의미한다. u-Japan 전략은 2020년까지 유비쿼터스사회 실현을 목표로 아래 5대 추진방향 및 4대 목표를 제시하고 있다.

<표 13-3> u-Japan 전략의 기본방향

5대 기본추진방향		u-Japan의 4대 목표
보편성확보 (서비스의 보편화)	⇨	언제 어디서나 네트워크를 이용할 수 있는 사회
개방형 차세대 IT 기반마련		
이용자 중심의 IT환경정비		새로운 서비스와 신규산업이 활성화될 수 있는 사회
시장활성화 모색		누구나 안심하고 안전하게 생활할 수 있는 사회
국제협력 강화		개성이 인정되는 활기찬 사회

5) 정보가 생활의 필수품으로 등장, 비즈니스상에서 정보유통의 다양화와 고도화의 급진전, 무선통신에서 브로드 밴드 서비스의 실현을 지적하고 있다.

6) "u-Japan"의 u는 두 가지 의미가 있는데, 하나는 '유비쿼터스(ubi-quitous)'로서 언제든지 어디든지 임과 동시에, 다른 하나는 '보편성(universal)'으로 무엇인든지, 누구든지를 말한다. 즉, 누구나가, 무엇이든, 언제, 어디서나 네트워크에 간단하게 접속할 수 있는 환경이 정비되어 개변 IT서비스 및 기술뿐만 아니라 통합되어 새롭게 활용할 수 있으며, 과제의 해결로 사회에 공헌함을 의미함.

<표 13-4> u-Japan 전략의 4대 목표별 중점과제

4대 목표	중점과제
언제 어디서나 네트워크를 이용할 수 있는 사회 실현	o 사물간 연계 네트워크 실현 o 인프라와 어프리케이션 일체화 추진 o 무선환경정비 o 디지털 방송 이용환경정비 o 국제협력 네트워크 환경정비
새로운 비즈니스와 신규 서비스가 활성화될 수 있는 사회실현	o 정보교환 및 기기활용촉진 환경정비 o 새로운 비즈니스 창출을 위한 연구개발추진 o 지역활성화를 위한 제안형 체계마련 o 전자정부, 전자지자체 등 공공서비스 고도화 추진
누구나 안심하고 안전하게 생활할 수 있는 사회실현	o 안심, 안전한 네트워크 기반 정비 o 개인정보 등의 안전성 확보 o 의료, 식품 등 생활공간의 안전성 확보 o 지역사회 안전성 확보 o 안전성 강화를 위한 IT환경정비
개성이 인정되는 활기찬 사회실현	o 자유로운 네트워크 이용환경정비 o 편리한 IT기기 및 서비스 실현 o 학습을 통한 인재기반정비 o 지식, 정보창출 및 공유의 촉진

u-Japan 전략은 다음의 세 가지 측면에서 추진된다. 첫째, 인프라 측면의 진화, 즉 '브로드 밴드에서 유비쿼터스 네트워크로', 지금까지 유선중심 인프라 정비에서 유선, 무선의 구별이 없는 seamless한 유비쿼터스 네트워크로 이행을 목표로 한다. 둘째, 이용·활용측면에서의 진화, 즉 '정보화 촉진에서 과제해결로', 지금까지의 이용·활용은 정보화 촉진 및 정보화가 늦은 분야를 지원하였지만, 향후에는 사회적 문제 및 과제를 해결하기 위해 ICT를 적극적으로 활용하는 단계로 진행한다. 셋째, 안심·안전 측면에서의 진화, 즉 '이용환경정비의 강화', ICT의 역기능을 미연에 방지해서 유비쿼터스 네트워크 사회를 지장 없이 맞이하기 위해 이용환경정비를 강화하고 구체적인 대책을 강구한다.

총무성에서는 u-Japan전략의 추진을 위한 "유비쿼터스 네트워크" 구축사업에 2005년 639억엔의 예산을 투입하고 있다. 유비쿼터스 네트워크 환경정비(290억엔), 정보격차시정(152억엔), 전략적 연구개발추진(95억엔), security정책추진(49억엔), 콘텐츠 유통정책추진(21억엔), 국제전략추진(21억엔), IT인재육성(11억엔) 등이다.

Ⅲ. 소프트웨어 정책

이상에서 검토된 4개의 전략 각각의 세부시책에 명시적으로 포함되어 있는 SW정책만을 구분하여 비교하면 아래와 같다. e-Japan전략, IT정책 패키지는 행정정보화 및 인재양성, 기술개발분야에서 SW를 중요하게 다루고 있는 반면, 신산업창조전략 및 u-Japan전략의 경우 신산업지원, 시장기능활성화 차원에서 SW정책을 추진 중에 있다.

<표 13-5> 일본의 4대 전략 중 SW정책의 중요도 비교

구분	행정 정보화 (전자정부)	교육 학습 인재	기술 개발	기술 이용 활용	국제 협력	신산업 지원	중소 기업 지원	시장 기능 활성화
e-Japan 전략	◎	○	◎	○				
IT정책 패키지	◎	◎	○		○			
신산업창조전략		○				◎	○	◎
u-Japan전략		○	◎			○		

주: ◎ 매우 중요, ○ 중요

일본의 4대 전략별 주요 SW정책은 다음과 같다.

1. e-Japan전략(중점 추진계획 포함)

(1) 교육 및 학습의 진흥 및 인재육성

o. IT교육의 충실화

- 중학교교육에 2002년부터 새로운 교과목인 "總合的 학습시간"에 정보통신교육을 실시하고 SW를 이용한 기본적인 정보처리가 가능하도록 한다.

(2) 행정의 정보화 및 공공분야의 IT기술의 활용

o. 행정의 정보화 - 시스템 개발에 관한 평가지표의 책정 보급(경제산업성 및 관계부처)

- 2001년 중에 "SW개발·조달 프로세스 평가지표 모델"(SW에 관련된 설계, 개발,

보수 및 이들의 성공적 조달을 위한 방법을 평가지표로 정리한 모델)을 책정하고, 경쟁을 촉진한다는 관점에서 동 모델의 활용 등 SW의 특징을 반영한 조달제도의 신속한 도입 및 보급을 검토

(3) 횡단적 관계

o. IT연구개발의 추진방안

- IT21(정보통신 21세기 계획)의 추진 중 SW분야 기술개발과제는 우수한 Man/Machine Interface, 초병렬/고속처리 실현 등에 활용되는 Core SW기술개발, 콘텐츠 시장 창조형의 SW/Contents 기술.

2. IT정책 패키지(추진시책 포함)

(1) 전자정부 추진 관련

o. 정부에 있어서 Open Source Software의 활용추진(총무성, 경제산업성)

- OSS에 관해 정부의 활용촉진을 위해 CIO 연락회의 산하에 총무성 및 경제산업성이 중심이 되어 2005년 초에 「OSS에 관한 정부조달의 기본적인 고려방안(지침)」을 제정한다.

(2) 교육인재관련

o. Open source software를 활용한 IT인재의 육성(내각관방, 문부과학성, 총무성, 경제산업성)

- OSS의 교육적 효과에 비추어 각 대학 등에서 OSS를 적극적으로 활용하도록 추진하고 IT인재의 육성을 도모한다.

(3) 연구관련개발

- 일본이 IT연구의 세계 중심으로서 세계 최고수준의 연구자, 엔지니어가 활약하는 장을 제공하기 위해 모바일, 소프트웨어, 전자태그 등 IT기반 기술연구개발을 추진한다.

(4) 중점추진시책

1) 전자정부관련

o. 일반사업업무에 Open Source Software의 도입(경제산업성)

- 경제산업성에서는 직무의 일반사무업무에 관련된 IT이용환경을 OSS로 구축하고 구체적인 업무에 활용되는 것부터 일반사무업무에 OSS를 도입한 경우의 과제를 도출하고 그 대응책을 2005년 말까지 정리한다.

2) 교육인재 관련

o. 초등, 중등학교의 Open Source Software의 도입(경제산업성)

- 초등, 중등학교의 IT환경의 선택지의 확대를 도모하기 위해 2005년도에 초등, 중등교육 현장에 OSS의 적응성 및 유효성을 검증하고 1천명 이상의 아동, 학생들이 이용한 성과를 기초로 OSS의 이용·활용환경의 개선을 도모한다.

o. 고도 IT인재의 조기육성(경제산업성)

- SW의 구조 등을 깊이 이해하고 있는 고도 IT인재를 육성하기 위해 2005년도 중에 중점적으로 20세 미만의 젊은 인재를 대상으로 Open Source를 기반으로 한 고도 IT교육을 실시한다.

(5) IT를 중심으로 한 IT국제정책에 관한 중점시책

"아시아를 중심으로 한 IT국제정책의 기본적 방안"(2004년 9월) IT전략본부 결정에 의거하여 일본의 IT국제정책의 방안을 결정한 내용이다.

o. 중국, 한국과의 대상분야 중점화

- OSS의 연구개발, 이용촉진, 국제표준화에 관해 국제적이고 선도적인 역할을 연대하여 추진

o. 인도와의 SW협력 확대

o. 기타 여러나라와 협력 확대

- OSS의 진흥을 도모, SW산업 및 컨텐츠 산업의 건전한 성장을 위해 지적재산권 분야의 협력추진.

3. 신산업창조전략

(1) 정보가전분야 시책

o. 전략적 기술개발추진·"전략적 기술 맵"에 기초하여 임베디드 SW 등 정보가전분야의 기술개발을 추진, 지원조치.

o. 제조업 기반기술을 담당하는 중소기업지원

- 임베디드 SW 등 제조기반기술의 기술혁신을 지원

o. 경쟁력의 유지, 강화, 생산성, 수익성 강화를 위한 경영기반 강화

- 납기단축, 비용절감을 위한 효율성을 지원하는 SW의 개발·보급 및 SW의 품질, 개발생산성 향상을 지원.

(2) IT분야 시책

o. IT수요 및 공급자 간의 시장환경 가시화 촉진, IT조달인력 육성

- SW개발측면의 개발능력 가시화, 명확한 요구사항 및 프로젝트 관리
- SW거래에 있어서 유저 및 벤더 간의 역할분담 및 위험분담 명확화
- 세계 최고의 SW공학의 확립 및 보급
- Skill 표준을 활용한 유저기업의 조달인력 확충(IT coordinator 제도)

o. 소프트웨어 분야의 open된 형태의 innovation을 촉진

- 리눅스를 시작으로 하는 OSS에 대표되는 특허권의 보호를 요구하지 않는 open된 형태의 innovation과 독점적 권리를 주장하는 다른 형태의 innovation이 병렬로 발전
- 그 때문에 경쟁정책을 기반으로 한 저작권, 특허권의 보호와 더불어 OSS의 보급, 인재육성 등과 관련 하여 아시아를 중심으로 한 각국 협력을 촉진하고, 아시아 규모의 open-innovation을 촉진한다.

4. u-Japan 전략

o. 유비쿼터스 관련 4대 기술에 포함

네트워크, security/인증, software/application, device 기술

- software/application 기술 개발방향: 유비쿼터스 네트워크에서는 리얼타임으로 경량

의 사용이 편리한 open된 플랫폼에 관련된 SW기술

- 표현력이 우수한 컨텐츠 제작기술이 필요

o. 유비쿼터스사회 100대 과제 중 SW분야 2개

- software의 open software화: 리눅스 등 OSS의 도입
- version up 문제: 구 버전 SW이용자의 이용편의성 향상

o. software engineering의 중요성 언급

- ICT산업조직의 변혁, 기업수요에 맞는 전략적 인재육성분야에 활용

일본의 IT전략인 「e-Japan 전략」은 정부의 의지 및 내각총리의 총괄운영으로 범정부적으로 효과적으로 추진되고 있으며, 2005년부터는 IT정책에 국한하는 것이 아니라 IT의 이용 및 활용을 통한 산업·경제정책으로 이미 전환되어 추진 중에 있다.

<표 13-6> 일본의 IT 및 미래산업 전략별 목표 및 운영근거

육성전략	핵심목적	주관부처	운영근거
e-Japan전략	일본의 최첨단 IT국가화 달성	전부처 (총괄:IT전략본부)	IT기본법 (2000)
IT패키지 2005	「e-Japan전략」의 마지막 단계로 - 이용자 관점의 last spurt - 최고수준의 유지 및 지속	전부처 (총괄:IT전략본부)	
신산업창조전략	- 강한 제조업의 부활 - 고용창출형 다양한 서비스업 조성을 통한 역동적 산업구조로 전환	경제산업성	경제구조개혁 신행동계획 (2000)
u-Japan전략	유비쿼터스 사회의 실현	총무성	

일본은 2005년 말 「e-Japan전략」의 성공적 마무리와 동시에 「신산업창조전략」 및 「u-Japan 전략」의 추진에 박차를 가하고 있다. 이러한 가운데 일본의 SW정책도 크게 변화하고 있다.

제14장 규제정책의 변화

1980년대 중반까지 일본경제의 대약진은 경제에 대한 제도 및 법률 등의 비시장적 요소가 갖는 규정성에 관한 경제주체들의 긍정적 인식을 만연시켰다. 실제로 전후 일본경제는 시장의 기능을 보완하는 비시장적 요소들의 조합에 의해서 기적적으로 회복·발전해 왔다. 일본경제는 기업간 관계에 있어서의 계열 및 하청, 기업과 금융기관 간의 관계를 상징하는 메인뱅크(주거래은행) 등의 상품 및 자본에 있어서의 조직화된 시장거래를 한 축으로 발전해 왔다. 동시에 일본경제는 장기 안정적 고용시스템을 다른 축으로 하여 역사상 유례가 없는 고속성장을 지속해 왔다. 국가의 규제에 대한 강력한 규제정책은 1930년대 전시기 일본경제로부터의 전통으로서도 일본사회에 작용하였다.

Ⅰ. 일본의 규제체계

1980년대까지는 전술한 일본경제 고유의 제도적 조합이 전세계의 선망의 대상이 되었던 시대이다. 미국이 산업의 국제경쟁력을 분석했을 때도 언제나 일본을 비교대상으로 설정함으로써 일본의 기업 및 산업시스템과 정부주도의 규제정책의 장점이 부각되었다. 이로 인해 일본정부는 그들의 규제정책을 통한 시장 모니터링 능력에 대한 강한 자신감을 가지게 되었다. 일본경제의 기적에 힘입어 정부뿐만 아니라 기업 및 일반국민들 사이에서도 정부의 규제정책의 선순환 효과에 대한 사회적 합의가 이루어져 왔다. 결국 일본의 경제주체는 정부에 의한 규제 및 행정지도에 자연스럽게 의존하게 되는 자의적 또는 타의적 환경이 조성됨으로써 규제만능주의가 전사회적으로 만연되게 되었다.

규제만능주의에 입각한 사회경제시스템에 대한 정부의 강력한 규제주도 하에서 치밀한 규제체계가 마련되어 사회경제에 있어서의 공적 부문의 영역이 거대화되었다. 일본의 공적 규제는 이른바 일본적 경제시스템을 지탱하고 있는 연공임금 및 종신고용, 메인뱅크 시스템 등의 각 제도의 효과를 제고하기 위해 강화되어 왔다. 예를 들어 노사관행, 기업집단 및 계열하청구조의 기업 간 관계, 기업집단 내 중추기관으로서의 메인 뱅크 시스템을 장기적으로 유지·감독하기 위해 행정지도(공적규제)가 고착화되었다.

노사관계와 관련한 연공임금, 종신고용, 기업별 노조 등의 비시장적인 일본적 고용시스템을 유지하기 위해 고용관련규제가 무성하게 형성되었고, 또 기업집단 및 계열·하청구조에 따른 기업 간 장기적 거래관행을 유지하기 위해서 각 산업별로 해당 사업자 단체를 통해 미세한 부분까지 행정지도를 통해 해당 산업을 보호·육성·감독하였다.

Ⅱ. 규제정책의 전반적인 변화

1. '잃어버린 10년'과 규제체계 전체의 변화

장기불황을 겪은 일본은 오로지 민간의 활력만이 다시 경제를 활성화시킨다는 교훈을 얻게 되었다. 자기불황 극복을 위해서 일본 정부는 각종 정책 및 제도를 도입하였지만, 그 효과를 보지 못하고 이른바 '제도피로현상(system fatigue)'에 직면하였다. 일본사회에서는 정책(제도) 및 규제와 같은 비시장적 요소보다 민간의 활력만이 경제를 회복시킬 수 있다는 합의가 형성되었다. 따라서 기업 및 개인의 창의적인 아이디어를 발휘하고 시장의 수요에 맞는 새로운 비즈니스 및 신상품 등을 신속하게 제공하기 위해서는 민간의 자유로운 사업전개를 막고 고비용구조의 원인이 되어 온 정부의 규제·행정절차 및 수주배분 등을 포함한 관여·개입을 철저하게 배제해야 한다는 논의가 득세하였다.

고이즈미 개혁이 국민의 전폭적인 지지를 얻을 수 있었던 것 역시 사회 전체에 팽배한 규제개혁의 필요성이 그 배경으로 작용하였다. 고이즈미 정권에 의해 대대적으로 추진된 규제개혁은 방법론의 측면에서도 그 이전의 경험과는 매우 달랐다.

2. 동시적·전방위적 개혁

고이즈미 정권에 의한 대대적인 규제개혁은 해당 과제에 개별적으로 접근하는 것이 아니라 시스템으로서의 규제개혁을 단행하였다. 각종 분야에 있어서의 규제를 거의 동시에 완화하는 조치를 취하였다. 사업진출규제, 인허가 관련규제, 자격제도 관련 규제, 기준·규격 및 검사·검증 관련규제를 전방위적으로 동시에 완화하였다. 고이즈미 정권 이후 약 1,500 항목의 신규 규제개혁이 실현되었다. 규제개혁의 중점과제 역시 병렬적으로 설정하여 각 규제개혁 간 보완성을 제고하는데 주력하였다. 경제활성화를 위한 규제개혁, 관제시장 규제개혁, 노동시장 규제개혁, 경쟁정책의 정비 등 규제개혁의 복수의 중점과제를 복합적으로 설정하여 각 분야의 규제개혁 간 보완성을 염두에 두었다.

<표 14-1> 최근 일본의 규제개혁 중점과제

중점과제	목 표
구조개혁특구법의 시행 및 조기개선	동시적인 지역재생을 통한 국가전체의 경제활성화
경제활성화에 직결하는 규제개혁	도시재생: 도심부의 혼합용도지역의 창설 및 용적률완화, 도로의 입체적 이용추진, 등기제도를 활용한 부동산거래가액의 개시 신기술 · 신성장 부문: 연료전지 및 콘텐츠산업에 대한 규제완화
관제시장의 규제개혁	사업의 官에서 民으로의 과감한 이양: 관제시장의 전면개방 - 국가 · 지방자치단체의 사업부문 민영화, PFI, 아웃소싱 교육: 주식회사에 의한 학교경영의 허가, 커뮤니티 스쿨의 입법화 복지: 유치원 및 보육원의 일원화 농업: 농협개혁, 농협에 대한 독점금지법 적용배제 원칙철폐, 신용 · 공제사업 분리 등 사업의 전반적 개혁
노동시장의 규제개혁	공공직업안정소의 민영화, 노동자파견 · 대상기관의 자유화
경쟁정책의 정비	공정거래위원회의 기능 · 체제강화 - 해당 법률위반사건 및 기업결합에 관한 심사의 투명성 제고 - 심사체제의 민간 · 타정부부처에 대한 개방 - 독점금지법 체계의 개정(과징금 제도 철폐)

3. 기업관련규제의 완화

1990년대 후반 이후 본격적으로 단행된 규제개혁은 전후 일본경제를 견인해 온 경제시스템이 한계에 봉착했다는 인식에서 출발한다. 일본의 대대적인 규제완화조치는 단순한 불황대책과 같은 임시방편적인 개혁이 아니고, 전후 일본경제 시스템에 있어서 '제도피로현상

(system fatigue)'을 개혁하는 것이다. 최근 강도 높게 추진되고 있는 규제완화 등의 제도개혁이 비록 장기간에 걸친 불황에 의해 촉발되었다고는 하나 그 변화의 움직임은 단순한 불황대책 차원을 넘어서 새로운 일본경제 시스템을 구축하려는 노력으로 평가해야 한다.

일본이 직면한 글로벌라이제이션 등의 새로운 문제에 대응하기 위해서는 규제개혁만이 해결책이라는 사회적 분위기가 조성되었다. 경제의 글로벌라이제이션과 정보화에 의해 시장경쟁이 격화됨으로써 기업의 인수합병(M&A)을 신속히 추진할 수 있는 기업관련 규제완화(독점금지법 및 상법의 개정), 노동시장의 유연성을 확보하기 위한 노동관련 법규의 규제완화(노동자 파견사업 및 직업소개사업에 관한 규제완화), 그리고 기업의 고비용구조를 개선하기 위해서는 금융, 유통 등에 관한 각종 규제완화 등이 필요하였다.

기존규제체계의 이른바 '사전규제형' 행정에서 '사후검정형' 행정으로 전환하기 위한 것이다. 규제개혁의 목표를 변경한 것이 규제체계의 전반적인 변화를 유도하였다. 고이즈미 규제개혁의 목표로서는 규제개혁의 명확화 및 간소화, 규제의 국제적 정합성 제고, 규제관련절차의 신속화, 규제제정 절차의 투명화, 검사업무의 민간이양 등의 규제방법의 합리화를 도모하는 것이다.

이에 따라 지난 10년간 각 산업별 규제가 확연하게 감소하였다. 제조업의 경우는 1995년을 기준으로 규제정도를 나타내는 '규제지표치[1])가 1에서 1999년 0.32, 2002년 0.26, 2005년 0.23으로 감소하였고, 비제조업도 1999년 0.61, 2002년 0.46, 2005년 0.33으로 감소하였다.

Ⅲ. 부문별 규제정책의 변화

1. 기업지배구조 및 사업재편에 관한 규제완화

기업의 사업 재구축 관련절차를 간소화시키고 기존의 법체계를 개정함으로써 새로운 제도를 도입하였다. 기업의 사업 재구축활동을 촉진시키기 위해 법제면에서 기존의 제약을 점진적으로 완화하였다. 이를 위해 1997년에 기업 간 합병절차를 간소화와 동시에 상법개정에 의한 '간이합병제도'[2])를 신설하였고, 독점금지법 개정을 통해 지주회사 관련규제를 철

1) 규제지표치는 산업에 대한 규제정도를 수치화한 것으로 1995년 시점을 1로 설정하여 각 산업의 규제정도가 얼마만큼 증가 및 감소했는가를 평가하는 지표이다.

2) 합병보고 및 통지절차 등을 간소화하고 발행주식 5% 내의 합병은 주주총회의 승인이 불필요하도록 조

폐함으로써 ‘순수지주회사’설립을 허용하였으며, 1999년에는 원활한 지주회사 설립을 위해 상법개정을 통해 ‘주식이전 및 교환제도’[3])를 도입하였다.

2001년에는 분사화(spin off)를 통해 기업의 사업재편이 용이하도록 기존의 상법을 개정하여 ‘회사분할제도’[4])를 도입하였고, ‘金庫株 解禁’을 통해 자기주식(금고주)의 취득 보유 및 처분에 관한 규제를 철폐하였다. 중소기업의 창업활성화를 위해서 기존의 회사법 개정을 통해 최저자본금 하한액 규제를 철폐하고 2003년 2월부터 최저자본금 특례제도를 도입함으로써, 최저자본금 규제를 받지 않고 회사를 설립할 수 있도록 허용하였다. 2006년 5월 새로운 회사법이 제정됨으로써 최저자본금 제도는 완전 폐지되었다. 상징적인 ‘자본금 1엔’만으로도 회사설립이 가능해졌기 때문에 창의적인 사업 아이디어만 있으면 누구라도 쉽게 회사설립이 가능하게 되었다. 최저자본금 규제철폐 이전에는 법인설립 시 주식회사의 경우 1,000만엔, 유한회사의 경우 300만엔 이상의 초기자본금이 필요하였다.

기업의 조직재편 관련규제를 철폐함으로써 기업경영의 기동성 및 유동성을 한층 제고시키는 것을 목적으로 2005년에는 합병대가의 유연화를 제고하기 위해 관련 규제를 완화하였다. 존속회사 주식 이외의 현금이나 모회사 주식도 가능하게 되었다. 또 피지배회사의 주주총회의 승인결의를 불요로 하는 것을 골자로 하는 ‘약식조직재편제도’를 설정하였다. 2005년에는 외국기업이 직접 일본기업을 합병하는 것을 허용하는 ‘삼각합병’을 허가하였다.

2006년 5월부터는 주식회사와 유한회사를 엄격하게 구분하던 종래의 규제를 철폐하여 양자를 하나의 회사유형(주식회사)으로 통합하는 것을 골자로 하는 새로운 ‘회사법’을 시행함으로써 기존의 기업관련제도를 개정하여 제도 관련자들의 편의를 제고하였다.

기업의 사업구조조정 및 업계 재편을 촉진하기 위해 세제 면에서의 기존의 제약 역시 완화시킴으로써 기업의 부담을 경감하였다. 2001년의 기업조직재편 세제정비에 따라 기업재편 시의 자산이전 등에 대한 기존의 양도이익과세 등과 관련한 규제를 대폭 완화하였다. 면허세 및 등록세 세율을 종전 0.7%에서 0.15%로 감면하고, 영업양도와 관련한 부동산 취득세를 1/6로 대폭 감면하였다. 결손금 이월을 종전 5년에서 7년으로 연장하고 세액환급대상분야도 대폭 확대하였다. 시설·설비 철거비, 재고정리·폐기 손실, 하청보상비, 제취업 알

치하였다.

3) 주식이전 및 교환제도는 회사의 매수 등과 관련하여 자회사의 주식을 현금으로 매입하는 것이 아니라, 모회사의 주식과 교환 도는 이전을 통해 완전자회사하는 것을 가능하게 하였다.

4) 회사분할제도는 기업의 현물출자의 전제조건이었던 법원의 검사절차 및 채권자 동의제출 등의 절차를 대폭 완화하는 것이다. 참고로 일본의 회사분할제도의 이용건수는 2001년의 600건에서 2005년 약 1200건으로 급증하였다.

선비, 할증 퇴직금 등의 분야까지 확대하였다.

기업의 신규 설비투자에 대한 특별상각률을 적용하였다. 공동사업재편계획 40%, 사업재구축계획·경영자원활용계획 30%, 신규혁신설비도입계획 24% 등이다. 기업조직재편 이후에는 일정한 조건 하에서 기업의 양도이익에 관한 납세가 자유롭게 연장 가능하게 되었다. 기업간 합병 및 M&A가 지속적으로 증가하는 추세이다. 1996년에 1000건에 불과하던 M&A가 2005년에는 3500건을 초과하였다. 특히 1997년에서 2002년까지의 5년간 급속히 활성화(약 2.5배)되었으며, 2004년 이후 그 증가추세는 더욱 강화되고 있는 상황이다.

2002년의 '연결납세제도'의 도입과 2003년의 '산업활력재생법' 개정을 통해 기업의 공급과잉·과잉채무 등의 해소활동에 세제를 우대하였다. 기업의 사업 및 조직재편과 관련한 법인과세 측면의 규제완화 및 제도개혁에 대해서 일본기업 중 50%가 찬성하고 있다. 내각부의 설문조사에 의하면, 이들 찬성기업 대부분이 법인과세 측면의 규제완화가 연구개발투자 및 설비투자를 촉진시켰다는 점을 가장 높게 평가하였다.

일본정부는 M&A를 촉진하기 위해 점유율 규제완화를 추진하였다. 최근 일본의 경제산업성은 국내 기업들의 인수·합병(M&A)을 촉진하기 위해 합병기업의 점유율 제한을 완화해줄 것을 공정거래위원회에 요청하였다. 기업간 인수·합병을 통한 사업통합으로 기업의 대형화·합리화를 동시에 달성하고자 하는 것이 경제산업성의 목표이다. 반도체, 철강, 조선, 화학 등 전통제조업 분야에서는 최근 '强者연합'을 통해 규모를 확대하고 공급과잉문제도 해소하였다. D RAM의 경우 엘피다메모리 1개사로 통합되었으며, 철강은 NKK·카와사키 통합 및 新日鐵·住友 ·神戶 제강 간의 제휴를 통해 5대 기업간 경쟁체제에서 2강체제로 개편되었다.

경제산업성은 현재 35%로 되어 있는 합병기업의 국내시장 점유율이 규제기준을 50%로 확대해 줄 것을 요청할 계획이다. 현재 일본의 독점금지법은 합병기업의 시장점유율이 35%를 넘어설 경우 공정거래위원회가 독과점 여부를 판단하여 합병을 승인하지 않도록 규정하고 있다. 이번 경제산업성의 규제개혁 요구안은 현재 35%로 규정되어 있는 점유율 기준을 50% 이하로 완화하여 M&A의 걸림돌을 없앰으로써 업계재편을 가속화하고 국제경쟁력을 높이기 위한 시도이다.

각종 규제완화로 인한 원활한 구조조정으로 일본기업들은 경쟁력을 강화하고 있다. 사업재구축과 통폐합의 과정에서 M&A가 급증하는 등 구조조정을 통해 일본기업들은 버블기에 형성된 '負의 유산'을 처리함으로써 경쟁력을 강화하고자 한다. 버블기의 부작용인 3대 과잉(과잉설비, 과잉부채, 과잉고용) 문제를 처리하는데 성공하였으며, 이를 통해 저성장 하에서도 수익을 창출할 수 있는 구조로 전환하였다. 제조업의 경상이익률이 2001년 2.5%에서 2004년 4.2%로 상승하였고, 2003년 상장기업 매출 대비 손익분기점 비율은 85.4%로 버블 붕괴 이후 가장 낮은 수준을 기록하였다. 2005년 회사법 개정으로 향후 일본기업의 M&A는 더욱 확대될 전망이다. M&A 총건수는 1995년 531건에서 2004년 2,211건으로 급증하였고, 일본기업의 외국기업 M&A규모는 2004년 58억 달러에서 2005년 151억 달러로 증가하였으며, 2006년에는 상반기에만 121억 달러에 달하였다.

2. 수도권 규제정책의 변화

수도권 공장설립 관련 규제완화를 통해 공업수도권 경쟁력 제고 및 기업활동의 활성화를 제고한다는 것이다. 수도권에 공장 및 대학의 증설을 억제하는 규제와 수도권 이외의 지역으로 공장을 재배치하는 정책을 철폐함으로써 기존의 대도시성장 억제책을 폐기하였다. 최근 기업이 공장입지(해외 포함)를 자유롭게 선정하는 시대로 변화하면서 공장의 재배치정책의 유효성이 감소하였다. 실제로 기업으로부터 공장이전계획 신청과 고정자산세 감면에 의한 교부세 조치의 실적은 최근에 없어지고, 산업재배치보조금 역시 동법의 절정기인 1985년 99억엔에서 26억엔으로 약 1/4이 감소하여 규제의 유효성 및 효율성이 상실되었다.

공장등제한법(2002. 7) 및 공장재배치촉진법(2006. 4)을 폐지함으로써 대도시 내에서의 공장 및 대학 등의 신·증설을 대폭 허용하여 수도권 경제의 활성화 및 경쟁력을 높인다는 것이다. 공장등제한법은 일본경제의 고도성장기에 대도시문제가 심각해지고 지방의 과소화가 진행됨에 따라 대도시 일극화(집중문제) 및 인구집중문제를 해소하고자 공장을 지방으로 분산하기 위해 1949년에 제정되었다. 공업재배치촉진법은 과도하게 공업생산이 집적된 지역에서 공업생산의 집적정도가 낮은 지역으로 공업을 재배치시킬 것과 대도시에 집중되어 있는 공업인프라를 지방으로 분산시켜 환경보전을 목적으로 1972년에 제정된 규제이다. 실제로 지금까지 '이전촉진지역'과 '유도지역'의 공업출하액 비중이 역전되는 등 공업재배치촉진법은 일련의 성과를 거두었다.

게다가 대수도권 지역을 도쿄역으로부터 반경 300km의 넓은 배후지역으로 설정하는 등 수도권 개념설정과 관련한 규제도 폐지하였다. 일본경제의 산업구조가 고도화(제조업에서 서비스업으로의 이전) 및 생산의 해외이전 등 공업의 대도시 내부에서 차지하는 역할 및 효과가 변화한 것이 도쿄 등 수도권 내의 적극적 공업 활성화 정책추진으로 방향을 바꾸었다. 수도권 규제완화를 통해 도쿄를 중심으로 하는 수도권을 바이오·나노·소프트웨어 산업 등 경박단소형 첨단산업의 기지로 육성하는 것을 목표로 설정하였다.

2003년부터 캐논·소니 등 일본의 유력 대기업들이 중국 및 동남아에서 U턴하고 있는 추세이다. 일본의 설비투자 증가율은 2001년 4/4분기 저점에서 2002년부터는 상당히 안정적인 것으로 나타나고 있다. 버블붕괴 이후 12년(1991-2002년) 동안 마이너스 성장했던 제조업의 설비투자가 2002년부터는 큰 폭의 증가세로 반전되었다.

3. 환경관련 규제정책의 변화

국내 산업공동화를 막고 해외진출 공장의 국내 U턴을 촉진하기 위해 기존의 환경관련규제를 대폭 완화하였다. 일본정부는 최근 1973년 이후 시행되어 온 환경관련규제를 엄격하게 설정하고 있는 공장입지법 개정(2008년)에 착수하였다. 일본에서는 최근 중국으로의 제조거점 이전으로 인해 급속히 확산되고 있는 국내산업의 공동화 문제가 사회적 이슈로 대두되고 있다. 현행 공장입지법은 공장부지 면적에서 녹지면적을 일정비율 준수할 것을 규제하고 있다.

최근 경제산업성은 3% 경제성장 달성 약속을 실천하기 위해 환경오염방지기술의 발달로 시의성이 떨어진 대기오염규제, 공장의 녹지조성 의무비율 규제, 공장의 의무용지면적 규제 등의 환경규제를 대폭 완화할 것을 표명하였다. 구체적으로 공장의 부지면적에서 차지하고 있는 녹지면적의 비율을 10-20% 수준으로 완화하는 한편, 부지면적에 대한 공장면적의 업종별 구분을 현행 5단계에서 3, 4단계로 줄일 계획이다. 공장입지법 개정을 통해 환경시설 의무확보기준 등을 완화하고 공장을 보다 수월하게 지을 수 있도록 배려함으로써 해외로 빠져나간 자국기업들의 U턴을 유도하겠다는 것이다.

공장입지법은 당초 공장주변의 소음 및 매연 등의 환경피해예방을 목적으로 제정된 대표적인 환경규제이지만, 그동안 소음을 없애고 매연에서 유독물질을 제거하는 환경기술이 비약적으로 발전하고 국내 제조기업들의 중국 및 동남아 진출을 통한 국내의 산업공동화 현상을 막기 위해 최근 일본정부는 이 규제를 '구시대의 규제'로 판단하고 있다.

공장입지법 완화는 해외로 나갔던 일본기업들의 국내 복귀를 가속화시키겠다는 취지이다. 녹지 등의 환경을 위한 시설을 의무적으로 확보할 의무도 완화해 주고 이를 기초지방자치단체에 위임할 것을 표명하고 있다. 유휴지를 많이 소유하고 있는 지방의 기초단체들은 녹지의무비율을 크게 낮추거나 규제를 없애 기업유치에 적극 나설 것으로 전망된다. 경제산업성은 지역에 관계없이 공장용지면적에 차지하는 녹지 및 운동장의 면적비율을 일정

수준 이상으로 유지하도록 하는 조항도 없애 지방자치체(시정촌 단위)가 독자적으로 결정하도록 할 계획이다. 또한 공장설비에 필요한 투자액을 인하함으로써 국내 제조기업들의 투자활성화를 유도한다는 것이다.

공장입지법이 개정되면 업종별 입지면적은 크게 완화될 것으로 전망된다. 공장입지법 완화로 인해 일본의 공장설립은 활발하게 추진되고 있다. 최근 5년간 일본의 착공공장면적(창고, 사무실 등 제외)은 <표 14-2>에서 보듯이 계속 증가추세에 있다.

<표 14-2> 최근 5년간 일본의 공장착공 현황

(단위: 천m^2)

연도	2002	2003	2004	2005	2006
면적	8,530	9,255	12,489	14,065	15,672

자료: 日本國土交通省, 『建設經濟統計』, 2007. 3.

2005년 공장입지건수(1000m^2 이상)는 1,545건으로 전년 대비 18.7%(243건) 증가하는 등 2003년 이후 3년 연속 두 자리 수의 증가를 시현하였다. 입지면적은 2,238ha로 전년 대비 41.8%(660ha)나 증가하였으며, 소규모 기업의 투자 역시 뚜렷한 증가세를 시현하였다.

4. 노동시장 관련 규제정책의 변화

최근 일본의 노동관련 규제완화는 기업의 자발적인 인적구조조정의 토대가 되는 노동시장의 유연성을 확보하는 것이 핵심이다. 기업의 수익악화를 극복하기 위해서는 종신고용 및 정규직 중심의 고용을 특징으로 하는 일본기업의 경직된 내부노동시장을 유연화해야 한다는 것이 노동관련 규제완화의 기본적 인식이다. 일본의 노동시장은 상대적으로 경직적이기 때문에 기업들이 적극적인 인적 구조조정을 추진하지 못하고 있는 실정이다. 고이즈미 정권 이전에도 근로자파견법 제정 등 노동시장의 유연화를 위한 개혁이 존재했지만, 국민적 합의를 얻지 못하여 충분한 성과를 거두지 못하고 있는 실정이다. 근로자 파견 및 고용형태의 다양화를 촉진하기 위한 일련의 노동개혁들은 1990년대 후반부터 단행되기 시작했지만, 고이즈미 정권 이후 개혁의 폭을 전면적으로 확대하였다. 고용구조의 유연화를 위한 기업의 자발적 노력 역시 고이즈미 정권의 노동 관련 규제완화에 박차를 가했다.

고이즈미 정권은 정리해고제 도입과 같은 기업의 인적 구조조정과 직접적으로 관련된 강제적 개혁보다는 기업의 자발적 구조조정을 간접적으로 촉진시키는 개혁을 규제완화를 중심으로 단행하였다. 고이즈미 정권은 노동시장을 유연화하기 위한 기본적 조건으로서의 고용의 유연성을 제고하기 위해 근로자 파견에 관한 일련의 규제개혁을 대대적으로 단행하였다. 고용대책 임시특례법을 시행함으로써 근로자 파견법의 파견기간 제한(1년)을 철폐하여 50-60대의 근로자에 한하여 3년으로 연장하였고, 민간직업소개사업자가 구직자로부터 수수료를 징수할 수 있는 수수료의 상한기준을 철폐하는 등 인력파견업자 관련 수수료 규제를 대폭 완화하였으며, 무료직업소개사업에 대한 허가제를 폐지하고 신고제로 전환시킬 수 있도록 직업안정법을 개정하였다.

아르바이트, 파견노동자, 계약직 등 비정규직 근로자를 증대시켜 경직된 노동시장을 유연화하기 위해 고용형태의 다양화를 촉진하였다. 근로자파견법을 개정하여 근로자파견기간을 1년으로 제한하고 있던 규제를 철폐, 근로자파견대상업무 확대, 정령개정에 의해 현재 3년까지 근로자파견이 인정되고 있는 대상업무를 확대하고, 근로자파견책임자의 선임규제완화, 동 책임자의 변경절차 간소화, 파견처에서 파견회사로의 통지서류의 전자화 등을 행하였다. 그리고 2003년에 노동기준법을 개정함으로써 유기노동계약기간의 상환을 3년에서 5년으로 연장하고 그 적용범위를 확대하였고, 전문직의 범위를 규정하고 있는 장관고시를 개정하였으며, 기획전문업무형 裁量노동제(연구개발 업무 등과 같이 업무수행방법이 해당 근로자의 재량에 의해서 좌우되는 업무에서는 일반적인 노동시간 산정방식과는 달리 노사간 협의를 통해 실제 노동시간을 산정하는 제도)의 도입조건 및 절차를 완화하였다.

정규직 지향의 성격이 강한 경직된 노동시장을 유연화하기 위해 파트 타이머 등 비정규직 근로자에 대한 처우개선을 시도하였다. 해고기준 및 룰에 관해서 입법으로 명시하는 것으로 하였고, 2001년에는 고용보험에 관한 연간수입조건을 철폐함으로써 사회보험의 적용조건을 완화하도록 고용보험을 개정하였다. 2003년에는 '파트타임 노동지침'을 개정하여 파트타이머 등의 비정규직 노동자에 대한 연금·의료보험의 적용 확대 등 사회보험제도의 개혁을 추진하였다.

고이즈미 정권의 노동관련 규제완화는 고용에 초점을 맞춘 규제개혁이지 기존의 임금제도개혁에 대해서는 기업 스스로의 판단에 위임하였다. 고이즈미 정권은 성과주의적 임금제도의 도입의 필요성을 강조하면서도 고용과 임금의 유연화를 동시병행해서 추구하는 것에 대한 위험성을 인식하였다. 기업들도 종신고용제 및 정규직 중심의 고용관행 타파에는 적극적이었지만, 전면적인 성과주의적 임금제도 도입에는 회의적이다. 고이즈미 정권의 노동개혁은 기업의 인적구조조정에 대한 사회적 합의를 얻어낼 수 있는 분위기를 조성하고 관련 규제개혁을 통해 노동시장 유연화를 추구함으로써 기업의 자구노력을 후원하는 것이었다. 고이즈미 정권의 노동개혁을 통해 기업들의 인적 구조조정이 비정규직을 중심으로 전개되면서 기업의 수익도 점차 개선되었다. 부가가치에서 인건비의 비중을 나타내는 노동소득분배율은 2001년 75.1%를 나타낸 후 점차 낮아지면서 2004년에는 69.8%를 기록하였다. 경상이익도 2004년에는 전년대비 23.5%나 늘어나 2000년(33.2%) 이후 가장 큰 폭으로 증가하였다.

5. 기타 규제정책의 변화

상기의 규제개혁 외에도 의료, 복지, 법무, 교육, 금융, 경제정책관련, 도시재생, 유통, 운수 등의 다양한 분야에 걸쳐 기존의 관련규제가 대폭 완화되었다. 이 가운데 경제관련 부문의 규제완화에 대해서만 살펴보면 다음과 같다. 먼저 금융부문에서는 주가지수연동형 상장투자신탁(ETF)에 관해서, 은행 등 등록금융기관이 창구판매를 자유롭게 할 수 있도록 관련 법령을 조치하였고, 손해보험상품에 관해서 상품심사기간을 90일에서 60일로 단축하였다. 경쟁정책 부문에서는 대규모 회사의 보유제한에 관한 형식 기준에 의한 규제를 완전폐지하고, 국가 등의 공사에 있어서의 일반경쟁입찰을 확대하였다. 그리고 유통부문에서는 프랜차이즈 시스템에 관한 규제완화, 대규모 소매점포 입지법에 있어서의 지침을 대폭 개정하였다. 한편 운수부문에 있어서는 화물자동차(트럭)에 대해 운임·요금규제에 관한 사전 신고를 사후신고로 변경하고 영업구역제도를 철폐하는 등 규제를 완화하였다. 아울러 항만에 있어서의 수출입절차 등의 원스톱 서비스를 가속화하였다.

Ⅳ. 생산성 측면에서 본 규제정책 변화의 효과

1. 규제완화에 의한 부가가치 상승

대대적인 규제개혁은 기업의 경제활동을 활성화하여 기업의 부가가치 및 생산성을 증대시켰다. 산업분야별로 보면, 통신, 사업서비스, 전기업 등에서 관련 규제완화가 상대적으로 활발하게 단행되어 부가가치도 크게 상승하였다. 규제지표치(규제완화정도를 나타내는 지수)[5]가 0.15로 전산업에서 가장 낮은 전신·전화업의 경우 부가가치는 1.7% 증대하였다. 규제지표치가 낮은 사업서비스(0.38)의 부가가치는 1.3% 증대하였고, 규제지표치가 높은 건설·토목업(0.8)의 부가가치는 2.4% 감소하였으며, 규제지표치가 높은 농림수산업(0.78)의 부가가치는 0.5% 감소하였다.

2. 규제완화에 의한 생산성 증대

규제완화는 생산성 증대에 플러스의 영향을 미친다. 내각부가 과거 10년간 (1995-2005년) 규제개혁 진척도와 총요소생산성의 성장률(TFP) 사이의 상관관계에 관해서 계량분석한 결과에 의하면, 규제개혁이 진전되면 될수록 생산성도 평균적으로 증대하는 것으로 나타났다. 규제지표차가 1년 동안 0.1(10%) 감소하면, 전 산업의 요소생산성의 성장률(TFP)은 0.14% 포인트 상승하는 것으로 나타났다. 이는 규제개혁이 진전되면 될수록 산업구조가 더욱 효율화될 가능성이 있다는 것을 의미한다.

규제원화의 진전이 미치는 총요소생산성에 대한 효과는 업종에 따라 다를 것으로 예상된다. 규제개혁이 진전되었을 경우, 생산성 상승효과가 가장 크게 나타나는 업종은 금융, 보험업 및 부동산 업종이다. 그 다음으로 효과가 크게 나타나는 업종은 토목·건설업, 에너지, 농업부문이다. 규제개혁에 의한 총요소생산성 상승요인은 제조업에서 2.98%, 비제조업에서 4.61%로 양자 모두 플러스로 기여하는 것으로 나타났는데, 특히 비제조업에서의 규제완화의 기여가 전체의 약 60%로 매우 크다. 규제개혁에 의한 생산성 상승효과가 가장 큰 산업으로는 전기업, 가스·열공급업, 전신·전화업, 제약업, 전자부품업 순이다.

5) 규제지표치는 산업에 대한 규제(법률 및 정령 등)의 수·량을 수치화한 것으로 1995년의 기준시점을 1로 설정하여 각 산업의 규제가 얼마만큼 완화되었는가(수적으로 적어졌는가)를 평가하는 지표이다.

참고문헌

幾部浩一,『中小企業論』, 放送大學教育振興會, 1988.

稲葉秀三,『日本經濟現實』, 太平書房, 1947.

伊藤元重,『デジタルな經濟』, 日本經濟新聞社, 2001

今井久登,「中小企業白書における日本經濟での中企業役割」, 中小企業事業團·中小企業大學校·中小企業研究所, 『我が國經濟發展における中小企業が果した役割に關する研究』, 1981.

エコノミスト社,『エコノミスト』(臨時增刊), 2002. 6. 3.

江藤勝,『規制改革と日本經濟』, 日本評論社, 2002.

大藏省主計局調査課,『財政統計』, 1962, 1972.

大竹文雄,『日本の不平等:格差社會の幻想と未來』, 日本經濟新聞社, 2005..

大淵寛·高橋重鄕,『少子化の人口學』,原書房, 2004. 10.

岡田任弘,『日本經濟興亡50年』, 日本經濟新聞社, 1994.

科學技術廳振興局,『外國技術導入年次報告』, 1971.

科學技術廳,『科學技術白書』, 1977.

川本明,『規制改革』, 中央公論社, 1997.

館龍一郎,『日本の經濟』, 東京大學出版會, 1991.

橘木俊詔,『家計からみる日本經濟』岩波新書, 2004

木下康司,『圖說日本財政 (平成18年)』, 東洋經濟新報社, 2007.

金融財政事情研究會,「人口問題と國のかたち」,『週刊金融財政事情』, 2005. 2. 21.

熊谷尙夫,『日本の產業組織(Ⅱ)』, 東洋經濟新報社, 1978.

黑瀨直宏,『中小企業政策の總括と提言』, 同友館, 1997.

經濟企劃廳調査局,『經濟要覽』, 1955, 1962.

經濟企劃廳,『國民所得統計年報』, 1978.

經濟企劃廳,『國民經濟計算年報』, 1991.

經濟產業省,『地域經濟產業政策關聯豫算について』, 2002.

經濟產業省,『工業統計表』2002.

經濟産業省, 『商業統計表』, 2002.
公正取引委員會事務局, 『公正取引30年史』, 1980.
厚生勞動省, 『平成12年勞動組合活動實態調査結果』, 2001.
厚生勞動省, 『平成14年度所得再分配調査』, 2004.
厚生勞動省, 『毎月勤勞統計』, 『職業安定業務統計』, 各年號.
厚生勞動省, 『賃金構造基本統計調査』, 2002, 2005.
厚生勞動省, 『厚生勞動白書』, 各年.
厚生勞動省, 『勞動組合基礎調査報告』, 2003.
厚生勞動省, 『勞動争議統計調査』, 各年
厚生勞動省, 『人口動態統計』, 各年
國際貿易投資研究所, 『國際貿易と投資』, 2002.
國土交通省, 『首都圏白書』, 2002
國土交通省, 『建設經濟統計』, 2007.
國立社會保障·人口問題研究所, 『日本長期推計人口-平成 14年1月推計』, 2002.
小峰隆夫, 『最新日本經濟入門』日本經濟評論社, 2003.
小宮隆太郎·奧野正寛·鈴村興太郎編, 『日本の産業政策』, 東京大學出版會, 1984.
財務省, 『法人企業統計』, 各年.
財務省, 『財政金融統計月報』, 各年
財務省財務總合政策研究所, 『日本型經濟システム』, 2002.
財務省, 『日本の財政事情』, 2006. 12.
商工總合研究所, 『中小企業こそ21世紀の主役だ: 21世紀の日本と中小企業の役割』, 1998.
全國銀行協會, 『全國銀行財務諸表分析』, 各年號
總務省, 『勞動力調査』, 各年.
總務省統計局, 『勞動力特別調査』, 2002.
總務省統計局, 『事業所及び企業統計調査』, 2002.
總務省, 『2005年ICT政策大綱』, 2004.
高橋乘宣, 『 あらすじで讀む日本經濟』, PHP, 2005.
竹內淳彦,『日本經濟地理讀本』, 東洋經濟新報社, 2006.
中小企業廳, 『中小企業の再發見:80年代中小企業ビジョン』, 1980.
中小企業廳, 『90年代の中小企業ビジョン』, 1990.
中小企業廳, 『中小企業白書』, 2002.

中小企業廳,『中小企業施策概要』, 各年.
通産省『復刻經濟白書 1947- 50年』, 日本經濟評論社, 1987
通産省通商産業調査會『通商産業政策史』, 1990.
鶴田俊正,『戰後日本の産業政策』, 日本經濟新聞社, 1982.
東京大學出版會,『日本の産業組織政策と産業調整政策』, 1988.
東洋經濟新報社,『地域經濟總覽』, 2002.
東洋經濟新報社, 「人口減少經濟の衝擊」,『週刊東洋經濟』, 2004. 7. 17.
內閣部,『國民生活白書』, 2001.
內閣部,『國民生活世論調査』, 2004.
內閣部,『國民經濟計算年報』, 各年
內閣部,『少子化社會白書』, 2004.
內閣部,『國民生活白書』, 2005
內閣部,『高齢社會白書』, 各號.
內閣部,『規制改革評價報告書』, 2006. 12.
日本銀行,『金融經濟統計月報』, 各號.
日本經濟新聞社,『Nikkei Business』, 2005. 7. 18.
日本銀行統計局,『日本經濟を中心とする國際比較統計』, 1965
日本産業政策研究グループ,『日本の産業政策』, 日本經濟新聞社, 1984.
日本評論社,『評論』, 1949. 12, 1950. 2, 1950. 3.
日本プラント協會,『回報』, 1977. 8.
日本預金保險機構,『年次報告書』, 2002.
農林水産省,『農業センサス』, 2002
橋本壽朗,『前後の日本經濟』,岩波書店, 1995.
八田英二·廣江滿郎,『日本經濟の構造と變化』, 晃洋書房, 2007.
米國商務省,『日本·株式會社』, 1975
毎日新聞社, 「人口減少ショック」,『エコノミスト』, 2004.8. 31.
前田昇外, 『地域産業集積型イノベーションポリス形成要素研究』, 技術計劃學會學術大會, 2003.
正村公宏,『日本經濟論』, 日本經濟新聞社, 1979.
增田雅暢,「日本の高齢者事情」, シンポジウム發表資料, 2004. 11.
宮川努· 日本經濟研究,『2025年日本經濟』, 日本經濟新聞社, 2002.

三浦田,『下流社會;新たな階層集團の出現』, 光文社新書, 2005.
三輪良一,『概說日本經濟史-近代史』, 東京大學出版會, 1993.
三輪良一,『概說日本經濟史-近現代』, 東京大學出版會, 2002.
三輪芳朗,『日本產業政策』, 東京大學出版會, 1984.
村上龍,『IT革命のリアリティ』, 日本放送出版會, 2000.
森口親司,『日本經濟論』, 創文社, 1988.
文部科學省,『科學技術施策』, 2003.
文部科學省,『地域イノベーションの成功要因及び促進政策に關する調査研究』, 2003.
矢野恒太記念會編,『世界國勢圖會』, 2002.
矢野恒太記念會編,『日本國勢圖會』, 2004.
八代尙宏,『日本的雇用慣行の經濟學』, 日本經濟新聞社, 1997.
八代尙宏,『雇用改革の時代』, 中公新書, 1999.
八代尙宏,『社會的規制の經濟分析』, 日本經濟新聞社, 2000.
吉田和男,『21世紀の日本經濟-情報通信革命が變える日本經濟』, シュプリンガ東京, 2000.
이민환,『日本金融시스템의 危機와 對應』, 預金保險公社, 2003.
Asheim, B. T., Industrial Districts: The Contribution of Marshall and Beyond. in
Clark, G. L., Feldman, M. P., and Gertler, M. S., eds., *The Oxford Handbook of Economic Geography*, Oxford University Press, Oxford, 2000.
Asheim, B. T, and Isaksen, Arne, Localized Knowledge, Interactive Learning and Innovation: Between Regional Networks and Global Cooperations. in Vatne, E., and Taylor, M., eds., *The Network Firm in a Global World: Small Firms in New Environments*, Ashgate, Aldershot, 2000.
Goldman Sachs, "*Fiscal Balance Improvement: The Never Ending Story?*", 2007. 3.9.
Isaksen Arne, Regional Clusters and Non-Local relations-A Comparative European Study, A Paper Presented at: "*Local Development: Issues of Competition, Collaboration and Territoriality*", A Joint Conference of The IGU Commission on the Dynamics of Economic Spaces and the IGU Study Group of Local Development, held on July 10-14, 2001, Turin, Italy.
Lee. C. M, Miller, W. F., and Rowen H. S., *The Silicon Valley Edg*, Stanford University Press, Stanford, 2000.
OECD, Innovative Clusters, *Drivers of National Innovation Systems*, OECD, Paris, 2000.

OECD, *Economic Outlook*, No. 79, 2006. 6

Patrick, H. T& Rosovsky, H., (eds), *Asia's New Giant: How the Japanese Economy Works*, Washington, D. C: Brooking Institution, 1976.

Porter, M., Location, Competition, and Economic Development: Local Clusters in a Global Economy, *Economic Development Quarterly* 14(1), 2000.

Saxenian, A., *Regional Advantage: Culture and Competition in Silicon Valley and Route 128*, Harvard University Press, Cambridge, Mass, 1996.